**사할린 한인의 다양한 삶과 그 이야기**

**대원 다문화연구 총서 8**
**사할린 한인의 다양한 삶과 그 이야기**

2018년 6월 10일 초판 인쇄
2018년 6월 15일 초판 발행

지은이 | 김영순 · 박봉수 외
펴낸이 | 이찬규
펴낸곳 | 북코리아
등록번호 | 제03-01240호
주소 | 13209 경기도 성남시 중원구 사기막골로 45번길 14
         우림2차 A동 1007호
전화 | 02-704-7840
팩스 | 02-704-7848
이메일 | sunhaksa@korea.com
홈페이지 | www.북코리아.kr
ISBN | 978-89-6324-606-2(04300)
        978-89-6324-506-5(세트)

값 18,000원

*본서의 무단복제를 금하며, 잘못된 책은 바꾸어 드립니다.
*본 대원 다문화연구 총서는 대원 서윤석 회장의 연구발전기금을 지원받아 인하대 아시아다문화융합연구소에 의해 발간되었습니다.

대원 다문화연구 총서 **8**

# 사할린 한인의
# 다양한 삶과
# 그 이야기

김영순 · 박봉수 · 박미숙 · 정지현 · 조진경 지음

북코리아

# 서문

*사할린 한인, 이들은 과연 누구인가.*
*왜 이들에게 우리는 사할린 한인이라고 부를까?*

이 물음에 대한 답을 내리기 위해서 우리는 조금은 곤혹스런 이야기를 해야만 한다. 이들이 왜 사할린 땅에 가 있게 되었는가? 이들은 아직까지 왜 여기에 머물러 있는가? 그리고 이들은 왜 귀환을 하고 있지 못하는가라는 문제부터 짚고 가야 한다.

사할린은 원래 러시아 영토였지만 1905년 러일전쟁에 승리한 일본이 사할린 중간에 해당하는 북위 50° 이남지역인 남사할린을 점령하게 되었다. 특히 일본은 전쟁을 수행하기 위해 한국에서 광산근로자를 모집 또는 강제로 징용하여 끌고 갔다. 그렇지만 1945년 8월 제2차 세계대전 종전 후 사할린 남부는 러시아의 차지가 된다. 당시 이곳에는 일본군 제8사단 병력을 포함한 일본인 36만 8천여 명과 한국인 4만 3천여 명이 있었다. 이에 연합군사령부는 소련과 협정을 맺고 사할린 거주 일본인을 1946년 말까지 일본으로 귀환토록 하였다.

그러나 '포츠담 선언'으로 일본인의 범주에서 제외된 한국인은 당연히 일본으로 이관되지 않았고, 한국으로의 귀환에서도 고려되지 못했다. 결과적으로 일본에 의해 강제로 동원된 사할린 거주 한국인들은 어쩔 수 없이 소련 체제하에서 있게 되었다. 이후 사할린 한인들은 사회주의 교육을 받아야 했으며, 직장에서는 물론 일상 생활 전반에 걸쳐서 불이익을 받았을 뿐만 아니라 이주자로서의 삶을 살아야 했다. 또한 그들은 여행과 같은 자유로운 이동을 제한받았고, 한국에 편지를 썼다는 이유로 잡혀가기도 하였다.

해방 후 경제적으로 어려웠던 북한은 소련과의 교류를 활발하게 진행하면서 블라디모스토크를 비롯한 사할린 연안 일대에 인력을 수출하게 되었다. 이때 북한 영사관에서는 사할린 거주 무국적 한국인에게 북한 국적을 취득할 것을 권유하였다. 하지만 사할린 거주 한인들은 북한 출신이 없었고 대부분이 경상도 및 전라도에서 징집되었던 사람들이기 때문에 오로지 한국 귀환을 목적으로 소련 국적 및 북한 국적 취득을 거부하였다.

사할린에 남겨진 한인들의 문제를 풀기 위해, 1994년 한국과 일본 양국 공동조사단이 사할린에 파견된다. 일본 측은 외무성 북동아시아 부서와 일본 적십자사가, 한국 측은 국무총리실과 외무부, 보건사회부, 대사관, 그리고 대한적십자사로 구성되었다. 공동조사단은 사할린주 한인노인협회 등을 통해 영주귀국 희망자를 파악하고, 사할린 거주 한인들의 생활 실태를 비롯하여 이들의 요청사항을 파악하였다. 이후 같은 해 8월에 열린 5차 한일 실무협의회에서, 사할린 한인 중에서 한국으로 이주를 희망하는 사람 전원을 대상으로 귀국사업을 추진키로 하였다. 이를 위해 영주귀국자를 위한 주택과 요양시설 건설에 필요한 부지는 한국 정부가 제공하고, 건설 비용과 정착지원금은 일본 정부가 제공한다는 데 합의를 했다.

일본 정부는 이에 필요한 경비를 1995년 예산에 반영하겠다고 약속하는 등 적극적인 자세를 보였다. 사할린 잔류를 선택한 사람에 대해서도 개인 보상을 검토한다고, 이가라시 관방장관이 밝히기도 했다. 한일 양국의 움직임에 맞추어, 사할린주 한인노인협회는 몇 가지 요구사항을 1994년 5월 일본 외무성에 제출하였다. 이 요구사항의 골자는 다음과 같다.

1) 1945년까지 출생자들을 1세로, 이후 출생자들을 2세로 취급해 보상할 것.

2) 한국으로의 영주귀국은 연령을 기준으로 단계적으로 실시하고, 1938년 이전 출생자들을 우선적으로 귀국시키되 희망하는 가족과 동반 귀국할 수 있도록 조건을 마련할 것.

3) 거주지는 본인의 희망지에 주택을 제공할 것.

4) 1세들은 사망 시까지 생활비와 치료비를 지급할 것.

5) 소유 재산을 한국으로 가져갈 수 있도록 하고, 연금생활자의 연금을 한국으로 보낼 수 있게 할 것.

6) 사할린에 계속 남는 것을 희망하는 한인들에게는 1인당 1천만 엔씩 보상할 것.

7) 사할린 거주 한인들의 민족문화 재생을 위해 민족학교와 문화센터를 건설할 것.

8) 사할린 거주 한인들이 이중국적을 취득할 수 있도록 할 것.

9) 일제시대 사할린에 왔다가 러시아 본토로 이주한 한인들에게도 동일한 조건으로 보상할 것.

사할린주 한인노인회가 이런 조건들을 내세운 것은 당시 '1세'들이 고령이라는 점을 감안하여, 영주귀국 대상에 있어 우선적으로 고려해야 할 사람들이라는 의미가 강했다. 또한 과거 사할린에 있던 일본인들이 본국으로의 귀환 과정에서도 희망자 가족 전원, 심지어 유골 봉환까지 할 정도였기에 이를 고려한 조건이었던 것이다. 그러나 불행히도 이 기준은 어느 시점에선가 영주귀국 대상을 한정 짓는 조건으로 변질되어버렸다. 영주귀국 대상자의 범위 선정과 시기, 방법을 논의하는 과정에서 1세들만이 영주귀국 대상으로 확정되었기 때문이다. 결론적으로 한일 적십자사에 의해 실시된 영주귀국 시범사업의 대상자 선정 기준은 1) 1945년 8월 15일 이전 사할린 이주 또는 사할린 출생자, 2) 러시아 국적, 또는 무국적자(북한 국적 제외), 3) 고령자, 무자녀 또는 독립세대를 구성하고 있는 자, 4) 정신적 또는 전염성 질환이 없는 자, 5) 지역 구분 없이 2인 연령을 합산한 고령자 우선이었다. 여기에 2004년부터 대륙에 거주하는 1세도 포함하였으며, 2008년부터 한국 정부가 1세와 결혼한 배우자 중 2세와 장애인 자녀 포함하도록 하였다.

이 책에서 언급하고 있는 '이중적 노스텔지어'의 비극은 여기에서 시작되었다. 한인 1세의 귀국 후에 순차적으로 영주귀국 할 수 있으리라 예상했던 사할린 한인들에게 1세들만 영주귀국 할 수 있게 되자, 다시 한번 이산의 아픔을 겪게 된다. 이들은 사할린에 있는 가족들과 떨어져 한국으로 들어와야만 했기 때문이다.

이런 사태를 맞이하게 된 책임은 영주귀국 사업을 주도한 일본이 우선적으로 져야 하며, 사할린 한인의 귀환 문제에 대해 소극적인 태도로 일관한 한국 정부 측에게도 그 책임이 없지는 않다.

이 책에서는 사할린 한인 귀환 문제에 대한 책임 소재를 따지고자 하지 않는다. 단지 이를 겪어내야 하는 영주귀국 사할린 한인들과 사할린에 남아 있는 한인들의 심연의 이산과 그 슬픔을 이야기하고자 한 것이다. 특히 이 책은 척박한 이국땅인 사할린에서 다양한 삶을 펼쳤던 이들의 생애사를 조망하고, 이들의 삶 속에 투영된 고국으로의 그리움과 이 그리움을 해소하고자 하는 행위들을 담아내는 데 중점을 두었다.

이 책은 크게 3부로 구성하였다. 1부 '사할린 한인 디아스포라 연구의 출발'에서는 이 책에 사용한 이론적인 개념들과 연구방법 등을 개괄하였다. 2부와 3부는 사할린 한인들의 삶의 이야기로 구성하였다.

2부 '사할린 한인의 다양한 삶의 흔적'에서는 하늘을 난 조선 사나이 김순곤의 이야기가 펼쳐진다. 그리고 동대문 가죽시장 통역사 하평일의 이야기와 넥타이 신사 배짱 인생 한민운의 이야기를 담았다. 이에 대한 구체적인 이야기 개요는 다음과 같다.

5장에서는 '하늘을 난 조선 사나이: 김순곤의 이야기'를 풀어놓았다. 김순곤의 이야기에는 1938년 경상북도 의성에서 태어나 1943년에 사할린으로 이주하여 고등학교를 졸업하고 바로 군에 입대하여 비행기 정비를 한 이야기와, 그후 항공사에 취직하여 1971년부터 1998년까지 27년을 일하다 은퇴하여 2007년 영주귀국하기까지의 과정이 사진을 통해, 그리고 그의 기억을 통해 다시 살아난다.

6장에서는 '동대문 가죽시장 통역사: 하평일의 이야기'가 이어진다. 하평일이

들려주는 이야기에는 1944년에 사할린에서 태어나 1967년에 대륙에 있는 대학교에 입학해서 러시아 국적을 받기까지의 과정과, 1995년에 한국의 동대문시장에 가서 통역을 하다가 2007년에 영주귀국하기까지의 과정이 담겨 있다. 남동사할린센터에서 스포츠 담당 이사를 맡고 있는 하평일의 삶과 이야기가 사진을 통해, 그의 구술을 통해 시간을 과거에서 현재로 불러들인다.

7장에서는 '넥타이 신사 배짱 인생: 한민운의 이야기'를 그렸다. 한민운의 생애에는 1941년에 태어나 어렸을 때부터 꿈꾸어온 사장이 되기 위해 꼴렛 직업고등학교를 마치고 사장이 되어서 일하다가 정년퇴임을 한 후 영주귀국을 한 과정과, 부모님의 고향에서 3개월만 살다가 다시 사할린으로 돌아가자고 한 것이 10년째 살고 있는 계기가 되었다는 그의 인생 여정을 그린다.

3부 '사할린 한인 여성으로 살아온 삶'에서는 한인 재봉사의 인생을 살아온 박순자의 이야기, 용기와 열정을 가지고 교사에서 통역사로 활약한 최화자의 이야기, 가구공장의 살림꾼이었던 김월년의 이야기가 이어진다. 특히 사할린 한인 여성들의 똑순이와도 같은 당당한 삶 이야기는 우릴를 감동시키기에 충분하다. 각 장의 이야기 개요를 살펴보도록 한다.

8장에서는 '한인 여성 재봉사의 인생 여정: 박순자의 이야기'를 풀어놓았다. 박순자의 이야기에는 1941년 사할린 탄광마을에서 광부의 둘째 딸로 태어나 장애를 가진 언니를 돌보며 조선학교 10학년을 마치고 상급학교를 포기하고 재봉사가 된 사연, 결혼하여 평생을 재봉사로 늙어 2007년 영주귀국 하여 한국 생활이 안정적으로 접어들 때 갑자기 47년을 함께 살았던 남편이 심근경색으로 사망한 이야기, 그런 그녀를 다시 살아갈 수 있게 한 봉사활동 이야기가 펼쳐진다.

9장에서는 '용기와 열정, 교사에서 통역사로: 최화자의 이야기'가 펼쳐진다. 그녀의 생애는 1944년에 사할린에서 태어나 조선학교에 교원으로 근무했던 이야기, 그리고 보수나 여건이 좀 더 나은 물자공급기관으로 직장을 옮겨 통역원으로 근무하다가 2007년에 영주귀국 한 이야기, 현재 남동사할린센터에서 총무로 영주귀국한인들을 위한 다양한 활동을 돕고 있는 생생한 이야기가 사진을 통해 설득력 있게 전달된다.

10장에서는 '가구 공장의 살림꾼: 김월년의 이야기'가 숨쉬고 있다. 그의 이야기에는 1944년에 사할린 아니와에서 1남 2녀 중 장녀로 태어난 이야기와 10살 때 어머니의 재혼 이야기, 사범학교에 가서 남자친구와 데이트한 이야기, 결혼을 하고 시집살이를 하면서 경제학과를 나와 가구공장의 경리로 평생을 보낸 이야기, 그리고 2007년에 영주귀국 하여 14단지 회장으로 지내는 이야기 등이 그녀의 기억을 통해 다시 피어나고 있다.

이들 사할린 한인들의 이야기를 듣고 있노라면 절절한 슬픔이 우리 몸을 감동으로 휘감는다. 그리고 그 이야기는 끝이 없다. 이 서문에 던진 질문 '사할린 한인, 이들은 과연 누구인가', '왜 이들에게 우리는 사할린 한인이라고 부를까'에 대한 답은 이들의 이야기에서 이미 찾아낼 수 있다. 사할린에서 이들의 삶은 힘들고 고단했지만 가장 구슬프고 별처럼 아름다운 이야기가 되었다. 이들의 이야기에서 우리는 극단적으로 대비되는 형용사를 찾을 수밖에 없다. 슬픔으로부터 아름다움에 이르는 그 이야기들…. 이들의 이야기는 우리의 어두운 역사에 영롱한 별이 될 것이다.

끝으로 이 책이 나오기까지 많은 분들이 애써주셨다. 이 책의 연구참여자들이신 사할린 한인 어르신들은 물론 사할린주 한인회, 인천 남동사할린센터의 여러 어르신들의 도움이 없었더라면 이 이야기는 끝내 묻힐 수도 있었다. 뿐만 아니라 사할린 한인 생애사에 연구비를 선뜻 기부해주신 대원 서윤석 회장님께도 진심으로 감사드린다. 도와주신 모든 분들께 서문을 빌어 감사함을 전하고자 한다. 아울러 이야기 수집을 위해 휴일을 반납하셨던 연구원 분들과 그들의 가족 분들께도 심심한 감사를 드린다.

2018년 지나가는 봄을 아쉬워하며

저자 대표 김영순·박봉수

# CONTENTS

# PICTURE CONTENTS

# PICTURE CONTENTS

# PICTURE CONTENTS

# PICTURE CONTENTS

# I

## 사할린 한인
## 디아스포라 연구의 출발

# 1장
# 사할린 한인 디아스포라 연구의 의의

## 1. 사할린 한인을 연구해야 하는 이유는?

이 연구는 사할린 한인 영주귀국자들이 70여 년 동안 경험한 러시아 문화의 테두리에서 부모로부터 전수받은 한국 문화 정체성을 유지하는 데 핵심(core)이 되는 노스탤지어에 주목한다. 특히 생활 속에서 체득한 한국 문화 정체성을 유지하고자 하는 노력은 '부모로부터 물려받은 고향 혹은 상상의 고향'에서 비롯된 것이라고 본다.

영주귀국 사할린 한인이란 1945년 8월 15일을 기점으로 사할린에 거주하거나 사할린에서 태어난 고국으로 영주귀국한 이른바 혈통을 지닌 '사할린 동포'를 일컫는다. 이들이 사할린으로 이주한 것은 일본의 전쟁을 위한 노동력 착취의 한 방안이라고 해도 과언이 아니다. 1941년 시작된 태평양전쟁을 위해 일본 청년들을 징병하고 나자 일본 내 노동력의 부족을 해결하기 위해 조선인들을 징용해갔다(전형권 · 이소영, 2012; Kuzin Anatolii, 2014).

이후 이들은 사할린의 척박한 환경 속에서 억척스럽게 삶을 개척하면서 오로지 고향으로의 귀환의 꿈을 안고 살았다. 1945년 8월 15일 일제가 패망하자 남사할린이 해방되었고, 일본인들은 본국으로 송환되었다. 이때 일본인과 결혼한 한인을 제외한 모든 한인들은 일본으로의 송환에서 제외되었다. 한인들은 자신의 모국인 한국으로의 귀환을 위해 코르사코프 항구로 모이기 시작했다. 그렇지만 사할린을 개발하는 데 있어서 노동력이 필요한 소련은 한인들의 귀국을 허용하지 않았다. 이들은 자신의 의지와는 무관하게 조국으로 돌아갈 권리를 박탈당했기에 귀향은 한낱 꿈에 불과했다. 또한 이들은 소련 국적을 취득하게 되면 향후 귀국에 문제가 생길 수 있다는 우려를 하게 되었다. 이 때문에 무국적자로 차별대우와 불이익을 감수하면서 고향으로 돌아가겠다는 신념을 품고 생을 살아왔다.

그러던 중 '88서울올림픽'과 '한·러 수교'로 사할린 동포 1세들에게 꿈에만 그리던 '귀향'이 실현되었다. 이런 역사적 사건이 동인이 되어 오늘날 사할린 한인의 영주귀국이 이루어지게 된 것이다. 2018년 현재 사할린 영주귀국자들은 24개 시설[1]에 약 2,700여 명이 거주하고 있다(보건복지부 내부자료, 2018). 영주귀국 초기에 이들은 수십 년 동안 동토의 땅 사할린으로부터 평소 그리워했던 조국과 고향의 땅으로, 부모님의 품으로 돌아왔다는 기쁨으로 가득 찼었다. 하지만 이들에게 자신이 평생 살아온 삶의 터전인 사할린을 떠나 새로운 곳에 적응해서 살아가야 한다는 것은 또다른 도전과 난관을 의미한다(나형욱, 2009).

사할린 영주귀국자들은 기초생활보장수급자로 하루의 일과 중 대부분을 병원과 사할린 동포센터에서 보내고 있다. 이들은 이미 문화가 다른 사할린에 거주하였기에 우리말에 익숙하지 못하여 한국 생활 적응에 어려움을 느낄 뿐만 아니라 몇몇 경우에 의사소통도 어렵다고 호소한다. 이들에게 제공된 집거 아파트 단지 내에서 외부와 단절된 생활을 해서인지 한국 생활에 부적응을 나타낸다. 또한 국가에서 지

---

1) 대한적십자사 주도로 사할린 한인들의 영주귀국 사업이 되고 있으며, 이들 한인들은 현재 안산 고향마을, 안산시립전문요양원, 화성, 김포, 오산, 남양주, 양주, 인천 사할린 동포회관, 춘천 사랑의 집, 고령 대창양로원, 서울과 부천의 임대아파트, 부산 정관 신도시, 파주, 서천 등의 시설에 거주하고 있다.

급해주는 최소생계비 이외에 어떤 수익이 되는 경제활동을 할 수 없으므로 다양한 어려움을 겪고 있다.

특히 사할린에 남겨진 가족들과 함께 거주할 수 없는 것은 또 다른 이산에 의한 그리움을 가지고 있다. 이들은 과거 사할린에서는 고국의 부모와 형제 친지를 그리워해야 했고, 한국으로 영주귀국 한 후에는 다시 사할린에 남겨진 자신의 자녀와 형제, 친구들을 그리워하며 외로움으로 고통받고 있다. 그들에게 어떠한 물질적인 부도 사할린에 있는 보고픈 사람들에 대한 그리움을 대신할 수는 없다. 이렇게 거듭되는 이산으로 인해 영주귀국 사할린 한인들은 사회적 · 신체적 · 심리적으로 우리나라의 일반적인 어르신들과는 다른 여건에 놓여 있다. 이로 인하여 이들은 사회 부적응, 건강 악화, 가족과의 이별, 정서적 외로움과 소외감 등의 문제들을 안고 있다 (박봉수 · 임지혜, 2015; 이은숙 · 김일림, 2008).

이 책을 저술하기 위해 생애사 연구를 수행했던 연구자들은 사할린 한인 영주귀국자들이 사는 인천시 남동구 논현동에 살고 있거나 논현동에서 그다지 멀지 않은 인천 시내에 거주한다. 누구보다도 이들의 일상생활을 관찰하는 데 적합한 장소이다. 이들이 사할린에서 고국을 그리워하는 마음과 그렇게 그리던 고국으로 영주귀국 후 다시 사할린을 그리워하는 그 마음을 이 책에서는 '이중적 노스탤지어(Double Nostalgia)'로 명명한다. 이 글에서는 이들의 삶에서 고향이 지니는 의미, 고향에 대한 그리움에 대해 기술할 것이다. 특히 이주적인 사회집단에게서 나타나는 디아스포라의 특성 중 모국에 대한 '기억, 비전 혹은 신화' 같은 집합적 기억을 보존하는 방법, 때가 되면 '돌아갈 곳'으로 조상의 고국을 그리워하는 것을 집중적으로 조명할 것이다. 뿐만 아니라 이들의 이산적인 삶으로부터 어떤 다양성을 지니고 살아왔는지를 이들의 생애 과정을 통해 탐색하고자 한다.

## 2. 사할린 한인 연구담론

사할린 한인에 관한 연구는 재일조선인의 법적 지위와 처우개선 문제 등이 외교적, 인권적 현안으로 대두되면서 본격적으로 시작되었다. 다른 한편 1990년 한·러 수교 전후에 러시아 한인들의 과거사가 규명되었고, 접근 불가능했던 우리 한국 민족 관련 문서들이 공개되면서부터이다. 나아가 러시아와 경제협력 교류가 확대되면서 냉전이 완화되었고, 사회주의 국가들과 교류하면서 이들 사할린 한인들에 관한 문제의식을 갖게 되었다(Kuzin Anatolii, 2014).

연해주 및 사할린에 거주하는 한인[2]에 관한 연구는 그간 다양하게 이루어졌다. 예컨대 이주와 이주에 따른 차별, 문화적응과 문화변용, 그리고 문화적인 동화와 공동체, 민족문화와 민족정체성 등의 영역에서 연구가 활발히 진행되었다. 실제로 위의 각 주제와 개념에 대해 역사학과 인류학을 비롯하여 민속학, 사회학, 정치학, 경제학, 언어학 등에 이르기까지 많은 연구가 진행되어왔다.

첫째, 연해주 한인에 관한 연구는 박경용(2013)이 러시아 한인 현황 및 실태 연구를, 이재혁(2011), 전형권 외(2012)가 역사학적 입장에서 이주와 항일독립운동을 연구하였다. 또한 김성종(2006; 2009), 최경옥(2012), 한혜인(2012) 등이 정치경제적 측면의 연구를 수행했고, 박승의(2013), 이은숙·김일림(2008), 임엘비라(2010), 정근식 외(2000), 최길성(2000), 황선익(2012) 등이 이들의 정체성을 연구하였다.

이처럼 대부분의 연구는 문헌연구로 사할린 한인사회의 조직, 국적 문제, 혼인관계, 의사소통 문제 등 주로 거시적·제도적인 면을 중심으로 이루어져 왔으며 이러한 연구의 시작으로 사할린 한인의 정체성에 대한 논의가 활발해졌다. 하지만 상

---

2) 한국 정부는 1997년 3월 27일 '재외동포재단 사업 운영에 관한 법률'을 제정하고, 1997년 10월 30일 재외동포재단을 설립하면서 '사할린 동포'라는 용어를 공식적으로 사용하고 있다. 하지만 '동포'라는 용어는 정서적이고 감정적인 측면을 내포하고 있기 때문에 객관적이고 과학적인 분석을 위해서 본 연구에서는 보다 가치중립적인 '사할린 한인'이라는 용어를 주로 사용할 것이다.

기 선행 연구들에서는 사할린 한인들이 국제관계나 거주국의 환경 속에서 어떻게 적응하고 있는지 큰 틀을 파악하는 데는 유용했지만, 정서를 들여다보기에는 한계가 있다고 본다.

둘째, 사할린 한인들만의 독특한 문화를 탐구한 일련의 연구들이 있다. 바로 김영희 외(1996), 김주자(2006), 이광규 · 전경수(1993), 전경수 외(2001), 조재순(2009), 최길성(2001), 허승철(1996) 등이다. 대부분 사할린 한인 문화연구는 인류학 혹은 민족학 연구자들을 중심으로 활발하게 진행되었다. 이들은 한인들의 일상생활문화에 주목하여 주류문화인 러시아인들의 생활문화와 접촉하면서 어떠한 문화변용을 경험했는지에 초점을 두었다. 이들 연구에서는 주로 사할린 한인들의 의식주, 생활의례, 생활문화 등을 다루었다.

사할린에 거주하는 한인들은 대부분 우리 한반도 지역에서 이주한 경우가 많다. 그래서 사할린의 일부 농촌에서는 아직도 한국의 지역풍속이 잔재해 있는 것으로 조사된 바 있다. 예를 들면 온돌을 사용하기도 하고, 아기를 출산하면 미역국을 먹고, 자녀의 돌이 되면 돌잡이를 한다. 또한 통과의례에서도 공통점이 많다. 결혼하기 전에 택일해서 결혼식을 올리고, 결혼식이 끝나면 폐백을 하고, 회갑잔치를 하고, 사람이 죽으면 대부분 삼일장을 치른다. 그리고 한국의 전통식 장례 절차 중 염습과 발인을 하고, 대부분 3년 탈상을 하고, 조상의 은덕을 기리는 제사를 지낸다. 특히 이러한 생활의례 등은 사할린 일대가 모두 양력을 사용하는 인문환경임에도 대부분 사할린 한인들은 음력을 사용하는 등 한국문화가 1세대를 중심으로 유지되고 있다고 본다. 실제로 필자는 2016년 여름에 사할린 현지연구를 갔다가 그곳 사할린 한인회 회장님께 사할린 한인 달력을 받았는데, 거기에는 음력을 기준으로 각종 행사와 세시풍속이 기록되어 있었다. 달력에는 음력뿐만 아니라 우리나라에서도 찾아보기 어려운 '손 없는 날'이 표시되어 있었다.

언어 사용의 경우에도 경상도에서 이주한 사람들에게서 경상도 지역 사투리와 북한의 함경도 지역의 사투리가 존재한다. 그러나 현재 젊은 축에 속하는 사할린 3, 4세대들은 한국어를 거의 사용하지 않으며, 한국어 실력도 거의 기본적인 소통을 할 정도이거나 아예 상실한 상황이다. 의식주 생활문화에서 복식의 경우 평상시에 한복을 입는 사람은 거의 찾아보기 어려웠지만, 자녀들의 돌이나 친지, 본인의 환갑, 세시풍속 등 특별한 날 한복을 예복으로 착용하는 것은 아직 남아 있다고 볼 수 있다. 음식문화의 경우 쌀을 주식으로 밥과 국이 기본을 이루고, 찬의 경우 김치를 주로 먹고, 의례가 있을 때는 떡과 국수를 먹는 것으로 조사되었다. 이로써 의식주 중 특히 음식은 아직도 사할린 한인들에게서 유지되고 있는 한국 풍속으로 이는 타민족에게까지도 영향을 미치고 있음을 밝혔다. 필자들이 사할린 현지조사 수행 중 시장에 들렀을 때 사할린 한인이 운영하는 식료품 가게에 다수 러시아인이나 사할린의 다른 민족들이 이들이 만든 음식을 구입해가는 것을 확인하였다. 이는 소련이 실시한 민족동화 정책과 러시아 문화의 접촉으로 인해 한인들의 언어와 풍속이 다소 변용된 상황에서도 음식문화만큼은 전통을 고수하려는 노력들을 엿볼 수 있다. 뿐만 아니라 사할린 한인들은 나름 고유한 민속전통을 계승하고 한국어를 사용한 문학예술활동을 하고 있었다. 한인회에서는 중요한 행사가 있으면 식전 행사로 사물놀이를 공연하여 행사를 알렸다. 그리고 아리랑을 부르며 부채춤을 추었다. 이는 사할린 한인들이 스스로 민족정체성을 유지하고 계승하려고 무던히 애썼다는 것을 알 수 있었다.

셋째, 문학예술 분야의 연구는 대부분 강제이주 이전의 연해주 한인들의 문학활동을 다루었다. 김성수(1989), 민병기(1998), 이명재(2004), 장사선 · 김현주(2004)의 경우가 그러하다. 아쉽게도 강제이주 후 연해주나 사할린 지역의 한인 문학예술에 대해서는 비교적 알려진 바가 많지는 않다. 하지만 일제로 인해 겪어야만 했던 민족의 애환에 공감대를 이끌어낸 고려악단에 관한 학술적 재조명은 이루어졌다. 고려악단은 민족의 소리라고 일컫는 아리랑 등을 편곡하여 공연하였다. 이를 통해 사할린 한인들의 심연에 남아 있는 향수를 자극시켰으며, 이들에게 민족의 동질성을 형성하는 매개가 된 것으로 나타났다.

넷째, 역사학적 관점의 연구는 주로 이주사와 항일독립운동사로 구분된다. 김게르만(2005), 반병률(2008), 김 피오트르 게르노비치 · 방상현(1993), 윤병석(2005), 윤상원(2010), 이정희(1997), 정근식·염미경(2000), 장석흥(2007), 진용선(2009) 등의 연구가 역사학적 관점을 채택한 것들이다. 특히 역사학적 연구에서는 강제이주에 주목하였다. 강제이주는 러시아 한인의 정체성 변화에 큰 영향을 준 사건이라 할 수 있다. 따라서 역사 연구의 영역에서는 한인이 연해주로 이주한 배경에서부터 소비에트 정권 수립을 전후로 한 한인들의 동향 등 강제이주까지의 과정을 규명하는 데 연구의 중점을 두었다. 역사학적 연구결과를 요약해보면, 연해주에는 1920년대에는 10만 명을 넘어설 정도로 러시아 한인사회가 성장했다. 이는 1860년대부터 조선 후기의 정치적, 사회경제적 혼란을 피해 한반도 북부지방에 살던 사람들이 연해주 지역으로 이주했고, 일제강점기 때에는 사람들이 가난과 정치 탄압을 피해 연해주로 이주하였다. 또한, 연해주 한인 중 일부의 사람들은 일찍이 러시아에 귀화해 넓은 토지를 확보하고 풍족한 생활을 누렸지만, 귀화하지 않은 대부분의 한인들은 농장의 고용인과 같은 열악한 처지로 어려운 생활을 영위했다. 특히 연해주의 한인들은 《선봉》, 《레닌기치》 등의 잡지를 발행하고 조선학교를 설립하였다. 또한, 행정자치구는 독립적으로 구성되지 않았지만, 한국어로 행정업무를 처리할 수 있도록 요구하는 등 독자성을 가지고 정치·문화적 활동을 하고 있었다. 또한 연해주 지역이 항일무장투쟁의 거점으로서 기능을 하면서 수많은 독립운동가의 활동무대가 되었다는 점을 강조하였다(정진아, 2011).

다섯째, 이주의 역사와 관련된 역사학적 연구들과 이 연구들의 쟁점들과 관계를 갖고 있는 러시아 한인들의 현황 및 이들을 둘러싼 정치경제적 연구들을 들 수 있다. 대부분 역사학적 연구들에서는 사할린 한인과 관련된 문제를 논의했는데 항상 빠지지 않는 것은 징집과 강제노역 문제이다. 이 문제를 다룬 연구들에서 일제의 잔악한 수탈과 식민통치의 내용이 집중 조명되었다. 또한 항일독립운동사의 맥락으로 연해주와 사할린의 한인사회를 이해하고자 한 것들이 대부분이다. 이런 방향의 연구는 강명구(2006), 김성종(2006), 김인성(2011), 노영돈(2003), 박봉수·김영순(2016), 신상문(2005), 심헌용(1999), 심헌용·김재기(2004), 유진각(2005), 이광규(2000), 이윤기·김익겸(2008), 이정희(1997), 이종훈(1998)에서 수행되었다. 사할린 한인에 관한 연구가 시작된 기점을 딱 잘라 이야기하기는 어렵지만 1990년대 초 한·러 수교가 이루어진 것을 계기로 시작되었다. 연해주와 사할린 지역의 가장 중요한 현안 중 하나는 사할린 한인들의 한국으로의 귀환 문제, 중앙아시아 한인들의 연해주 재이주와 자치주 설립 문제, 이 지역의 낙후된 경제개발을 위한 한국 정부와 러시아 정부의 공동대응과 한국기업의 진출 문제라고 볼 수 있다.

여섯째, 사할린 영주귀국자에 관한 연구를 들 수 있다. 이 연구경향은 이들의 이주 생활 실태 및 적응을 비롯하여 일상생활에서의 건강, 정체성, 법제도 등에 관한 연구로 구분할 수 있다. 생활 실태 및 적응을 다룬 연구로는 김경숙 외(2012), 김인성(2011), 김주자(2006), 나형욱(2009), 배상우(2006), 배수한(2010), 박여리(2014), 박재인(2014), 선봉규(2013), 안미정(2014), 오승주(2012), 이명선(2009), 임채완·이소영(2015), 정진아(2014), 정천수(2007), 조재순(2009), 호경임(2002), 황정태(2002), 황현옥(2005)을 들수 있다. 정체성에 관한 연구로는 김경숙(2012), 박봉수·임지혜(2015), 박봉수·김영순(2016), 이장혁(2011), 정치 및 법제도에 관한 연구로는 송진숙(2012), 최경옥(2012), 건강에 관한 연구로는 이미애(2012), 대표적인 구술생애사 연구로는 박경용(2013)을 들 수 있다. 이와 같은 영주귀국을 한 사할린 한인들에 관한 연구는 2000년 초반부터 시작하였다고 볼 수 있다. 연구의 주된 내용은 사할린 영주귀국자들에 대한 한국사회의 정착 및 적응, 이들에 대한 생활환경, 근로환경, 주거환경, 지역주민과의 관계, 의료환경 등이다. 위와 같은 연구들에서 대부분 영주귀국 사할린 동포들의 안정적인 정착을 위한 정부 차원의 정책적·제도적 지원의 필요성을 제시하고 강조하였다. 또한, 이들이 기초생활수급 대상자로 지정되어 경제적인 어려움과 더불어 건강상의 어려움을 겪고 있다고 지적하고 있다. 아울러 이들이 이중적 향수에 시달리고 있으며 자녀의 영주귀국 등을 포함한 제2의 이산가족 문제 해결을 강력하게 촉구하고 있음을 강조한다.

우리가 위에서 선행 연구들을 살펴본 바와 같이 사할린 한인들은 실제로 일제의 침탈 등 강대국들의 식민지 경영이 경쟁적으로 일어나던 시기의 역사적 소용돌이에서 역동적인 삶을 살아왔다. 따라서 그들에 대한 다양한 연구분야에서의 괄목

할 만한 연구 성과들이 있었던 것은 부정할 수 없다. 그렇지만 이들이 어떻게 척박한 사할린 땅에서 자신의 삶을 개척하고 영주귀국 과정에까지 편입했는가 하는 생애사적 연구는 실제로 미흡하다고 본다.

따라서 이 책에서는 6명의 사할린 영주귀국자 어르신들의 일상생활적 생애사를 고찰하고 이들로부터의 생애 이야기들을 내러티브로 환원하여 이해할 것이다. 특히 이들이 생애 과정에서 겪은 러시아 내 소수민족으로서의 소외감, 이를 극복하기 위한 노력, 초·중·고등 학창 시절, 가족 친지 및 지역사회의 구성원들과의 인간관계, 직업생활 등을 기술하고자 한다. 이들의 생애를 통해 이들이 살아온 삶은 무엇인지, 그리고 조국에서 잊힌 그러나 조국을 그리워하는 이들의 삶과 투쟁의 의미는 무엇인지, 그 의미가 그들의 삶에 어떠한 영향을 미쳤으며, 영주귀국 한 후 현재 상황에서 어떻게 작동하고 있는지를 보고자 한다.

이러한 연구의 목적에 부합할 수 있도록 첫째, 사할린 영주귀국자들로부터 개인사 혹은 사회사적 가치가 창출되고 역사적 기록이 될 수 있는 개인 소장의 사진들을 활용해 그들의 이야기를 듣고 기록하고자 한다.

둘째, 연구참여자인 영주귀국 사할린 한인들의 생애담을 경청함으로써 개인사적으로는 비극적인 역사적 흐름에 대한 공감과 치유의 가능성을 제시하고자 한다.

셋째, 사진과 이야기의 만남이라고 할 수 있는 포토텔링 기법을 활용하여 영주귀국 사할린 한인들의 생애사적 사건과 기억들을 효과적으로 끌어낼 것이다. 포토텔링 연구방법은 기억 재생이 어려운 노인층들로부터 기억들을 효과적으로 이끌어낼 수 있는 방법이라고 본다.

넷째, 연구자는 연구참여자들의 생애담을 통해 표현되는 발화들을 내러티브 진술을 통해 그들의 경험을 재구성하고 다시 이야기하는 과정을 반복할 것이다. 이를 통해 필자들 자신도 성찰의 기회를 갖게 될 것이다.

# 2장
# 사할린 한인 생애사
# 연구의 키워드

## 1. 사할린 한인 디아스포라

현재 사할린의 한인들은 1, 2세대와 3, 4세대의 삶이 민족정체성의 측면에서
뚜렷한 경계가 나타난다. 사할린 한인 3, 4세들은 부모 세대와 달리 러시아어로 생
활하고 러시아인을 배우자로 선택하는 비율이 점차 높아졌다. 특히 도시에 거주하
면서 고학력을 갖추고 전문기술직에 종사하는 사할린 한인 3, 4세의 경우 러시아
의 주류문화에 편승하거나 동화되는 경우가 많다. 이러한 과정에서 다중정체성이
형성되며, 이것으로 인해 단일문화 정체성을 지닌 부모 세대와의 갈등이 야기되기
도 한다. 이렇듯 사할린 한인들은 현지사회에 언어적, 문화적, 구조적 동화가 높은
수준으로 이루어졌음에도 불구하고 다른 한편 강한 민족적 동일시와 민족적 애착[3]

---

3) 사할린 한인 1세대가 모국 지향성을 강하게 띠고 있는 것은 모국에서의 경험이 '원체험'으로 존재하고, 거
주국에서의 경험이 '후 체험'이기 때문이다. '후 체험'은 자발적인 것이 아니라 비자발적인 속성을 갖고 있
다. 이 때문에 '원체험'으로의 구심력이 강하게 작동하고 있다. 하지만 2세대에게 거주국에서의 경험은 '원

이 있다. 그렇다면 그 이유는 무엇일까? 언어와 문화 그리고 사회적 영역 전 부분에서 현지사회에 동화되었음에도 강한 민족정체성을 유지하는 것은 이들이 소수민족으로 구별되고 다르게 대우받고 있는 것과 이에 부합하는 민족정체성을 유지하려고 노력하는 데 기인한다(김영순·박봉수, 2016; 박승의, 2015; 윤인진, 2002; 이은숙 외, 2008; 최영진, 2012).

이 글의 주요 이해 대상은 바로 사할린 한인이다. 이들이 어떻게 사할린에 정착했는지에 대해 우선적으로 고찰할 필요가 있다. 사할린 한인은 3가지 유형의 이주 루트와 6개의 이주 시기가 있다. 우선 이주 유형을 살펴보면 모국 송출지에서 유입지로의 이주, 유입지인 사할린에서 유입국 내부로의 이주 '재이주 루트', 그리고 유입지에서 다시 모국 송출지로 영주귀국 하는 '귀환 루트'가 있다. 또한 6가지 이주 시기는 1905년 이전의 초기 이주 시기, 남사할린과 북사할린 모두 비교적 자유로운 이주를 했던 자유이주기(1905~1937), 일본의 강제이주기(1937~1945)로 구분해볼 수 있다. 일본의 강제이주기는 북사할린에서 한인들이 중앙아시아 지역으로 강제이동된 때(1937)에 부합되는 시기이다. 그 후로 소련 지역에 살게 된 한인들의 혼돈기(1945-1959)에 들어오며 일본인 부인을 둔 사람은 일본으로 귀환하고 남은 한인들은 체념과 포기 상태에 이른다. 이후 재정착기(1959~1988)를 상대적 안정기라고 볼 수 있으며, 소련의 해체와 함께 급격한 변화를 겪게 되는 새로운 변화기(1990년 직후)가 시작된다(이재혁, 2011: 92).

이와 같이 사할린 한인의 이주와 정착 과정에서 우리는 강제이주, 차별, 적응, 문화변용, 문화동화, 다문화공동체, 민족문화와 민족정체성 등 다양한 연구주제들을 찾을 수 있다. 이들 각각의 주제는 독립적인 연구영역이며 실제로 위의 각 주제에 대해 역사학, 인류학, 민족학, 사회학, 정치학, 경제학, 언어학은 물론 이들 간의 상관성 연구를 할 수 있도록 융합연구적 시각이 필요하다고 본다. 그 이유는 사할린 한인 관련 연구주제들은 서로 긴밀한 관련성을 띠기 때문이다. 특히 '디아스포라

---

체험'으로 모국에서의 경험은 부모 세대로부터 전승받은 간접경험, 즉 집단기억으로만 존재한다고 볼 수 있다(텐 옥사나, 2010).

(diaspora)' 개념은 사할린 한인의 다양한 경험을 포괄하면서 그들 간의 연관성을 설명할 수 있는 융합적인 개념이다(윤인진, 2002).

디아스포라의 어원은 '파종' 또는 '이산'을 뜻하는 그리스어 'διασπορά(Diaspora)'에서 유래한 단어이다. 'διασ'는 '~을 넘어', 'πορά'는 '씨를 뿌리다'라는 의미이다. 이를 관련 학계에서는 '민족분산(民族分散)' 또는 '민족이산(民族離散)'으로 사용한다(윤인진, 2004). 그러나 디아스포라는 단지 같은 민족 구성원들이 세계 여러 지역으로 흩어지는 과정과 현상만을 의미하지 않는다. 자의적이거나 타의적으로 기존에 살던 곳을 떠나 특정 지역이나 자신의 나라 밖에 자리 잡는 집단에도 사용되는 개념이다. 즉, 이런 개념을 적용하면 조상들의 출신국, 자신이 태어난 나라, 현재 국민으로 속해 있는 나라가 분리되어 있는 경우 등 분산한 동족들과 그들이 거주하는 장소와 공동체 모두를 가리키는 포괄적인 개념이다(서경식, 2006).

윤인진(2004)은 디아스포라를 구성하는 여러 조건 중에 몇 가지의 조건을 갖추어도 디아스포라에 해당된다고 한다. 또한 디아스포라를 이주노동자, 무국적자, 다문화가족, 언어의 혼종성 등 초국가적(transnational)인 문제와 다른 민족의 국제이주, 망명, 난민, 이주노동자, 민족공동체, 문화적 차이, 정체성 등을 아우르는 포괄적인 개념으로 사용한다. 따라서 현재 다문화사회화가 진전되는 우리 사회 현상을 설명하는 개념으로 작동할 수 있다고 본다. 그리고 한민족 혈통을 가진 사람들이 모국을 떠나 세계 여러 지역으로 이주하여 살아가는 한민족 분산을 '코리안 디아스포라'라 사용하곤 한다. 따라서 사할린 한인은 그들의 이주와 정착의 경험, 그리고 다시 한국으로의 영주귀국이라고 할 수 있는 재이주 현상을 나타내는 집단이다. 이런 현상을 가지고 있는 영주귀국 사할린 한인은 그 자체로 역동적인 디아스포라를 연구할 수 있는 최적의 이주공동체라 할 수 있다. 이는 비극적 이주 경험, 집단적 이주, 상상의 모국인 한국의 존재, 거주국에서 차별과 배제의 경험, 모국에 대한 귀환의식 등이 모든 것이 디아스포라 개념과 연동되기 때문이다.

소비에트에서 페레스트로이카가 시작되고(1985), 서울올림픽(1988), 세계한민족체전(1989) 등의 역사적 사건들은 사할린 한인과 그들이 사회에게 있어서 전환을 앞

둔 하나의 획을 긋는 계기가 되었다. 1990년 한국과 러시아가 외교관계를 맺자 사할린 한인들 사이에 한국으로 가고자 하는 분위기가 강하게 일었고 사할린 한인 문제를 해결하는 데 있어서 여러 방안이 모색되었다. 또한 한국과 일본은 1994년 사할린 동포 영주귀국 시범사업에 합의하게 되었다. 그 후 1999년 사할린 송환자들을 위해 일본은 한국에 32억 엔을 분담하여 100개의 숙소를 마련했다. 나아가 한국 정부는 2000년에 500개의 아파트가 있는 거주지를 마련하여 영주귀국이 이루어지기 시작했다(최상구, 2015).

그러나 사할린 동포 영주귀국 시범사업은 순탄하지 않았다. 그 이유는 영주귀국자 선정 기준이 제한적이며 조건이 까다로웠기 때문이다. 대상자를 1945년 8월 15일까지의 출생자로 제한하고 부부 양측이 65세 이상이며 합법적으로 결혼한 사람만 영주귀국이 허용되었다. 특히 아파트 단위로 제공된 거주 시설은 단지 생존 시에만 제공되고 후손에게 상속할 권한은 없다는 단서가 있다. 영주귀국 제도는 2008년에 들어서서 영주귀국의 범위가 다소 확장되어 부부 중 1명이 상기의 조건에 충족되면 다른 1명의 경우 1945년 8월 15일 이후 출생자라 하더라도 허용되었다. 또한 영주귀국 대상자의 가족 중 장애를 가진 자녀들 및 가족 중 한인이 아닌 구성원도 일부 포함되었다. 이러한 제도에는 상당한 모순이 있었고, 일부 한인들이 영주귀국을 하기 위해 위장 결혼을 하고, 생년월일을 조작하고, 이미 오래전 고인이 된 사람의 이름을 사용하여 영주귀국을 신청하려는 폐단을 가져왔다(Kuzin Anatolii, 2014).

사할린 한인이 오랫동안 지닌 귀환의 꿈은 현실이 되었지만 그들에게 즐거운 것만은 아니다. 가족 전체가 이주한 것이 아니기에 그들은 사할린에 두고 온 자식들을 그리워한다. 그리고 무조건적인 가족들의 동반이주 허용을 끊임없이 정부에 요구한다. 사할린 한인은 과거 일제시기에는 부모와 떨어져 지내야 했고, 지금은 조상의 땅으로 영주귀국 했음에도 사할린에 두고 온 자녀들과 헤어져야 하는 새로운 이산가족이 되었다. 이들은 이중적 노스탤지어를 보이는 또 다른 디아스포라를 겪고 있다.

## 2. 고향에 대한 그리움, 노스탤지어

고향의 사전적 정의는 '자기가 태어나고 자라난 고장' 또는 '조상 대대로 살아온 곳'이라는 의미를 담고 있다(국립국어원, 2014). 이러한 의미로 볼 때 고향은 시간성과 공간특성을 모두 포함하는 복합적인 개념이다. 고향이라 하면 시간상 과거라는 시간성과 조상 대대로 살아온 곳이라는 장소성을 의미한다. 그러므로 고향은 반드시 물리적 공간만을 의미하지 않는다. 고향은 마을과 같은 공간적인 차원과 전통과 같은 시간적인 차원, 그리고 혈통 및 가족 내에서의 친밀한 인간관계로 구성되기 때문에 누구에게나 특별한 의미가 부여된다(전광식, 1999: 64-65).

사할린 한인들에게 '고향'은 이중적인 의미일 수밖에 없다. 그들에게 '고향'은 조상들이 살던 곳, 그래서 자신의 기원지라는 의미와 아울러 거주국으로서의 의미가 있다. 또한 그들에게 현재 위치인 사할린은 거주국이자 또 다른 고향으로 이해된다. 한인 디아스포라는 자의든 타의든 자신이 태어나고 성장한 곳, 조상 대대로 머물던 곳을 떠나 이주하여 이제 거주국이 된 나라에 뿌리를 내리게 된다. 자신의 출신지를 '고향'으로 구축하는 과정에서 소외되고 불안정한 사람들은 심리적으로 따뜻하고 편안한 인간적인 공간, 즉 고향으로 되돌아가고 싶은 갈망을 하게 된다(김태준, 2006: 9).

누구에게나 고향이라는 단어는 어머니와 같은 근원적인 따스함과 평화, 신뢰감을 불러일으킨다. 이는 고향이라는 근원적 장소가 지닌 절대성을 확인시켜주는 강력한 힘이다. 어머니와 고향은 우주의 모든 생명을 포용할 수 있는 낙원의 이미지이다. 이러한 고향에 대한 무의식적 정서 이면에는 각박해지는 삶에 대한 대안으로 고향을 동경하는 기제가 작동한다. 이런 고향으로의 그리움을 통한 자기 확인 의지는 새로운 삶을 사는 데 있어서 에너지를 얻는 원천이기도 하다. 어쩔 수 없이 거주국의 사회문화적 체제에 동화 혹은 순응해야 생존할 수 있는 디아스포라에게 고향에 대한 향유와 그리움은 그들만이 갖는 특권이 아닐 수 없다.

사할린 한인처럼 전 세계에 흩어져 있는 한인 디아스포라들에게는 조국과 고향을 떠나게 된 원인이나 동기는 중요하다. 그것이 자발적 이주인지, 아니면 비자발적 이주인지에 따라 자신의 문화를 유지하는 수준이 다르게 나타나기 때문이다. 만약 자발적 이주자인 경우에 현재 거주국에 빨리 적응하기 위해 원래 가지고 있던 고유의 문화와 전통을 유지하지 않고, 거주국의 문화를 빠르게 수용하게 될 것이다. 이에 반해 비자발적 이주라면 비교적 모국과 고향의 전통문화를 지키며 민족정체성을 유지하기 위해 노력하며 동화의 속도도 더딘 편으로 나타난다.

한인 디아스포라들은 고향이 돌아가야 할 장소가 되지 못하기 때문에 원초적인 힘을 지닌 고향 이미지를 만들어 고향에 대한 환상을 갖는 것, 즉 상상의 고향으로 '환상'화시키기도 한다. 아름다운 조국과 고향의 풍광을 그리워하여 사진 혹은 캘린더를 비치하기도 하는 등 고향을 대신하는 대체물을 추구한다. 이로써 실제적인 조국과 고향이 내포한 어두운 기억을 가리는 기능을 한다.

사할린 한인들이 처한 오늘날 고향의 결핍은 부모님, 가족 친지들이 살고 있는 고향을 평안한 안식처로, 생을 마치기 전에 돌아가야 할 곳으로 상상함으로써 심리적 보상을 얻게 된다. 어머니 혹은 부모님의 존재는 궁핍과 고단함의 자취가 남아 있는 고향을 현실에서의 괴로움, 절망감을 극복하는 치유의 도구로 변화시킨다. 이렇게 고향은 지나간 세월의 시간성 위에 존재하는 심리적이며 심상적인 공간이며, 떠나온 조국과 고향을 그립게 아쉬워하는 기억의 표상이다(최재목, 2007).

이 책에서는 고향이라는 장소 그 자체가 과거의 시간성을 배태한 경험과 사건의 현재적 표현이며, 미래에 대한 희망이 담겨 있는 현재적 표현이다. 또한 '고향'을 공간의 개념에서 나아가 정서적·심리적 친밀성을 나타낼 수 있다고 본다.

정말로 돌아갈 수 없는 이산을 경험한 사람 혹은 망명자에게 있어서 고향의 정체성은 조국, 민족과 중첩되기도 한다. 그들은 과거 자신들의 조상이 살았던 땅에 대해 '고향'이라고 하는 의미를 부여하고 자신들의 정체성의 근원 혹은 근거를 만들기 위해 지금 거주하고 있는 땅을 고향과 같이 만들기 위해 노력한다(Relph, 1976). 이들은 지금 이곳에서 지속성, 안정감을 찾기 위해 정서적 공간인 고향을 그리며 새로운 고향을 건설하고자 한다. 개인이 고향을 그리워하는 것은 기억을 통해 외부 세계와 소통한다. 이들은 돌아갈 수 없는 고향을 그리워하며 현재의 그곳에 대체 공간을 만들어 조국과 고향에서 행하던 의식들을 유지하고 이를 통해 동질적인 민족공동체 형성을 위해 노력한다(김태준, 2006).

이때 고향은 어떤 특정의 사람과 별개가 아닌 개개인의 동질성을 표상하며 다시 공동체의 정체성으로 나타난다. 이와 같이 새로운 땅에, 이주의 땅에 고향을 만드는 것은 개인적이고 정서적인 차원에서 이루어지기도 하지만 실제 행동을 규합하는 사회적 차원의 과업이 될 수도 있다. 그래서 현지에서 만들어지는 고향이나 돌아갈 수 없는 상상의 고향은 이주민들이 상호작용하며 함께 소통하고 참여하며 연대하는 장이자 공간이라고 볼 수 있다.

## 3. 통과의례와 민족정체성

앞 절에서 한인 디아스포라들이 느끼는 고향은 조상들 및 자신의 기원지와 현재 거주하는 나라, 바로 이주의 현지를 일컫는다. 또한 고향을 현지에서 만들어 세시풍속을 유지하고 관혼상제 등 통과의례를 행하는 것은 한인의 민족정체성에 중요한 상징이자 메타포가 될 수 있다. 이는 민족정체성을 확보하거나 이를 유지하는데 있어서 중요하다. 통과의례는 고향을 그리워하는 의례라고 볼 수 있다. 의례를 행할 시 자신의 고향에서 했던 바대로, 선조들의 행함을 그대로 답습한다. 이런 의례들은 고향에 기원을 두었지만, 다음 세대와 연결하는 것을 목적으로 한다. 그럼으로써 어떤 개인이 자신의 민족을 자각하게 하고 나아가 민족을 응집하게 하며 민족정체성을 유지하는 데도 기여한다.

우리는 쉽게 정체성이란 용어를 사용한다. 대개 정체성은 동일성, 연속성, 소속감 및 일체감의 의미를 포괄적으로 수용하고 있는 단어이다. 사회학적 측면에서 정체성은 사회적 정체성이라 할 수 있는 '집단정체성'과 '개인적 정체성'으로 구분할 수 있다. 우선 개인정체성은 사회심리학자인 에릭슨의 이론에서 가장 중요한 개념인 '자아정체성'의 주관적인 측면을 가리키는 것이다. 개인정체성은 말 그대로 '개인이 지닌 현재의 주관적인 자아감'을 의미한다(임채완, 2002). 이것은 주체가 자기의 동질성과 연속성을 시간의 경과 속에서 자각함을 의미하며 동시에 다른 사람이 자기의 동질성과 연속성을 인식한다는 사실을 자각함을 말한다. 이와 반대로 집단정체성은 자아정체성의 객관적인 측면을 가리키는 것으로 개인이 다른 개인의 집합인 사회라는 집단에 가지는 심리적 · 사회적 관계라고 할 수 있다.

수많은 사회학자들과 사회심리학자들은 집단정체성, 즉 정체성의 사회적 측면의 중요성을 연구해왔다. 쉽게 이야기하자면 중학교 혹은 고등학교의 사회 과목의 앞부분에 개인으로서 인간과 인간이 모여 만드는 사회의 관계를 기술하고 있다. 즉 집단정체성은 어떤 사회집단의 각 개인이 지니는 개인정체성의 총합 혹은 합집합이라고 볼 수 있다. 대표적인 집단정체성으로는 '성(gender), 계급(class), 인종(race), 민족(ethnic), 국가(nation)' 정체성 등이 있다. 이 중에서 민족정체성은 집단적으로 공유된 민족 특성들로, 조상 대대로 관계를 지니고 있는 한 집단에 대한 충성 및 태도(Edward, 1985), 공동체를 이루는 사회 구성원들 간의 결속의 느낌, 즉 심리적 동일시(윤인진, 2002), 문화적 관습(정호영, 2001)으로 정의된다.

민족정체성의 개념과 성격은 학문에 따라 달리 규정된다. 블룸(Bloom, W.)은 민족정체성은 한 국가의 전체를 포괄하며, 그것은 정치적 · 종교적 · 문화적 · 민족적 차이들을 모두 초월하는 개념이라고 정의한다. 또한 민족정체성을 어떠한 민족의 동일시와 상징에 대한 내면화라고 규정한다. 예컨대 한 집단의 성원들이 어떠한 민족적 상징들에 대하여 동일시를 가지고 있거나 그러한 상징들을 내면화하고 있는 상태라면 하나의 동일 집단으로 간주될 수 있다. 타미르(Tamir, Y.)는 민족정체성을 구성원들에게 안정감을 주는 가장 강력한 메타포로서 간주한다. 이 민족정체성은 어떤 사회 구성원들에게 근대적 삶이 주는 노이로제와 스트레스, 소외감과 무의미함을 극복하고 존재론적 안정감을 확인시켜주는 도구 역할로 본다.

여러 학자들이 규정한 민족정체성 개념들의 공통점은 다음과 같다. 민족정체성은 사회적·집합적 정체성이다. 개인의 특정 민족에 대한 소속감을 말하며 민족적 상징이나 민족적 특성을 공유한 사람들과의 연대감이나 일체감을 뜻한다. 또한 개인의 자아 개념의 일부분으로 개인에게는 민족에 대한 자부심과 자긍심으로 나타난다. 따라서 민족정체성은 한 인간이 갖는 정체성의 일부이며, 공유된 민족적 특성들로 인해 어느 한 개인이 그가 속한 특정 민족집단에 대해 느끼는 소속감이라고 볼 수 있다.

우바(Uba, 1994)[4]에 따르면 한 개인의 민족정체성은 그의 자긍심과 관련되며 개인정체성과 긍정적인 상관관계를 맺고 있다고 한다. 이는 자신의 민족정체성에 대해 바람직하게 인식하고 있으면서 자신의 가치 또한 높게 평가하는 결론을 낳는다. 이러한 민족정체성은 거주지나 국적을 넘어서기도 하고 개인이 사용하는 언어나 그가 신봉하는 종교, 그리고 의식주 생활양식의 차이를 초월하기도 한다. 비록 다른 나라에 살고 있더라도 또는 종교가 다르고 같은 언어를 사용하지 않을 뿐 아니라 같은 민족 고유의 생활양식을 상실하였다 하더라도 출신 민족이 같으면 하나의 민족으로 간주된다(김상호, 2008).

민족정체성은 같은 민족, 같은 피의 공동체라는 공통의 생물학적·역사적 기원, 그리고 동일한 문화를 향유하는 사람들에게 강한 응집력과 연대감을 가지게 하는 기능을 한다. 또한 민족정체성은 사유와 행동을 개인에서 집단으로 변환시키는 속성을 가지고 있다. 그리고 민족정체성은 개인적으로 특정한 '민족'의 일원이라는 심리적 귀속감을 형성해준다. 또한 민족정체성은 사회적으로 공동체의 문화적 동일성을 구성하는 바탕이다. 따라서 이 책에서는 민족정체성은 사회적·집합적 정

---

4) 민족정체성은 한 개인이 자기 민족집단에 대한 일반 지식, 신념, 기대들을 일으키고, 그가 사물, 또는 타인들을 어떻게 인식하고 그들의 의미를 해석하느냐를 결정짓는 인지적, 정보처리적 틀 또는 필터로서 기능하며, 그의 행위 기준이 된다(Uba, 1994; 윤인진, 1996: 103에서 재인용). 이를 종합해보면 하나의 사회적 구성체로서 자신들과 남들에 의해 구성되고 유지되는 민족적 경계와 같은 개념이다.

체성 중 하나의 강력한 정체성으로 정의한다. 나아가 민족정체성을 '같은 민족집단의 구성원들과 의미 있는 관계 확립, 이를 통한 동질감 형성, 아울러 개인의 어떤 특정한 민족에 대한 소속감과 자긍심'으로 정의한다.

민족정체성의 어떤 내용을 구성하는지, 어떤 형식으로 나타나는지는 해당 민족집단의 전통문화, 관습, 역사적 경험 등을 통해 알 수 있다. 또한 민족정체성의 실질적인 발현은 그 집단이 처한 사회, 정치, 경제적 상황 속에서 이루어진다. 민족정체성은 개인, 가족, 공동체, 민족을 관통하기 때문에 민족적 이상을 실현하고 자연스럽게 공동체를 형성하게 한다.

사회적 구성체 역할을 하는 민족정체성은 상황적 민족성과 같은 개념으로 특정한 사회적 맥락과 구조 속에서 발현되고 표현된다. 개인이 가지고 있는 민족정체성 수준을 측정하는 지표는 그가 어느 정도 민족단결력을 유지하고 족내혼(endogamy), 모국어 사용, 전통문화와 관습들을 인정하고 지키려는 의지와 관련이 있다(윤인진, 1996). 민족의 문화정체성은 해당 민족 구성원이 장기간에 걸쳐 공통된 경험을 하고 동일한 기억을 하며, 공통된 민족공동체적 운명의식을 느끼게 한다. 그리고 이에 바탕을 둔 공통된 정서적 교감과 성향을 포괄한다. 민족정체성은 어떤 민족집단이 보유한 고유한 문화, 가치, 자긍심을 유지하면서 구성원을 통합시키는 이데올로기적 기능을 수행한다.

어느 한 집단을 나타내는 상징과 기호는 다양하게 창조될 수 있는데, 동일한 집단의 많은 사람들이 이를 통용하게 되면 전통이 만들어지고 다시 전통을 통해 후손들에게 전해진다. 의례나 상징의 경우 세대가 바뀌면서 변화가 일어날 뿐만 아니라 한 세대 안에서도 변화가 일어날 수 있다(Montserrat Guibernau, 2013). 이는 민족정체성이 한 사회의 모든 사람에게 있어서 공통적이라기보다는 개인이 처한 사회환경에 의해서 차별적으로 나타날 수 있음을 의미한다. 이처럼 민족정체성이 모든 소수집단의 구성원들 각각의 자아정체성을 이루는 핵심 요소가 되는 것은 아니다. 어떤 사람에게는 종교, 계층, 성 또는 성적 지향성이 더 중요한 정체성이 되기도 하며, 어떤 사람에게는 1개 이상의 민족집단에 정체성을 지니는 다중정체성이 나타나기도 한다

(Heath & Mclaughlin, 1993). 그러나 민족정체성은 성, 계급, 종교 등과 같은 다양한 정체성 중에서 가장 강력한 공동체적 기반을 가지고 있는 집단정체성이라고 말할 수 있다. 다문화 사회에서 정체성 협상이 일어나는 경우는 자신의 가족과 민족적 언어, 상징, 행동, 신념 등을 거주지 국가의 주류문화에 편승할 때라고 본다. 만약 이런 민족적인 행위들을 거부해야 할 때 개인은 상당한 심리적 스트레스를 갖게 되고, 가족집단에서는 갈등이 유발되기도 한다. 나아가 그 개인은 정체성 혼란을 경험한다(Banks, 2002).

통과의례는 어떤 특정 민족이 다른 민족과 경계를 지닐 때 민족에 나타나는 문화적 교집합이며 상징의 형태로 나타난다. 그러므로 통과의례를 행하거나 이해하는 사람만이 같은 민족으로 상호 인정을 해주며 그 집단의 건실한 구성원으로 대접받을 수 있다. 통과의례는 한 특정 문화집단의 구성원들이 일체감을 느낄 기회를 제공하고, 민족의 응집성과 통일성을 나타내는 표상으로서의 기능을 한다. 또한 통과의례는 자신을 다른 민족들과 구분하는 경계를 만드는 데 기여한다. 그 사회의 구성원들은 그들이 공유하는 공통된 상징을 사용함으로써, 통과의례를 수행하고 반복을 함으로써 동일한 민족정체성을 구성한다.

사할린 한인과 같이 조국과 단절된 민족은 통과의례와 같은 상징 행위를 통해 사회적 관계를 맺어야 한다. 통과의례를 통해 가족 내 관계를 넘어서 사회적 관계를 형성하고 자신과 다른 민족을 구분한다. 집단정체성이 지닌 특성은 그 해당 사회의 구성원들 사이에 어느 정도 유사성이 있어야 하고 외부인들과 차이가 있어야 하기 때문이다. 통과의례는 특정 공동체에 대한 소속감을 높이는 도구가 된다. 통과의례를 행함으로써 한인이라는 공동체에 소속되고 그 속에서 사회적 지위를 얻으며 안전감을 느낀다.

한 집단에 소속되었다는 의미는 그 집단의 상징체계를 통해서만 표현될 수 있다. 다른 민족과 구별되는 복장과 음식, 특정한 의식, 의례 등이 모두 개인을 특정 집단이나 공동체와 연결된 상징들이다. 소속은 한 개인의 '자아 개념(self-concept)'의 일부분인데 이것을 통해 개인은 자신의 민족적 정체를 스스로 정의하거나 타인들에 의해서 정의될 수 있다. 소속은 정체성 공유 의식을 지탱하는 데 기여한다. 개인은 통과의례를 통해 자신을 민족이라는 이름을 가진 집단으로 정의하고 자아상을 확립한다.

통과의례는 어떤 특정한 민족집단이 가지고 있는 가장 작은 교집합적 특성을 지닌 문화코드이며 상징이다. 통과의례는 구성원들 간 끈끈한 연대감을 만들어주는 하나의 정신적인 '상징'이며 계승되는 전통이다. 이 상징은 개인에게 자기의 삶뿐만 아니라 자신이 소속된 공동체 삶도 이해하게 도와준다. 이로써 상징은 개인의 정체성을 떠받드는 기둥이 되며 개인의 삶에서 전환점을 만들어주기도 한다.

인류학적 측면에서 볼 때 상징과 의례는 민족정체성이 동일한 사람들로 하여금 집단정체성을 구성하는 데 필수불가결한 요소이다. 상징과 의례는 통과의례와 관계를 갖는다. 통과의례는 개인의 차원을 넘어 가족관계, 친구관계, 사회적 관계의 형성과 변화에도 중요한 영향력을 행사한다.[5] 통과의례는 개인의 기억으로 시작하여 동일 민족의 내부에서 혹은 민족 간 상호작용을 하면서 그 의미가 다시 민족집단의 하위 단위인 마을집단까지 침투된다. 모든 개인은 자의든 타의든 '고향' 또는 '마을'이라는 공간에 그 의미를 부여하고, 통과의례에 참여하여 그가 속한 공동체의 한 일원이 되는 것을 끊임없이 확인한다. 이때 통과의례는 그 해당 사회나 민족의 모든 구성원이 모여 민족적 공감과 사회적 연대감, 소통의 장으로 민족정체성을 각인시키는 매체가 된다.

따라서 사할린 한인에게 통과의례는 고향에 대한 기억을 현재화하는 작업이며 '고향'에 투영되어 그것의 내적인 구성을 가능케 하는 근본 원리가 되고 있다고 할

---

5) 프랑스의 인류학자이며 민속학자인 아르놀트 반 헤네프가 1909년 통과의례라는 용어를 만들어냈다. 그는 전 세계의 통과의례에 관심을 갖고 모든 의례가 분리·추이·통합 등 3단계로 구성됨을 보여준다고 주장했다. 특히 다양한 의례 간의 구조적인 유사성을 강조했다. 헤네프는 이 3가지 범주가 모든 사람들에 의해 또는 모든 의례에서 똑같은 정도로 발전하지는 않는다고 했지만 이러한 범주가 보편적인 형태를 구성한다는 주장을 했다. 제1단계인 분리는 개인을 이전의 사회적 지위로부터 단절시키는 상징적 행위를 수반한다. 낡은 신분은 새로운 신분의 준비 과정에서 없어진다. 제2단계에서 의례의 주체, 즉 '통과자'는 모든 지위 또는 역할의 징표를 벗어버리고, 일반적인 의미와는 거리가 먼 과거와 미래 사이의 정지된 상태 또는 미래로 향하는 입구로 들어간다. 제3단계 마지막 단계에서는 의례의 주체는 과거와 미래의 경계에서 벗어나 새로운 사회적·종교적 지위를 부여받게 된다는 주장을 했다.

수 있다. 통과의례 행위는 전통적 믿음 속에 살아왔던 성원들에게 정신적, 심리적인 위안을 주고 고향은 이들의 정신적 지주가 된다. 이렇게 고향의 친밀한 대상들, 고향의 의례 등을 불러내는 작업은 불안한 일제강점기 식민지 존재의 위기를 느끼며 민족정체성을 확인하고 환기하고자 한 간절한 소망이다.

위에서 논의한 바대로 통과의례는 디아스포라를 겪는 소수민족 구성원들에게, 이민족들에게 타민족과는 다른 삶의 방식과 태도, 인간을 둘러싸고 있는 환경과 인간이 만들어내는 문화를 고스란히 드러내어 일상생활의 현장으로 옮겨 놓는다. 또한 통과의례는 특정한 공간 속에 살아오면서 형성해 낸 자연관과 세계관 그리고 가치관과 윤리관 등을 포함하고 있어서 동일 민족임을 증빙하는 잣대로도 활용된다. 같은 민족임을 상징하는 '통과의례'는 고향 의식을 비롯하여 공동체 의식을 강화시켜 내적 결속을 다지기도 한다. 결국 한 집단을 어떤 특정 목적으로 응집시키기 위한 동인을 제공하여 민족정체성을 강화시키는 작용을 행한다.

우리는 영주귀국을 행한 사할린 한인 어르신들의 생애사를 통해 그들의 어린 시절, 학창 시절, 가족관계, 지역사회의 인간관계, 직장에서의 기억들을 비롯하여 통과의례의 기억을 만나게 된다. 특히 통과의례 경험을 통해 그들이 꿈꿔왔던 고향도 접하게 된다. 그들에게 돌아갈 고향이 있고, 돌아와서는 다시 돌아가고픈 사할린 땅이 있다. 이들에게 영원히 안착할 수 없는 고향이 존재하는 셈이다. 이 책을 통해 우리는 사할린의 척박한 땅에서 고향을 그리워하며 생을 살았던 그들의 다양한 삶에 주목할 수 있을 것이다. 한 인간에게 고향이 없는 한, 돌아갈 곳이 막막해져버린 그들에게 삶이란 어떤 의미를 주는 것일까? 우리는 이 책에서 이런 의미들을 찾을 수 있을 것이다.

# 3장
# 정체성과 정체성 갈등

## 1. 국가정체성과 민족정체성

    국가정체성과 민족정체성을 논의하기 전에 우리는 정체성의 개념에 대해 폭넓게 고찰할 필요가 있다. 기본적으로 정체성은 행위자인 주체가 자신에 대한 내적 이해를 바탕으로 하는 주관적 속성이라고 볼 수 있다. 이와 더불어 정체성은 행위자 자신에 대한 이해이기도 하지만 타자와의 관계에서 보면 타자가 행위자를 어떻게 인식해주느냐 하는 것도 정체성에 포함된다. 따라서 정체성은 행위자 개인이 갖고 있는 고유한 정체성으로 이해될 뿐만 아니라, 둘 이상의 행위 주체들이 공유하는 집합적 의미의 정체성도 고려된다는 것이다.

    그런데 유의할 것은 한 인간 개체의 정체성이라는 것은 결코 고정적이지 않다는 점이다. 그렇다고 해서 임의로 자주 변하는 것은 아니다. 기본적으로 정체성은 역사의 흐름과 공동체를 통해 형성된 사상, 해당 사회의 역사적 사건, 개인사적 사건, 환경과의 적응, 자신을 대표하여 사용했던 여러 언어와 특성들로 구성되어 있다고 봐야 한다. 나아가 과거와 현재로부터 이어지는 성격들과 이러한 여러 속성들이 상호 관련을 가지고 어느 정도의 항상성과 지속성을 형성함으로써 정체성이 형성된다고 볼 수 있다.

정체성에 관한 몇 가지 논의를 정리할 필요가 있다. 젠킨스(Jenkins, 2004)는 정체성에 대해 우리가 우리 자신이나 다른 사람을 동일시한다는 것은 의미의 문제이며 의미는 일치와 불일치, 전통과 혁신, 의사소통과 협상과 같은 상호작용을 수반하므로 모든 정체성은 사회정체성이라고 보았다. 또한 기든스(Giddens, 1991)는 사회적 상황은 개인의 삶과 분리할 수 없고 개인은 일상생활에서 마주하는 문제들을 해결하기 위한 노력을 하고 그들을 둘러싼 사회적 활동을 재구성하기 위해 능동적으로 행동한다고 보았다. 타즈펠(Tajfel, 1974)은 정체성을 사회적 관계를 통해 확립되는 것으로 보고 자기 자신이 소속된 사회적 집단에 대한 소속감에 더해진 정서적 감성과 더불어 소속 의식에서 유발된 개인적 자기 개념의 일부를 정체성이라고 보았다. 노턴(Norton, 1997)은 누구든 동시에 여러 개의 상호보완적이고 지속적으로 변화하는 다양한 정체성, 즉 하나 이상의 다중정체성을 가지게 된다고 주장했다. 캠벨(Campbell, 2010)에게 있어 정체성이란 사람이 자신을 바라보는 방식인 동시에 다른 사람이 자신을 바라보는 방식이라고 말했다. 또한 정체성이 서로 융합하거나 사회적 역할과 더불어 성장한다고 보았다. 정체성은 이처럼 사회적 맥락에 따라 유동적으로 변화하는 다면적인 자아로 사람들과의 관계 속에서 가지게 되는 역할에 대한 개념(정혜승, 2010)으로 이해할 수 있다. 사럽(Sarup, 1996)은 정체성이란 사회적 역할들의 영향력에 대한 선택, 강조, 고려라는 과정을 통해 구성되는 하나의 이야기라고 정의한다. 위의 논의들처럼 정체성이 지닌 성격은 상황에 따라 변화하고 끊임없이 재구성되는 것이다. 바로 이 변화와 재구성의 과정에 정체성 협상이라는 상황이 있게 된다(Cohen, 2001). 이 과정에서 개인 주체는 변화된 사회적 상황 속에서 가용자원으로서의 정체성들과의 상호작용, 즉 의미의 이해와 의도적 협상을 통해 사회적 인정을 받고 자신에게 최적인 정체성을 택하게 된다(Commins, 2000).

바로 앞에서 정체성이 지니는 성격을 알아봤다면 다음부터는 정체성에 관한 다양한 측면에서의 접근을 살펴보도록 하자. 일단 정신분석학적 측면에서 보자면

1950년대 정신분석학자인 에릭슨(Erickson, 1968)에 의해 처음 사용되기 시작했다. 그는 정체성을 '개인의 특유성에 대한 자각', '경험의 연속성을 위한 무의식적 노력', '집단 가치관의 결속'으로 정의하였다. 이후, 정체성이라는 용어는 논리학과 철학의 경계를 넘어 정신의학은 물론 교육학, 심리학, 사회학 등 인간의 특성을 연구하는 전체 학문 영역에 걸쳐 두루 다루어지게 되었다.

에릭슨의 경우 정체성을 객관적인 것과 주관적인 것으로 구별하였다(Erickson, 1968). 객관적인 정체성은 한 개인이 속해 있는 집단에 대해 느끼는 소속감 혹은 동일시를 말하여, 심리사회적 정체성이라 하였다. 주관적인 정체성은 어떤 집단 내에서 다른 이들과 구분될 수 있는 자신만의 고유한 특성을 의미한다. 이를 개별적 정체성이라 한다. 이 개별적 정체성은 다시 개인적 정체성(personal identity)과 자아정체성(ego identity)으로 분류된다. 개인적 정체성은 과거, 현재, 미래와 같이 시간의 흐름과 상관없이 스스로를 지속적으로 동일한 존재로 인식하는 것을 말한다. 아울러 자기 자신에 대한 불변성과 동일성에 대한 느낌을 의미한다. 그러나 개인적 정체성에 비해 자아정체성은 넓은 개념으로 다른 사람과는 구별되는 자신만의 독특한 생각과 가치관을 지속적이고 통합적으로 유지하려는 노력을 말한다. 에릭슨은 가장 일반적으로 인식하는 자아정체성에 대하여 다음과 같이 기술하였다(Erikson, 1968).

첫째, 개인이 경험하는 사회적 지위의 다양성과 이에 해당하는 역할기대 속에서 자신의 '동일성'을 유지하는 것이다. 둘째, 시간의 흐름에 관계없이 일관된 자아를 유지하려는 '나'를 말한다. 다시 말해 예측 불가한 개인의 모습이 아니라 어제, 오늘, 내일과 같이 시간적 흐름 속에 위치한 나의 내면에서 찾을 수 있는 자아의 연속성을 뜻한다. 이것은 나 자신과 타자 사이에 구성되는 신뢰와 안정감을 만들어주며, 이를 통해 삶의 가치를 분명하게 일깨워 준다. 셋째, 내 자신이 바라보는 주체적 자아인 나(I)와 타인에게 인식된 나의 모습을 알아차리는 객체적 자아인 나(Me) 간의 조화를 의미한다. 주체적 자아가 지나치게 발달하면 자아도취적 사람이 되기 쉽고, 객체적 자아가 발달한 사람은 타인을 의식하다가 자아를 잃기 쉽다. 넷째, 자아정체감은 타인이나 사물로부터 독립적인 존재의 의미, 즉 '나는 나다'라는 실존적 의미를 포함하게 된다. 자아정체감은 개인이 자신만의 고유한 특성으로 자기를 바라보거나, 외부집단과 구별되는 내집단 속에서 타인과 구별되는 자신을 인식하는 것으로 이해될 수 있다.

자아정체성에 비교해 사회적 정체성은 집단 속에서 한 개인이 집단과 동일시하여 자신을 바라보는 경우이다. 이는 국가라는 집단이나 이 국가를 구성하는 구성원 사이에서 형성된 정체성을 의미한다. 또한 개별적 정체성은 자신에 대한 동일성이나 지속성을 추구한다. 심리사회적 정체성 또한 소속집단에 대해서 통합성을 이루는 데 기여한다. 대부분의 개인들은 자신이 속한 집단이나 그 집단의 구성원으로부터 공통된 특징을 발견하게 되면 스스로가 안정적인 정체성을 형성했다고 생각한다. 그렇지만 넓은 시각에서 보았을 때 소속집단에 대한 정체성이 극단적으로 형성될 경우 자기의 집단에 대한 충성도가 높아지고 자기와 다른 집단과의 차별성이 높아져서 집단 간 충돌로 이어질 위험성도 예상된다.

다음은 사회심리학적인 측면에서 정체성을 바라보는 입장이다. 사회심리학적 측면은 사회학과 결합해서 깊이 있는 학문적 탐색이 이루어졌다. 사회심리학은 사람들이 그가 속한 사회의 사회적 상황에서 다른 사람들로부터 어떤 영향을 받아서, 어떤 심리를 형성하고, 어떻게 행동하게 되는지를 탐구하고자 한다. 집단 내에서 인간관계를 형성하는 데 있어서 사회성은 중요한 기제이다. 이 사회성은 실제로 개인이나 집단 구성원들의 생각과 행동들에 따라 혹은 사회적 상황에 의해 변화될 수 있다.

사회정체성 이론에서 두각을 나타낸 학자는 타즈펠(Tajfel, 1982)이다. 그는 개인의 자아 개념이 개인적 정체성과 사회적 정체성의 두 측면으로 구분된다고 본다. 개인적 정체성은 인간 개체들이 자신의 정체감을 자신의 고유한 특성들, 이를테면 자신의 이름, 성격, 신체적 특징 등을 규정하고자 할 때 나타난다고 본다. 이에 반해, 사회적 정체성은 자기 자신이 속한 사회집단의 소속감과 그에 결부된 정서와 감정에 기초를 둔 자아 개념이다.

사회정체성이 형성될 경우 그 사회를 구성하는 개인의 태도에 영향을 미치게 된다. 이를테면 개인이 어떤 단어나 표현을 쓸지 다른 사람들을 의식하게 된다. 일반적으로 지배집단이나 특정 권위에 소속되고자 그들과 비슷한 언어를 맞추게 된다. 또한 사회정체성에 의해서 개인이 속한 내집단 내에서 자신의 신념과 태도가 극단화되는 현상을 보인다. 즉 개인들은 외집단과 구분되려 하고 이들과 다른 속성을 더욱 부각시킨다. 그리고 내외집단 범주화에 따라 외집단에 대해 편견을 가지게 된다.

사회정체성 이론은 터너(Turner)에 의해 자기범주화 이론으로 이어졌는데, 이 이론의 골자는 개인적 정체성에서 사회적 정체성으로 관심이 옮겨지는 측면을 강조한 것이다. 이 경우에 개인은 집단적인 고정 관념을 나타내며 집단 내 결속, 집단 간 경쟁, 집단 규범 형성, 동조성향의 증가, 태도의 극화 현상 등을 보이게 된다. 사회정체성 이론은 특정 집단이나 사회적 상황이 개인의 태도나 성향에 있어 어떠한 방식으로 영향을 끼치는지 설명해주는 이론으로 평가된다.

미시적 관점에서 우리는 상징적 상호작용론에서 보는 개인의 의식과 정신 과정에 주목할 수 있다. 이 이론의 기본적인 가정은 인간 행위가 행위자의 의미를 통해서 이해되어야 한다는 점이다. 개인의 특정 행위가 행위자에게 어떤 의미를 갖는지를 모르고서는 인간의 어떠한 행위도 설명할 수 없다는 논리이다. 인간이 만들어내는 의미는 주체와 객체 간의 상호작용에서 비롯된다. 이 점에서 개인은 특정 환경에서 직접적으로 반응하는 것이 아니라 자신의 문화 속에서 공유되는 사회적 의미와 상징을 통해 현실을 해석한다는 것이다. 이렇게 해석된 기준에 맞추어 타자화된 '자신(me)'에 비추어 '나(I)' 자신을 보게 된다는 점이 중요하다. 여기에서 개인은 다른 개인으로부터 역할 기대를 받게 되고 이에 맞추어진 행동이 이루어지는 과정에서 이 역할을 어떻게 받아들이느냐가 정체성에 영향을 미치게 된다. 그 이유는 상징적 상호작용론에서는 개인을 능동적인 행위자로 바라보기 때문이다.

호그와 에이브럼스(Hogg & Abrams, 1988)도 사회정체성의 개념을 개인이 어떤 사회적 범주 혹은 집단 소속감을 아는 것이라고 정의했다. 사람들은 사회 비교 과정을 통해 자신과 유사한 집단과 그렇지 않은 집단을 비교할 수 있다. 이를 통해 내집단과 외집단의 구별이 가능하다. 즉 개인은 자신이 속한 집단과 그렇지 않은 집단을 구분할 수 있게 된다.

이 절에서 다루는 국가정체성과 민족정체성은 사회정체성의 한 형태로서 간주한다. 한 국가의 구성원들은 국민이라고 일컫는다. 이렇게 국민임에 대하여 생각하고 이야기하는 방식 혹은 스스로를 규정하는 자기인식을 국가정체성이라고 말한다. 또한 국가정체성은 특정 국가 또는 국민과 연관하여 국가에 대한 소속감을 공유하면서 다른 사람과 관계를 형성하고 있다는 신념과 감정을 의미한다(Hjerm, 1998). 국가정체성은 국가를 구성하는 국민이 자신의 국가에 느끼는 소속감으로서 상상의 공동체에 참여하는 구성원 모두가 공유하고 있는 이미지 또는 집합적 정체성으로 이해할 수 있다(Gellner, 1998). 국가정체성은 국가자긍심, 집단응집력, 국제적인 대외관계나 이와 관련한 쟁점들에 대한 태도, 정서, 가치와 밀접한 관계를 맺고 있다.

국가정체성의 의미를 온전하게 이해하려면 국가주의를 우선 이해하는 편이 좋다. 왜냐하면 국민성이란 개념을 건드려야 하기 때문이다. 국민성은 근대적 문화통합의 한 현상으로 국가주의에 뿌리를 갖고 있다. 국가주의는 문화적 유사성이 정치적 공동체의 근간이 되어야 한다는 개념에 기초하고 있다. 스미스(Smith, 1991)의 경우 국가주의를 집합적 정체성, 특히 민족성이 결집된 한 형태로 보았다. 그는 국민성을 나타내는 특징으로 역사적 영토, 공동으로 통용되는 신화와 전통, 소통할 수 있는 대중문화, 법적 권리와 의무에 대한 공동체계 그리고 단일한 경제체제라고 보았다.

스미스가 간과한 점 하나가 공동으로 통용되는 신화와 전통영역이다. 실제로 세계에는 다민족 국가가 대부분이라고 볼 수 있다. 하나의 민족이 하나의 국가를 구성하는 경우는 드문 경우이다. 다민족 국가에서 민족별로 신화와 전통은 각기 다르다. 이를테면 중국의 경우 다수민족인 한족의 신화와 전통은 중국을 구성하는 55개의 여타 소수민족과 다르다. 국가적 측면에서 보았을 때 한 국가의 다수민족이 이루는 지리적 영역에서 소수민족이 존재하지만 소수민족의 경우는 국가를 넘어서 존재한다. 우리 한국민족의 경우 러시아에 있는 우리 민족인 고려인의 예가 그러하며 중국 동북 3성에 존재하는 조선족이 이런 경우에 해당된다. 실제로 민족정체성은 국가정체성에 의해 지배받거나 통제당할 수 있어서 어느 정도의 변화는 불가피하다. 그러나 이런 다수민족의 문화적 억압과 통제에 저항하기 위해 스스로 자신의 민족정체성을 견고히 하려는 노력도 강하게 나타난다.

## 2. 정체성 갈등과 정체성 협상

정체성 갈등은 실제로 안정된 것으로 여겨지던 무언가가 의심스럽고 불확실하게 느껴질 때 일어난다. 최근 들어 전지구화 현상은 모든 생활영역에서 나타난다. 이 과정에서 개인의 복수적이고 파편화된 정체성들은 위계적 질서에 따라서 개인의 정체성을 형성한다. 그렇지만 일단 형성된 정체성들의 위계적 질서들이라도 급격한 환경 변화의 영향을 받아 변화되기도 하고 개인의 정체성은 갈등으로 치달을 수 있다. 그러나 이런 개인의 정체성 혼란과 위기의 과정은 다시 정체성들의 위계질서를 재조직하게 한다. 이런 과정에 놓인 개인은 자신의 주변과의 관계를 성찰한다. 또한 '타자화된 시선'을 통해서 자신과 타인을 규정함으로써 생기는 정체성의 위기는 사회와 개인 사이의 갈등의 원인이 되기도 한다.

개인적 요소와 사회적 요소 간의 차이로 발생할 여지가 있는 정체성 갈등 유형을 살펴보면 의식적/무의식적 감정, 개인적 신념과 가치들을 포함하는 개인적 요소와 나이, 민족성, 성, 성별을 느끼도록 만드는 사회적 요소 사이의 경계로 인해 설정된다.

사회적 요소 측면에서 보자면 인생 전반을 통해 우리는 직업, 가족, 성, 문화에 대한 경험의 일부로서 여러 가지 사회적 정체성을 부여받는다고 볼 수 있다. 정체성은 우리들 자체로 재현하기도 하고 우리가 지닌 생각, 믿음, 감정을 사회 속에서 실천하기 위해서 선택할 수 있다. 이와 반대로 이러한 것들은 타자에 의해 관찰될 수도 있다.

　정체성은 어쩌면 개인적 세계와 사회적 · 공공적 세계 사이의 틈을 연결해준다고 볼 수 있다. 이것은 정체성이 행동 주체와 그들이 살고 있는 세계 양자를 안정시키면서 상호 통합할 수 있는 기능을 가졌다고 볼 수 있다. 앞에서 잠깐 살펴본 상징적 상호작용론에서 정체성은 주체적 자아 'I'와 객체적 자아 'me'라는 개념을 출발점으로 'I'라는 '본래의 나'와 'Me'라는 '사회적 나' 간의 상호작용 속에서 형성된다. 홀(Hall)의 사회학적 개념과 상징적 상호작용 관점의 정체성은 어떻게 개인과 사회가 서로 관계를 형성하고 있는지를 보여준다. 그러나 본래의 나 'I'와 사회적 나 'Me' 사이의 상호작용은 언제나 원만한 것은 아니다. 특히 둘 사이에 간극과 차이가 발생할 경우 정체성 갈등 상황이 야기된다.

　자신에 대해 지각하는 개인적인 요소와 사회적으로 부여받은 요소 간에 간극과 차이가 생길 경우 통일되고 안정적이었던 정체성은 급격히 의문스러워지고, 이로 인해 정체성 갈등 상황이 일어나 정체성은 끊임없이 변화되기 시작하며 변형을 맞기도 한다. 개인적 요소인 내적 혹은 사적 자아와 사회적 요소인 외적 혹은 공적 자아 간의 분열과 갈등은 절망이 아니라 새로운 방식으로 사고할 수 있는 기회를 제공할 수 있다. 나아가 개인적 요소와 사회적 요소의 이중성과 모순이 나타났을 경우 이를 포용하는 새로운 형식의 의식을 창조하게 된다.

　정체성 갈등 유형 중 포함과 배제의 정체성 갈등이 있다. 이 유형은 사회집단을 정의하는 정체성의 분류와 범주화의 기능이 '우리'라는 포함과 '그들'이라는 배제의 틀을 만든다. 그럼으로써 분류와 범주화에서 배제된 자의는 당연히 정체성 갈등을 겪는다. 정체성은 권력관계 속에 '우리 vs. 그들'이라는 이분법적 대립 속에 위치하고 있다. 사회적 정체성이 형성되는 원인은 유사성과 차이의 관점에서 사회집단들을 정의하는 분류체계들을 통해 형성된다. 인종, 젠더, 나이, 성적 취향은 생물학적으로 혹은 선천적으로 내재된 것이 아니라 사회적으로 혹은 후천적으로 구성된 범주 들이다. 이 범주는 '차이'와 '타자성'을 상징적으로 표시하는 기능을 하는 언어적 구성물이다. 그래서 '타자'로 인식된 사람들을 배제하고 주변화시킨다.

포함과 배제의 원리는 이분법과 같이 차이를 만드는 상징적 분류체계라 볼 수 있다. 또한 이는 서양이 지닌 특유의 이원론적 사고체계의 산물이다. 차이라는 표지는 정체성이나 혹은 차이점을 구성하고 유지시키는 데 필수적인 요소이며, 사람들 간 사회적 관계에 있어서 실질적인 효과를 미친다. 포함과 배제의 원리가 작동되는 분류체계는 남성/여성, 흑인/백인/동양인, 다수민족/소수민족, 제1세계/제3세계, 동성애/이성애 등의 예가 있다.

오리엔탈리즘은 백인에 의해 주류사회가 형성된 유럽의 자부심이라 할 수 있는 유럽중심 사상과 생활 태도 등이 동양인과의 차이를 만든다는 관념이다. 이를 통해서 유럽인들이 자신들의 서양과는 다른 부정적인 '타자'로 동양을 형상화했다. 제3세계 출신의 사람들과 그들이 구성한 소위 다문화 가정을 멸시하고 소외시고 그들을 배제하고 있다. 이것은 서양세계와 그 세계에 사는 백인우월주의자들이 동양을 바라보는 오리엔탈리즘의 표상이기도 하다. 이런 점들이 이제 여기 우리 한국에 번번이 반영되어 한 집단을 다른 집단과 다르게 만드는 '상징적 표지 틀'을 작동시키고 있다. 한때 유럽 사람들이 우리에 대한 부정적인 인식이 지금은 우리가 우리나라에 거주하는 이주민을 배제하는 현상으로 나타나고 있다. 정부와 지자체는 이들을 사회통합이라는 미명 아래 적응과 보호의 울타리를 치고 있는데, 지금의 우리나라 사회통합정책은 과연 바람직한 것일까. 일련의 평등성과 인권 제고, 세계시민성으로의 성찰을 위한 질문들이 줄을 잇는다.

우리는 이 대목에서 인종이라는 분류 잣대를 생각해볼 필요가 있다. 인종이란 생물학적 범주가 아니라 사회적으로 볼 때 하나의 집단과 다른 집단을 차별화시키기 위한 상징적인 표식이 아닐까. 이런 맥락에서 정체성의 정의는 또 다른 사회적 차별을 위한 분류와 범주화의 기능을 하며, 이러한 정체성의 차이는 포함과 배제를 낳는다고 본다. 정체성의 차이에 의해 그리고 정체성의 유사성에 의해 우리가 스스로를 동일한 위치나 입장에 배치시키거나 다른 사람에 의해 위상이 다르게 되기 때문에 중립적이거나 평등한 것이 결코 아니다. 개인마다 지니고 있는 개별 특징이 특수한 한 가지 정체성으로 정의되면서 다른 집단으로부터 배제되는 상황을 만들어낸다면 이것이 바로 정체성 갈등의 시작이라고 본다.

정체성을 활용하는 분야가 확대되면서 그 의미 또한 세분화된 다층적 개념으로 사용되고 있다. 국가정체성 개념은 정책학은 물론 사회과학 전 분야에 걸쳐 확대되고 사회심리학, 국제정치학 등에 이르기까지 다양화되고 있다. 세계가 글로벌화로 인해 전근대적 개념이던 민족의 경계는 허물어지고 국경이 무의미할 정도로 초국적 이주가 일어났고, 교통과 통신의 발달로 시공간 압축 현상이 나타났다. 신자유주의 경제체제가 전 지구적으로 확대됨에 따라 부의 편중이 심화되고 경제적 양극화 현상이 더욱 두드러졌다. 이 결과 가난을 벗어나기 위해 자신의 고향과 본국을 떠날 수밖에 없는 초국적 이주민들이 생겨났고, 이들이 이주한 새로운 장소는 이들의 정체성에 영향을 미쳤다. '이주민, 소수자, 주변인, 경계인' 등의 개념이 점차 심화되고 다양하게 되었으며, 이들과 이들이 관련된 사회 문제는 국내적 문제일 뿐만 아니라 국제적 문제로 부각되었다. 이제 이들은 세계의 전지구화가 촉발시킨 새로운 유형의 타자로 개념화되었고, 전지구화로 인해 타자 공간이 등장하였다. 이것은 지금까지와는 다른 차원의 중심과 주변이라는 경계를 만들어냈다.

모든 공간은 의미를 부여받아 장소화될 수 있기에 장소는 우리를 어떤 특정한 틀을 지울 수 있다. 그래서 의미가 들어찬 특정 장소는 이 틀을 지우고 형성해온 특정의 사회적 실천의 장이며, 어떤 사회의 구성원들이 지닌 정체성들과 밀접하게 결합되어 있다. 타자 혹은 주변인으로 전락한 이주자에게 새로운 장소는 수용과 배제, 소속감과 타자의식, '우리'와 '그'들의 경계가 갈등하고 있는 공간으로, 정체성과 밀접하게 결합되어 있는 장이다. 또한 공간 혹은 장소에는 그 장소를 표상하는 의미와 이를 재현해내는 권력들 간의 곧 주체/객체, 중심/주변이라는 관계가 포함되어 있다. 이런 이산으로 인한 디아스포라는 자신이 살고 있는 새로운 문화와 그들 자신의 특수한 문화, 전통, 언어, 역사 속에서 정체성 갈등을 겪을 수밖에 없다. 이는 민족적·문화적 배경이 다르기 때문에 나타나게 되며, 여기서 발생하는 정체성 갈등을 겪게 되면서 그들 스스로 자신의 인종적 차이와 문화적인 근원에 궁금증을 갖게 된다.

디아스포라를 경험하는 이주자들은 두 가지의 본국과 이주국 모두의 정체성 속에서 살고, 두 문화의 언어를 사용하고, 그들 사이에서 번역하고 협상하는 법을 배워야 한다. 또한 이주민 자신들에게 익숙하지 않은 장소에서 경계를 확인하고, 차이를 확인하는 과정에서 정체성이 재발견되는데 이런 과정들 속에서 정체성 협상이 이루어진다.

디아스포라 공간은 원래 살던 정주민과 새로 유입된 이주자들이 만들어내는 일종의 혼종 문화로 채워질 수밖에 없다. 즉 이런 공간은 문화적 다양성이 실현되는 혼종의 공간이라고 긍정적 가치를 부여할 수 있지만, 그 공간에 거주하는 이주민들에겐 배제와 차별, 질시의 시선을 경험해야 하며 이에 따른 힘겨운 삶을 살아야 하는 곳이다.

그렇지만 이주민과 정주민 모두가 경험할 수 있는 문화다양성은 각자 지니고 있던 자아정체성을 반성적 정체성으로 전환시키는 데 기여한다. 반성적 정체성은 자신의 문화에 대한 애착심이 없는 시민보다 더 큰 복수의 정체성을 형성하게끔 한다. 문화적으로 다양해진 다문화적 공동체에서 이 복수의 정체성 즉 다중정체성은 자신의 역할을 다하는 시민으로서뿐만 아니라 이주민을 동등한 시민으로, 동반자로 이해하는 시선을 갖게 한다. 세계화 시대에 살아가야 할 우리는 이제 다중정체성을 지닌 존재로 살아갈 수밖에 없다고 본다. 이런 맥락에서 우리는 사할린 한인들을 이해할 필요가 있다. 이들은 사할린 사회의 선주민들 입장에서, 주류인 러시아인 입장에서 이방인이었다. 이들 사할린 한인들이 어떻게 정체성 협상을 진행했는지, 어떻게 민족정체성을 유지하고 지켜왔는지는 정체성 연구의 입장에서는 흥미로울 수밖에 없다.

민족정체성은 우리가 동일시할 수 있는 '민족'에 대한 의미를 생산하면서 정체성을 구성한다. 또한 민족정체성은 우리가 갖고 태어나는 태생적인 것이 아니라, 재현작용과의 사회적 관계 속에서 형성되고 변형된다. 어떤 민족이 지닌 역사, 문학, 대중문화 속에서 이야기하는 민족적 서사를 공유하면서 '상상의 공동체'라 할 수 있는 민족정체성이 만들어진다. 민족을 상상의 공동체로 규정할 경우에 생기는 문제도 있다. 이는 민족담론에 불평등과 수탈이 포함될 수도 있다는 것이다. 민족은 언제나 수평적 동료의식으로 상상이 된다고 보는 관점에서 보이지 않는 불평등이 존재할 수 있다. 전지구화로 인한 이주는 결코 수평적 관계에 기반을 둔 공동체를 형성하지 못한다. 당연히 이주에 따른 불평등한 관계가 구성될 수밖에 없다. 이주자들이 거주하는 지역에 이미 살고 있던 주류민족이나 집단들은 이들을 동일시하지 않는다. 그러므로 이주민들은 동일화할 수 있는 민족과 거리가 멀어질 경우 위계적으로 서열화되면서 사회적 포함과 배제에 따른 각종 사회 문제들이 발생할 수밖에 없다.

대부분의 이주민은 본국과는 지리환경적 요인, 사회문화적 요인들의 차이로 인해 자신이 가지고 있던 정체성에 대해 혼란을 경험할 수 있다. 이들은 이주국의 사회적 관계 속에서 새로운 정체성을 구성하고자 노력한다. 이 경우에 이들의 정체성들 간의 이질성이 클수록 정체성 혼란 또한 클 수밖에 없다. 이주로 인해 낯선 언어문화적 상황에 놓이면 인간은 누구나 자신이 누구이며 주변에서 벌어지고 있는 일이 무엇인지, 자신이 남들에게 어떻게 느껴지는지 생각할 수밖에 없다. 이러한 과정이 개인의 정체성 혼란의 첫 출발점이다. 정체성 혼란은 정체성 협상으로 이어지는데, 정체성 협상이란 이주국에서 자신의 현실을 자각하고 정체성을 재구성하는 과정이다.

정체성 협상에 관해 논의한 몇몇 학자들을 살펴보자. 고프먼(Goffman, 1983)은 개인들이 일상적인 상황 속에서 협상을 통해 정체성을 재구성한다고 보았다. 커민스(Cummins, 2000)는 개인이 다양한 사회적 상황에서 권력관계에 의해 형성된 선택 가능한 정체성들, 즉 가용자원을 살필 때 협상 과정이 있다고 한다. 따라서 정체성 협상은 갈등관계에 놓인 둘 이상의 정체성이 벌이는 상호작용 과정으로(Jenkins, 2004), 이 과정에 개인은 가용자원으로서의 정체성을 살펴 새로운 정체성 시도(Campbell, 2010)를 통해 협상을 벌이게 된다.

사할린 한인이 우리 땅에서 사할린 땅으로 간 것 역시 본의 아닌 초국적 이주라고 볼 수 있다. 사회적 이동 중 정치적 이동에 해당된다고 볼 수 있다. 이는 지금과 같은 자유로운 글로벌 경제 확대에 의한 경제적 이주와는 거리가 멀다. 그래서 사할린 한인들은 사할린의 주류 문화였던 러시아 문화를 오히려 배제시키기 위해 민족 문화를 고수하려는 의지가 강했을 것이다. 그렇지만 이들에게도 초국적 이주에 따른 보편적 문제들에 대해서는 피해갈 수 없었을 것이다. 다시 말해 중심과 주변이라는 공간의 위계적 서열화는 사할린 한인들에게도 적용되었고, 이들이 다양한 방식으로 타자화되면서 이들에게도 정체성 갈등과 협상이 일어났다고 본다.

# 4장
# 사할린 한인 생애사 연구방법

## 1. 생애사적 내러티브 탐구

영주귀국 사할린 한인 생애사 저술을 위한 연구는 기본적으로 생애사적 내러티브에 근거를 두고 진행했다. 내러티브(narrative)는 어원적으로 '말하다' 혹은 '서술하다'로 이해된다. 내러티브는 개인의 연대기적 이야기로서 경험이나 특별한 시간과 사건에 관련된 것을 정리한 것이다. 내러티브 탐구는 듀이(Dewey)가 인간의 경험에 가치를 부여한 방법론에 영향을 받아 클랜디닌(Clandinin)과 코넬리(Connelly)가 발전시켜온 질적 연구방법 중 한 유형이다. 내러티브 연구방법은 개인의 경험을 시간의 흐름과 상황을 고려하여 이야기를 만들고 그 이야기를 통해 의미를 탐구하는 방법이다. 클랜디닌(Clandinin, 2013)은 내러티브 탐구는 인간의 경험, 이해 그 이상도 이하도 아니라고 한다. 즉, 경험을 말하는 과정을 통해 경험을 이해하고, 그 경험이 지니는 의미를 알게 된다는 것이다. 이처럼 내러티브는 경험과 불가분의 관계로 시간성 속에서 축적되고 다른 것들에 영향을 미치기도 하는 경험들이 시간의 흐름에 따라 변화되는 것을 기술하는 것으로 볼 수 있다(Clandinin & Murphy, 2006: 634).

위의 내용을 요약하자면 내러티브 연구는 이야기를 통해 인간의 경험을 탐구하는 질적 연구방법이며, '이야기하기'와 '다시 이야기하기'를 활용하여 개인의 경험을 이해하고자 하는 방법이라고 할 수 있다. 개인의 생애에 탐구의 초점을 두는 내러티브는 개인의 경험을 들추어내고 그러한 경험들이 어떻게 구성되는지, 어떻게 표현되고 실행되는지를 확인하고, 그 개인의 경험을 넘어 더 광범위한 사회적, 문화적, 제도적 내러티브를 산출하게 한다.

내러티브의 탐구자들은 다른 사람의 삶을 이해하고, 이야기하고, 그 이야기한 것을 다시 이야기하고, 다시 살려내는 성찰적 순환과정을 경험해야 한다. 이러한 순환과정을 통해 연구자들은 탐구된 경험을 확장한다.

앞서 강조한 바와 같이 내러티브 탐구는 이야기된 경험으로써 이야기를 다시 쓰고 연구하는 것이다. 일반적으로 이야기란 이야기 주체들의 세상을 바라봄으로써 해석될 수 있다. 개인의 모든 경험은 이야기를 통해 소통되고 발현된다. 그래서 우리는 개인의 이야기를 통해서 또 다른 이야기를 만들어낼 수 있다.

이러한 내러티브 탐구에 바탕을 이루는 철학은 듀이의 경험론에 기초한다. 듀이의 존재론은 교류와 관계에 바탕을 둔 것으로 내러티브 탐구의 기본이라고 볼 수 있다. 다시 말해 인간 존재를 이해하는 데 있어 경험을 통해서, 그리고 그 경험에 대한 이야기를 통해서만 알 수 있다는 것이다. 인간은 세상 밖에 존재하는 것이 아니라 그들이 겪은 경험, 바로 내적인 경험을 통해서만 존재적 가치를 획득한다. 그래서 내러티브의 인식론은 구성주의적 관점을 띤다. 그렇기에 개인의 정체성, 개인의 생각과 경험, 사유 등은 모두 외부와 인간 내면으로부터 상황과 맥락에 영향을 받는다. 이런 과정을 통해 개인의 정체성이 만들어지고, 재구성되며 변화한다는 것이다.

클랜디닌과 코넬리는 내러티브 탐구의 3차원적 탐구지점으로 시간성(temporality), 사회성(sociality), 장소성(place)을 주장했다. 이는 내러티브 탐구 시 연구자가 3차원적 내러티브 탐구지점을 고려해야 한다는 것을 시사한다. '시간성'은 듀이가 주장한 '경험의 계속성'과 같은 맥락이다. 시간성 차원이란 연구자가 내러티브 탐구 시 연구의 대상이 되는 사람, 사건, 장소 등을 변화 과정에서 이해하려는 것이다. 시간성은 과거, 현재, 미래로 이어지는 시간의 연속성을 의미하며, 경험은 다른 경험과 관련이 있으며, 다른 경험과 관련된 경험은 또 다른 경험을 지향한다. 시간의 연속선상 어느 지점에 우리가 위치한다면, 그 지점에 해당하는 각각의 순간은 과거의 경험을 바탕으로 현재와 미래를 이어준다. 즉 과거의 경험은 경험적 미래를 이끌어간다고 볼 수 있다(Clandinin & Connelly, 2000: 2). 모든 사람들의 경험은 과거의 경험으로부터 영향을 받고, 현재의 경험은 미래의 경험에 어떠한 영향을 줄 것이다. 이렇게 보면 어떤 사람이 경험한 것은 그 경험 안에 과거, 그리고 미래가 함께 담겨져 있음을 의미한다.

내러티브 탐구지점으로서의 '사회성'은 듀이의 의미에서는 상호작용에 의해 형성되는 것이기 때문에 경험의 사회성을 고려해야 한다는 뜻이다. 실체적 상황들, 환경, 개인의 맥락적 요소들, 그리고 연구자가 연구참여자를 탐구할 때 형성되는 관계에 주의를 기울이는 것이다. 이 관계는 인간이 지닌 내재적 조건이라고 볼 수 있는 감정, 도덕, 신념, 기분, 윤리의식, 철학, 희망, 양심, 기질, 자신이 정한 규칙 등과 이를 둘러싸고 있는 외재적이며 객관적인 조건인 인간, 사물, 사건, 장소 등의 환경과의 상호작용에서 형성된다. 내러티브 연구가 인간의 경험을 이야기로 연구한다고 할 때 연구의 대상이 되는 연구참여자가 이야기하는 그 순간의 감정이 어떤지, 이야기를 하고 있는 장소는 어떤지, 이 장소의 상황, 맥락은 어떠한지, 모두 포함하여 연구해야 한다. 이야기는 이야기 주체는 물론 그 사람이 처했던 사건과 사회적 정황 등을 포괄하기 때문이다.

내러티브 탐구의 세 번째 지점은 이야기 주체가 경험한 사건의 구체적이고 물리적인 장소에 관한 것이다. 모든 사건은 반드시 어떤 장소를 전제로 벌어지기 때문에 내러티브 탐구자는 경험이 발생하는 장소를 고려하여 그 경험을 탐구해야 한다.

또한 내러티브 탐구에 있어서 중요한 네 방향 지향을 통해 경험을 바라볼 필요가 있다. 내적 지향, 외적 지향, 과거 지향, 그리고 미래 지향이 이에 속한다. 이를테면 연구참여자의 경험의 상호작용은 안과 밖의 방향과 관련된 것이며, 경험의 계속성은 전방 및 후방 방향과 관계가 있다. 경험이 일어나는 내적 지향은 느낌, 희망, 미적 반응, 도덕적 기질과 같은 심리적 내면 상태를 뜻한다. 경험의 외적 지향은 실존적 상황, 즉 연구참여자의 외적 환경을 의미한다. 과거 지향은 현재의 경험을 바탕으로 과거 경험을 보는 것이며, 미래 지향은 현재 경험을 바탕으로 향후 다가올 경험을 예측하는 것이다(김대현, 2006: 115). 즉, 인간의 경험을 탐구할 경우 위의 네 방향에서 동시에 이것을 경험해야 하는 것이며, 각 방향을 향해 끊임없이 질문을 행해야 하는 것을 말한다.

이 책에서는 사할린 영주귀국자들의 생애사적 내러티브 방법을 활용한다. 생애사적 내러티브 연구는 인물이나 사건의 탐구, 특히 사회적으로 소외된 집단이나 왜곡된 모습으로 비치는 주변 계층을 탐구할 경우 활발하게 사용한다. 이 때문에 디아스포라적 삶을 산 사할린 영주귀국자에 관한 연구의 특성과 부합한다. 사할린 영주귀국자의 삶에 미치는 영향을 보여주고 더 나아가 이를 극복하는 데 유익한 정치적, 실천적 해석을 가져야 하는 개인적 경험을 진술한 생애사 자료는 그들의 삶과 경험을 주관적·시간적으로, 혹은 총체적으로 드러낼 수 있다. 이를테면 연구자와 연구참여자가 함께 연구하는 과정에서 현재 자기 모습에 대한 위치를 재조명하는 점검 및 평가, 일관성 유지를 위한 의미부여 및 정당화, 성공과 즐거움을 인식하는 자기만족, 부족함과 아픔을 수용하는 자기반성 및 치유 등을 할 수 있다.

인간의 경험을 드러내고 이를 재구성하는 내러티브의 특성은 사할린 영주귀국자 생애사와 생애 경험을 연구하는 데 있어서 이론적 틀을 제공해준다. 즉, 사할린 영주귀국자는 내러티브를 통해 이야기되는 그들의 삶을 살아가고, 변화의 가능성을 가지고 그들의 이야기를 다시 이야기하며, 변화된 이야기를 다시 살아낸다고 볼 때 사할린 영주귀국자는 디아스포라적 삶을 살아내고, 이야기하고, 다시 이야기하고, 그것을 다시 살아냄으로써 통과의례에 함유된 의미를 밝힐 수 있다는 점에서 내러티브 탐구방식이 가장 적합하다고 여겨진다.

## 2. 연구 현장과 연구참여자

이 책을 집필하기 위해 영주귀국을 하신 사할린 한인 어르신들의 모임의 중심이 되는 인천 남동사할린센터에서의 참여관찰은 중요한 자료수집이었다. 앞서 밝힌 바와 같이 내러티브 연구를 비롯한 모든 질적 연구에서 장소와 행위자 그리고 행위자 간 상호작용을 관찰하는 것은 필수적인 과업이다.

참여관찰은 연구자 스스로가 도구가 되어서 연구 대상 장소와 연구참여자의 일상적 상황 속에 참여하고 관찰한다는 것이다. 참여관찰은 참여와 관찰이라는 이중의 목적을 함께 가지고 있는 연구자의 행위이다. 하나는 상황에 적합한 활동에 참여하기 위해서, 그리고 다른 하나는 그 상황에서의 연구참여자들과 그들의 활동을 관찰하기 위함이다(Spradley, 1980). 또한 심층적인 질적 자료를 얻고자 할 때 참여관찰에 투여하는 시간이 길수록 그 자료의 질과 양은 심층적이고 중층적이게 된다(윤택림, 2004: 51).

연구자들이 참여관찰을 행한 남동사할린센터는 인천 남동구 논현동에 위치해 있다. 바로 앞에 공립 다문화대안학교인 한누리학교가 있다. 이 시설은 지방자치단체인 인천시에서 운영하지만, 실질적으로 사할린 영주귀국자들 스스로 행하는 자원봉사로 운영되고 있다. 거동이 불편하신 고령의 노인들이 많지만 이곳에서 자원봉사를 하는 건강한 분들이 맡아 해결해주는 자조 공간이기도 하다. 회장을 비롯하여 임원진은 총무 담당, 문화 담당, 대사관 담당, 영사관 담당 등 임무를 정해 놓고 상근을 하기 때문에 꽤나 체계적인 모습을 가지고 있다. 이를테면 영주귀국 사할린 한인 동료 노인이 돌아가시게 되면 사할린에 있는 가족에게 연락하고 장례식까지 모두 자체적으로 해결하고 있다.

이곳에서 연구자들은 그들의 고향을 본다. 이곳 남동사할린센터를 이용하는 사할린 영주귀국 노인들은 모두 러시아어 문화권에서 생활했기 때문에 상호 간 언어적으로나 문화적으로 잘 통해 함께 평생교육 프로그램에 참여하거나 놀이를 하면서 소일하고 있다. 이곳은 한국어가 서투른 그들에게 다른 사람들의 눈치를 안 보고 일반적인 한국 노인 분들과의 소통의 고통에서 벗어날 수 있는 공간이다. 일상의 한국어 소통의 불편함에서 잠시 벗어나 러시아어로 이야기하고, 부모님이 부르던 가요를 부르며, 러시아 춤을 추기도 한다. 여기서는 잠시나마 영주귀국 사할린 한인 어르신들은 행복하고 자유로워 보였다. 그들에게 이곳은 단순히 물리적인 공간이 아니라 정서적인 애착을 느끼는 곳으로 그간의 안부를 묻고 그들이 함께 하고 싶었던 일들을 할 수 있는 마치 그들의 마을과 같이 친밀감이 살아 있는 고향과 같은 곳이다. 아이러니하게도 그들은 자신의 고향으로 돌아왔지만 사할린 그곳을 그리워한다.

뿐만 아니라 이 센터는 자신의 권리 보호는 물론 정치적인 행동과 미래를 준비하는 곳이기도 하다. 이를테면 사할린에 있는 사할린 동포 친지나 친구들의 영주귀국을 위해 일본 적십자와 한국 적십자에서 요구하는 서류 등을 준비하는 것을 도와주며, 사할린 한인들의 역사적으로 묻혀 있었던 서러움을 알리기 위해 노력한다. 또한 이들 가족들의 전면적인 영주귀국 허용을 위한 법안 개정 요구를 끊임없이 주장하는 작업들을 수행한다.

이곳 남동사할린센터는 여느 노인정처럼 여가를 즐기는 단순한 곳이 아니다. 이곳을 이용하는 사할린 한인들은 사할린과 한국 사이, 한국과 일본 사이의 정치적인 맥락들을 읽고 영주귀국 범위 확대를 위한 요구안들을 스스로 만들어가고 있다. 남동사할린센터는 이들의 자조 공간이며 인정 투쟁을 보여주는 곳이다. 초국적 의사소통이 이루어지는 공간이 되고 있을 뿐만 아니라 다양한 유대관계와 사회적 연결망 안에서 자신의 정체성을 자립적으로 재구성하는 장이 된다. 특히 이곳은 사할린 한인들의 정체성이 표출되는 공간이다. 여기서 우리는 이중적 고향, 이중적 노스텔지어를 발견할 수 있다.

남동사할린센터에서의 참여관찰을 통해 이 책의 주제와 적합한 연구참여자를 선정하였다. 이들의 선정 기준은 첫째, 한국어를 능숙하게 하는 자, 둘째, 연구자와 충분한 라포가 형성되어 내러티브 연구가 가능한 자, 셋째, 본 연구참여에 적극적이

<표 1-1> 연구참여자의 특성

| 구 분 | 성 명 | 성 별 | 출생 연도 | 출생지 | 영주귀국 연도 |
|---|---|---|---|---|---|
| 연구참여자 1 | 김순곤 | 남 | 1938 | 경북 의성 | 2007 |
| 연구참여자 2 | 하평일 | 남 | 1944 | 사할린 | 2011 |
| 연구참여자 3 | 한민운 | 남 | 1941 | 사할린 | 2007 |
| 연구참여자 4 | 박순자 | 여 | 1941 | 사할린 | 2007 |
| 연구참여자 5 | 최화자 | 여 | 1944 | 사할린 | 2007 |
| 연구참여자 6 | 김월년 | 여 | 1944 | 사할린 | 2007 |

면서 동기가 높은 자, 넷째, 본인과 가족의 사진이미지를 공개 가능한 자로 선정하였다. 이런 기준에 6명의 사할린 영주귀국자를 연구참여자로 선정하였다. 이들 연구참여자들의 일반적인 특성은 〈표 1-1〉과 같다.

연구참여자 1(김순곤)은 1938년 경상북도 의성에서 태어났으나 그가 사할린으로 가던 1943년에 아버지는 다시 일본 규슈의 탄광으로 징용을 떠났다. 1945년 해방과 더불어 아버지는 가족이 있는 사할린으로 돌아와 막노동을 하여 가족을 부양하였다. 김순곤은 러시아학교 졸업반 당시 아버지를 설득하여 러시아 국적을 취득하고 바로 군대에 입대하여 3년 동안 비행기 정비를 배웠다. 그는 군대에서 제대한 후 누나의 소개로 결혼을 하고 또다시 항공학교로 진학하여 2년 반 정도 아내와 떨어져 지냈다. 그 사이 아내는 임신을 하고 출산하여 아이를 키우며 친정생활을 했다. 김순곤은 기관사로 지내는 동안 이런저런 우여곡절이 없지는 않았지만, 크게 다치는 일 없이 1971년부터 1998년까지 27년을 일하다 무사히 은퇴하였다. 은퇴 후에는 의류를 팔거나 식당을 운영하는 등의 일을 하였다. 그러던 중 고민 끝에 2007년에 영주귀국을 하였다. 그는 현재 특별한 일이 없으면 사할린 경로당에서 당구를 치고, 날이 좋은 날에는 친구들과 함께 자전거를 타고 이곳저곳을 둘러보며 노후를 보내고 있다. 바람이 있다면 자식들이 건강하고 손주들이 뛰어노는 것을 보면서 생을 마감하는 것이다.

연구참여자 2(하평일)의 아버지는 1938년 36살에 사할린으로 강제이주하였다. 그는 4남 1녀 중 장남으로 태어났다. 1941년 아버지는 2차 징용을 갔다가 해방 후 밀선을 타고 탈출에 성공하여 사할린섬으로 돌아왔다. 하평일은 1952년에 8세 때 조선학교에 들어가서 1967년 23세 때 탄광 직업학교를 졸업하고 1967년 23세 때 눈이 큰 아내를 만나 결혼하여 아들 하나를 낳았다. 아들이 태어났지만 아내는 사할린에서, 그는 이르쿠츠크에서 일하다가 1972년에 가족 모두 이르쿠츠크에서 살았다. 그는 1983년에 가족을 데리고 따뜻한 크림반도로 이사 가서 엔지니어로 일했다. 그는 1995년 51세 때 한국의 동대문시장에 가서 통역 일 할 때 한국 정부에서는 1945년 이전에 출생한 자에 한하여 영주귀국이 이루어지자 2011년에 한국에 오게 되었다. 그의 어머니는 올해 93세로 남동생과 사할린에서 살고 있는데 눈만 뜨면 어머님이 그립다. 현재 하평일은 인천 남동구 논현동에 있는 남동사할린센터에서 스포츠 담당 이사직을 맡고 있으며, 아침 7시부터 9시까지 게이트볼 운동장에서 게이트볼을 치고, 당구도 치고 마작도 하면서 시간을 보낸다. 하평일의 마지막 바람은 가족 모두 건강하게 같이 사는 것이다.

연구참여자 3(한민운)의 아버지는 1934년에 북한이 고향인 할아버지를 따라 사할린으로 갔다. 한민운은 1941년에 2남 1녀 중 장남으로 태어났다. 그는 1959년부터 사할린에서 혼자 생활했는데 그동안에 같이 살던 부모 형제들이 고향인 북한으로 갔기 때문이다. 한민운의 꿈은 사장이 되는 것이었다. 그래서 그는 중학교를 마치고 바로 꼴렛(직업고등학교)에 들어가 삼판에서 일하는 것을 배워 졸업한 후에 모스크바 대학교에서 3년 동안 공부했다. 그는 기계 수리하는 회사를 만들어서 사장으로 일하다가 1967년 26살에 아내를 만나 결혼하여 아들을 낳았다. 사장이 된 그는 매일 깨끗하게 흰 적삼을 입고 넥타이를 매고 출근했고 성실하게 일하다가 정년퇴임을 하고 2007년에 한국에 왔다. 3개월만 살아보자는 생각으로 왔지만 어느새 10년째 살고 있다. 그의 아내는 2015년에 쓰러져서 병원에 입원 중이다. 아내도 없는 텅 빈 아파트에서 사할린 가족들의 사진을 보면서 지내고 있다. 요즘 가장 힘든 일은 병원에 있는 아내에게 아무것도 해줄 수 없다는 것이다. 반면 가장 행복한 일은 사할린의 손녀들에게 좋아하는 한국 물건을 택배로 보내주고 답장을 기다리는 일이라고 한다.

연구참여자 4(박순자)는 1941년 광부의 둘째 딸로 태어났는데 그녀가 태어난 지 다섯 달 만에 아버지가 탄광에서 사고로 돌아가셨다. 그녀의 어머니는 두 딸을 데리고 딸에게 의지하고 살았다. 설상가상으로 지적장애를 가지게 된 언니가 결혼하여 아기를 낳아 언니 대신 조카들을 키우며 학교를 다니고 가장의 역할을 하였다. 그녀는 조선학교 10학년을 마친 뒤 재봉 일을 하던 중 친구의 소개로 남편을 만나 아이 둘을 낳은 후 분가했다. 러시아 경제가 어려워져 그녀는 어린 시절 친정어머니와 장사하던 경험을 밑천으로 장사를 하여 자식들에게도 집을 하나씩 사주었다. 그러던 중 2011년 한국으로 영주귀국 하여 들어왔다. 그러던 어느 날 남편이 심근경색으로 사망하였다. 그녀는 시간이 지날수록 남편과 47년을 같이 살았던 시절이 그립고 갑자기 자기만 두고 떠난 남편이 섭섭했다. 그런 그녀를 다시 살아갈 수 있게 한 것은 한인들을 위한 봉사활동이었다. 지금은 사할린 영주귀국자 아파트의 반장을 하며 동네의 아픈 사람이나 노인들을 도와주며 교회도 열심히 다닌다. 한국에 혼자 계신 어머니가 안쓰러워 아들은 사할린으로 그녀를 들어오라고 하지만 그녀는 자식을 힘들게 하고 싶지 않다. 그녀는 오늘도 이웃 사람들의 이야기를 들어주며 열심히 살고 있다.

연구참여자 5(최화자)는 1944년 사할린에서 2남 2녀 중 셋째로 태어났다. 그녀의 아버지는 탄광에서 일을 하다 몸을 크게 다치셨고, 몸이 회복된 이후에도 막노동으로 가족을 부양했다. 텃밭조차 없던 최화자의 가정은 늘 궁핍했다. 그러나 그 당시 사할린의 많은 징용된 한인들이 홀로 지내며 외로움과 가난에 시달렸던 것에 비하면 최화자의 가정은 비록 형편은 어려웠지만 그래도 가족이 함께 있어 나았다. 최화자는 유즈노사할린스크 사범학교 조선어과를 졸업하고 1962년에 국적을 취득한 후 3년간 조선학교에 교원으로 근무하다가 좀 더 나은 조건을 찾아 1968년에 물자공급기관으로 직장을 옮겼다. 그녀는 1969년에는 하바롭스크에 있는 야간 전문학교에 진학하여 1년간 경제학을 공부하고 1994년 만 50세가 되어 은퇴하고 연금수령 대상자가 되었다. 그녀는 정년퇴임 하고 나서 상트페테르부르크에 있는 한국식당의 지배인으로 3년간 일하는 동안 한인협회를 통해 한글학교, 한국 문화 알리기, 통역 등 다양한 활동을 했고 그러한 활동은 영주귀국으로 2007년 한국에 오기 전까지 이어졌다. 현재 최화자는 남동사할린센터에서 총무로 영주귀국 한인들을 위한 다양한 활동을 돕고 있다.

연구참여자 6(김월년)은 1944년에 사할린의 아니바에서 1남 2녀 중 장녀로 태어났다. 그녀의 아버지는 그녀가 4살 되던 해에 돌아가셨다. 어머니는 6년 동안 홀로 두 딸을 키우며 살다가 그녀가 10살 되던 해에 동네에 살던 홀아비와 재혼을 하고 그의 가족은 코르사코프로 이사를 갔다. 그녀는 코르사코프 조선학교 3학년에 들어갔다. 양아버지는 딸이 학교를 다니니 나도 배워야 한다면서 러시아 국적을 받고 야간 러시아학교에 입학하여 10년제 학교를 졸업하였다. 그녀는 1956년에 유즈노사할린스크에 있는 사범학교에 갔다. 그녀는 사범학교를 졸업하고 코르사코프 중학교에서 3년 동안 의무 교사 생활을 했다. 그녀는 1964년에 8년 동안 사귄 남자친구와 결혼을 하고 시댁으로 들어가 28년 동안 시부모를 모시고 살았다. 시어머니의 시집살이는 혹독했지만 자녀 둘을 낳고 다시 러시아 대학에 들어가 경제학을 전공했다. 그리고 셋째 딸을 낳고 목재회사의 경리로 취직했다. 아이들은 건강하게 잘 자라 큰딸은 사할린 사범대학을 나와 유즈노사할린스크에 있는 대학에서 컴퓨터를 가르치고, 아들은 러시아의 대학을 나와 사할린에서 사업을 한다. 그리고 막내딸은 호주의 남성과 결혼하여 호주에서 살고 있다. 김월년은 2007년에 남편의 반대에도 불구하고 영주귀국 하였다. 그녀의 영주귀국은 고향에 대한 본능적인 그리움이다. 현재 그녀의 하루는 매우 바쁘다. 논현동 14단지 사할린 경로당의 회장으로 한자를 배우고, 노래도 부르며 즐겁게 살고 있다. 비록 자식들이 호주에, 미국에, 러시아에 세계 각지에 흩어져 살고 있어 보고 싶지만 이렇게 친구들과 늙어가는 것도 나쁘지 않다고 생각한다. 다만 자녀들이 건강하고 행복하게 살기를 기원할 따름이다.

## 3. 자료수집 및 분석방법

이 책의 저술을 위한 자료수집 및 자료분석 단계에서 연구윤리를 위한 지침을 준수하기 위해 노력하였다. 이런 연구윤리 확보를 위한 노력은 연구자 모두 사전 연구에서부터 이루어졌다. 본 연구가 수행되기 전에 연구자-연구참여자 연석 예비모임을 통해 남동사할린센터와 연구협정을 체결하였고, 이 자리에서 연구참여자에게 연구의 목적과 특징, 연구 프로그램에 참여함으로써 생기는 위험이나 혜택을 사전에 알려주고 서면 동의를 받았다. 특히 본 연구의 특징이라 할 수 있는 사진이미지 활용에서 사진은 개인의 초상권과 저작권에 관한 것으로 사진을 그대로 제시하도록 허락하는 경우에만 연구에 참여하도록 하였다. 아울러 인하대학교 기관생명윤리위원회에서 권고한 비밀 유지와 익명성을 설명하고 참여 과정에서 참여자가 원할 시에는 언제나 연구참여 기간에 중도하차 할 수 있음을 고지하고 자발적인 참여를 유도하였다. 연구참여자는 면담 중에 불편한 감정이 일어날 때 면담을 중지할 수 있다는 것을 설명하였다. 더불어 연구참여자가 연구를 중단하여도 불이익이 없다는 것과 연구자의 사정에 의해 연구가 중단될 수 있다는 것을 알기 쉽게 이해시켰다.

클랜디닌과 코넬리(Clandinin & Connelly, 2006), 새빈 바덴과 니커크(Savin Baden & Niekerk, 2007)는 내러티브 탐구에서 다양한 자료수집의 필요성을 언급한다. 자료수

[사진 4-1] 인천 남동사할린센터와
아시아다문화융합연구소 간 연구협정식 모습

집 방법으로는 연구자와 연구참여자 모두 현장에서 손으로 기술할 수 있는 연구노트와 같이 기록을 써야 한다. 그러나 우리 연구에서는 연구자들의 기록만 고려하였다. 그러나 참여관찰일지를 통해 연구참여자들의 움직임과 그들 간의 상호작용, 언어적 발화 등을 세밀하게 기록하였다. 또한 심층면담의 상황을 보다 생생하게 기록하였으며, 면담을 통해 느낀 생각과 느낌을 정리하고 다음 면접에 반영할 내용과 부족한 점 등을 적은 면담노트를 작성하였다. 참여관찰 및 면담 후에 연구자들이 모여 의견을 교환하였다. 이런 일련의 과정들은 질적 자료를 수집하는 데 있어 객관성을 높였다고 본다. 실제로 연구참여자들은 부모나 자식에 관한 이야기를 하면서 많이 눈물을 보이셨기에 휴지도 많이 필요했다. 나중에는 손수건을 사다 드릴 정도로 그들과 연구진 간에는 깊은 라포가 형성되었다.

이 책에서는 연구참여자들의 생애 이야기를 효과적으로 전달하고자 포토텔링 기법을 사용하였다. 포토텔링이란 포토(Photo)와 스토리텔링(Storytelling)의 텔링(telling)에 기반을 둔 자료수집방법으로 연구참여자의 사진이미지를 통해 그들의 내러티브를 재구성하는 것이다(박봉수 · 김영순, 2016).

이 책을 위해 주로 활용한 자료수집 방법은 바로 포토텔링 기법이다. 이 기법은 사진이 누구의 사진인가에만 초점을 맞춘 것이 아니라 당시의 사건이나 인물을 기억하기 위한 용도를 포함하여 사진을 통해 연구참여자의 적극적인 소통 행위를 유도하는 방안으로 수행되었다. 이 포토텔링 기법은 연구참여자들로 하여금 사진의 기록이 갖는 자세한 이야기를, 사진의 내러티브가 가지고 있는 개인적인 경험을 풀어내어 재미있고 생생한 이야기가 될 수 있게 하였다.

두 번째 자료수집은 질적 연구에 있어서 가장 많이 활용되는 심층면담 기법을 통해 수집되었다. 면담 시간과 횟수는 연구자별로 각기 다르나 충분하게 확보하여 자료를 수집하였으며, 심층면담은 추가적인 면담을 포함하여 2015년 10월부터 2016년 12월까지 실시하였다. 심층면담은 모두 개별면담으로 수행되었으며 회당 각각 약 90~120분 정도의 시간이 소요되었다. 심층면담은 기본적으로 3~4회 이상으로 구성하였으며, 면담을 할 때 연구자 1명만이 아니라 가능한 복수의 연구자가 참가하여 연구참여자 정황 기술의 신뢰성을 높이도록 하였다. 면담 이전에 면담에 필요한 질문지 목록을 만들어 미리 실제 면담 상황에서 파생될 수 있는 디테일한 질문들을 정리하였다.

참여관찰은 남동사할린센터에서 진행을 했지만 면담 장소로서는 부적당하여 연구참여자의 자택이나 인근 카페에서 진행하였다. 면담 장소의 선택은 연구참여자의 연령을 고려하고, 연구참여자가 가장 편하게 생각하는 곳에서 진행하였다. 주로 연구참여자의 자택을 선택했는데 이는 일종의 라포 형성으로 봐도 될 것이다. 대부분 집 안 가구나 물건을 배치할 때 자기가 중요하게 생각하는 것을 눈에 가장 잘 띄는 장소에 배치하는 습관이 있다. 연구자가 연구참여자 자택 방문 시 거실이나 벽에 사진을 전시 혹은 부착해 놓은 것을 보고 저 사진의 주인공이 누구이며, 언제 찍은 것이며, 무슨 일이 있었는지 등에 대해 묻고 그 사진을 중심으로 자연스럽게 그들의 이야기를 들을 수 있기 때문이다.

연구자들의 눈에 비친 연구참여자들은 몇날 며칠을 이야기해도 모자랄 만큼 과거와 관련된 다양한 기억을 가지고 있다. 그러나 이러한 연구참여자들의 자전적 기억들은 이미 선별적으로 코드화되고 부분적으로 잊히게 마련이다. 그러니 이런 기억들이 사진이미지를 통해 다시 재생될 수 있다. 이런 의미에서 심층면담 시 사진을 통해 경험을 말한다는 것은 과거를 좀더 생생하게 현재화하는 것이다. 그리고 이들은 자신의 삶에서 일어난 경험들을 단순히 서술하는 것이 아니라 평가와 해석을 내놓고 이를 하나의 이야기로 재현하고 있었다. 따라서 이러한 자전적 기억들이 타당한 것인가라는 질문과 아울러 축적된 과거의 경험 재현이 객관적이고 진실한 것인가라는 질문이 제기된다. 그러나 이런 질문은 중요하지 않다. 다만 '이야기하는 나'로서 화자는 현재 관점에서 과거 경험의 주체인 '이야기되는 나'에 대해 어느 정도 거리를 가지고 성찰하는 것이다. 연구자들은 이들과의 심층면담을 통해 사할린의 삶에서 의미 있는 경험들이 무엇인지, 그들이 자신의 경험을 어떻게 해석하는지, 혹은 어떻게 해석하고 싶어 하는지, 고향으로의 귀환 과정에서 자신의 위치를 어떻게 느끼고 이해하는지, 또한 미래를 어떻게 그려내는지를 들을 수 있었다.

1차 면담은 특별히 형식을 갖추지 않고 일상적인 대화를 수행하였다. 특히 사할린 한인 어르신들의 일상사와 영주귀국의 영웅담 같은 그들의 자랑거리를 듣는 것으로 시작하였다. 2차 면담은 1차 면담에서 들은 것을 포함하여 대부분 그들 부모님에 관한 것과 자신의 성장에 관한 것이다. 이를테면 "부모님 고향은 어디입니까?", "부모님은 언제 사할린으로 이주하였습니까?", "부모님은 사할린에서 무슨 일을 하였습니까?", "부모님께서는 고향에 대해서 어떻게 생각하셨고 어떤 말씀을 하셨습니까?", "부모님은 어떻게 돌아가셨습니까?" 등이다. 이러한 면담 질문을 통해 그들 부모님들이 사할린으로 이주한 동기, 생활환경, 가족 내적 및 외적 사건, 적응 경험 등 연구참여자의 성장배경을 탐색하고자 하였다. 3차 면담에서는 1, 2차 면담 이후 연구자 회의에서 나온 의견들을 반영하여 만들어진 심층질문들을 물었다. 특히 연구참여자 자신들에게 해당하는 내용들이다. "언제 어디에서 어떻게 태어나셨습니까?", "학교는 어디 다녔습니까?", "결혼은 언제 했습니까?", "무슨 일을 하시고 사셨습니까?", "생애 과정 중 언제 가장 즐거웠고, 언제 가장 힘들었습니까?" 등의 질문을 하여 연구참여자 본인의 생애를 이해하고자 하였다. 1차와 2차에서는 주제가 '고향과 성장배경'에 집중되어 있었다면 3차 면담에서는 연구참여자 생애 과정에 나타난 경험 읽기에 중점을 두었다. 4차 면담은 추가질문이 필요한 연구참여자들을 대상으로만 이루어졌다. 이전 면담에서 나온 자료들 중 명확하지 않거나 연구자가 해석하기에 오해가 발생할 만한 것에 대해서 추가 질문을 작성하였다.

연구참여자들은 면담 중에 아무 생각이 없이 혹은 한국어로 대체할 말이 생각나지 않았을 때 러시아어를 사용하기도 했다. 이때 연구자들은 그들의 발화에 대한 명확한 의미를 이해하기 위해 "지금 ~라고 하셨는데 그 의미가 이해 안 되는데요. 자세히 말씀해주세요." 혹은 "이런 의미인가요?"라고 되물었다. 그래도 이해가 되지 않는 말은 연구실로 돌아와 러시아어권 유학생들에게 그 단어를 묻고 의미를 체크해 두었다. 면담의 각 차수별 면담 간격이 가능한 2주일을 넘지 않으려고 노력하였다. 그러나 연구참여자들이 모두 고령으로 건강상의 이유로 병원에 간 경우, 그리고 갑자기 사할린에 간 경우 그 기간이 길어질 수밖에 없었다.

[사진 4-2] 유즈노사할린스크시 제1공동묘지(2016. 7. 6.)

필자가 사할린 제1공동묘지를 방문했을 때 러시아 여성과 그의 아들로 보이는 남성이 식칼을 가지고 벌초하는
모습을 발견하였다. 궁금하여 사연을 물었더니 둘은 모자 사이였고, 당일은 남편의 제삿날이라고 했다.
남편이 일찍이 세상을 떠나면서 제삿날에는 묘지에 와서 벌초를 해달라는 유언을 남겼다고 한다. 그래서
블라디보스토크에서 벌초를 하러 비행기를 타고 사할린까지 온 것이었다.


    세 번째 자료수집은 현지조사와 참여관찰을 통해 이루어졌다. 현지조사는 참
여관찰과 동시에 이루어졌는데 남동사할린센터와 사할린 현지를 대상으로 했다.
각각 이들 참여관찰의 기간은 2014년 9월부터 2017년 3월까지 약 25개월이었다.
현지조사의 목적은 사할린 영주귀국자의 삶의 내부로 들어가 그들을 총체적으로

[사진 4-3] 코르사코프 항구
(2016. 7. 6.)

이해하기 위함이다. 이와 같이 남동사할린센터와 러
시아 유즈노사할린스크 현지조사 및 참여관찰은 그
들의 생애를 이해하는 데 더할 수 없는 맥락을 만들
어주었다. 특히 러시아 유즈노사할린스크는 연구참
여자들의 이야기 속에 등장한 시네고르스크 탄광과
코르사코프 망향의 언덕, 사할린 한인 묘지를 직접
볼 수 있어서 그들의 생애를 좀 더 심층적으로 이해
하는 데 도움이 되었다.

    내러티브 탐구에서 자료분석은 현장에서 수집
된 자료를 텍스트로 만드는 작업을 행할 때 일어난

[사진 4-4] 시베리아 학술대회(2016. 7. 3.)

[사진 4-5] 사할린 쿠릴스크 숙소 앞에서(2016. 7. 8.)

[사진 4-6] 사할린 거주 한인 1세 어르신(2015. 8. 1.)

[사진 4-7] 포자르스코예 27인 추념비(2015. 8. 2.)

[사진 4-8] 사할린 한인 청소년 역사캠프(2015. 8. 2.)

[사진 4-9] 김윤덕 어르신 댁(2017. 8. 17.)

다. 가장 좋은 내러티브 형태를 선정하기 위해서는 연구참여자들의 이야기를 균형 있고 적절하게 해야 한다(염지숙, 2009). 특히 자료분석은 자료를 세분화하여 이해하기 보다는 전체 이야기의 배경 안에서 분석하는 것이다(Ezzy, 2002). 이는 이야기에 내포한 하나의 사건 의미를 이해하기 위해서 과거, 현재, 미래라는 시간의 연속성과 사회적인 맥락에서의 상호작용을 고려하여 해석해야 한다. 텍스트를 작성할 때 앞서 강조한 3차원적인 탐구지점(Clandinin & Connelly, 2000)을 염두에 두고 재구성하는 것에 중점을 두었다. 연구참여자들의 이야기가 펼쳐지는 사할린을 단순히 물리적인 장소로 본 것이 아니라 과거와 현재, 그리고 미래가 교차되는 정서적, 역사적 공간으로 간주하였다. 그럼으로써 사할린 영주귀국자의 내면적인 상태와 외형적인 상황이 상호작용하는 공간으로 되살려 내는 데에 초점을 두어 내러티브 해석을 수행하였다. 이와 같이 연구자들은 사할린 영주귀국자의 과거 삶과 경험을 이해하고 현재와 미래의 삶을 기술하기 위해 노력하였다. 그리고 한 걸음 더 나아가 독자들의 영주귀국 사할린 한인들에 대한 공감을 이끌 수 있도록 이들의 진지한 삶과 진솔한 이야기를 기술하였다. 이 책을 접하는 독자들이 사할린 한인의 지난한 삶과 사할린 영주귀국자의 경험을 공감하고 그들의 삶에 관심을 갖도록, 그들의 정치적 행위인 자식들까지의 영주귀국 확대를 응원할 수 있도록 노력하였다.

뿐만 아니라 이 연구의 목적이 책 저술이기 때문에 연구논문에 비해 간과될 수 있는 신뢰성 확보에 대해서도 주력하였다. 첫째, 연구자와 연구참여자의 신뢰 형성을 위해 연구현장에서의 지속적인 참여와 관찰을 수행했다. 연구자는 연구현장에서 연구참여자의 경험에 대해 선입견을 배제하면서 그들이 표현하는 의미를 그대로 자료로서 수집하려고 노력하였다. 분석을 마친 후에는 면접 내용에 대해서 연구자들 간 상호 점검을 하여 임의대로 의미를 부여했는지를 가려냈다. 면접 과정에서 참여자에게 유도질문이 있지는 않았는지, 참여자들이 연구자의 영향을 받지 않도록 중립적 자세를 유지하였는지 등에 대한 체크리스트를 만들어 자료를 관리하고 질적 연구자로서의 성찰의 과정을 행했다.

둘째, 연구자들은 탐구하고자 하는 주제를 설명하고 자료수집의 다양화를 위

[사진 4-10] 생애사 학술대회(2016. 7. 29.)

[사진 4-11] 사할린 워크숍(2015. 9. 20.)

[사진 4-12] '사할린 한인의 망향가' 전시회(2015. 9. 21.)

해 복합적이고 다양한 자료, 다각적인 자료수집 방법을 활용해서 증거를 확보하였다. 본 연구에서는 참여자와의 개별면담뿐만 아니라 연구참여자들이 가지고 있는 사진이미지를 활용하여 자료수집을 다각화하고자 하였다.

셋째, 링컨과 구바(Lincoln & Guba, 1985)가 고안한 동료검토법을 활용하였다. 이 연구에 직접 참여한 공동연구원들과 관련 분야에서 식견이 있고 연구에 대해 자신의 견해를 충분히 제시해줄 수 있다고 판단이 되는 동료 연구자 3~4명을 선정하여 연구분석자료의 검토를 수행하였다. 특히 연구실에서 열리는 질적 연구 콜로키움을 활용하여 연구결과의 타당성을 확보하기 노력하였다.

넷째, 연구자들 각각과 해당 연구참여자가 개별적으로 만나 연구텍스트에 대한 연구참여자 검토를 수행하였다. 연구자-연구참여자 간 검토는 '신뢰성을 형성하기 위한 가장 중요한 기법'으로 평가된다(신경림, 1996). 연구 진행에서 연구자는 연구참여자의 확인 작업을 중시하면서 기초 자료인 면담 기록과 잠정적인 텍스트, 완성된 텍스트를 연구참여자에게 확인, 검증하는 절차를 반복하였다. 이를 통해 자료 간의 불일치된 주제는 연구참여자들의 수정 의견과 설명을 듣고 정리하였다. 이런 방식으로 연구자들은 연구참여자들과 원자료 분석 과정을 공유하고, 내용이 연구참여자들에게 부정적 영향을 주거나 혹은 불일치해도 솔직한 대화를 통해 조정하는 과정을 거쳤다.

또한 본 연구는 연구참여자의 생애사적 내러티브에 대해 참여자 검토(member check)가 필수적이었다. 특히 시각적 내러티브를 위한 사진이미지의 활용에 있어서 연구참여자들과의 대화와 합의 과정을 거쳤으며, 그 과정에서 연구참여자의 의견을 충분히 고려하였다. 특히 연구참여자가 적극적으로 연구 텍스트를 검토하도록 연구참여자의 자택을 방문하기도 하였다.

이 책은 고도의 연구윤리를 필요로 하는 질적 연구로 수행된바 연구윤리를 준수하기 위한 노력도 아끼지 않았다. 특히 연구의 사전 단계에서부터 사후에 이르기까지 인간을 대상으로 하는 연구윤리 규정을 준수하였다. 특히 이 책은 사할린 한인 생애사 프로젝트의 일환으로 출간되었다. 이 프로젝트는 인하대학교 아시아다문화융합연구소의 연구를 후원하는 대원 서윤석 선생님의 민족교육 연구의 열망에 답하기 위함이었다. 이미 이 책이 나오기 전에 사할린 한인 관련 소논문 및 박사논문이 출간되었고,[6] 한국 이민사 박물관에서는 사할린 한인 전시회도 가졌다.

---

6)  이 책의 공동저자 중 일인이었으며 연구의 PM을 맡았던 박봉수 박사는 2016년에 사할린 한인 생애사 연구로 박사학위를 받은 바 있다. 사할린 한인 생애사 프로젝트의 일환으로 수행된 박사학위 논문의 주제는 "영주귀국 사할린 한인의 통과의례 내러티브 탐구"였으며, 주로 그 내용은 다음과 같다. 본 연구는 한국으로 영주귀국 사할린 한인들이 주류 러시아의 사회문화적 배경 속에서 삶을 살아가면서 한국 문화정체성을 유지하고자 노력한 이야기들을 담아내고자 기획하였다. 특히 통과의례가 지니는 집단정체성 유지 기능에 주목하여 영주귀국 사할린 한인들의 생애사적 내러티브를 탐구하였다.

# II

## 사할린 한인의
## 다양한 삶의 흔적

5장에서는 '하늘을 난 조선 사나이 김순곤의 삶과 이야기'를 풀어놓았다. 김순곤의 이야기에는 1938년 경상북도 의성에서 태어나 1943년에 사할린으로 이주하여 고등학교를 졸업하고 바로 군에 입대하여 비행기 정비를 한 이야기와 그 후 항공사에 취직하여 1971년부터 1998년까지 27년을 일하다 은퇴하여 2007년 영주귀국 하기까지의 과정이 사진을 통해, 그리고 그의 기억을 통해 다시 살아난다.

6장에서는 남동사할린센터에서 스포츠 담당 이사를 맡고 있는 하평일의 삶과 이야기를 기술하였다. 하평일이 들려주는 이야기에는 1944년에 사할린에서 태어나 1967년에 대륙에 있는 대학교에 입학해서 러시아 국적을 받기까지의 과정과 1995년에 한국의 동대문시장에 가서 통역을 하다가 2007년에 영주귀국 하기까지의 경험이 사진을 통해, 그의 구술을 통해 시간을 과거에서 현재로 불러들인다.

7장에서는 '넥타이 신사 한민운의 배짱 인생'을 그렸다. 한민운의 생애에는 1941년에 태어나 어렸을 때부터 꿈꾸어온 사장이 되기 위해 꼴렛 직업고등학교를 마치고 사장이 되어서 일하다가 정년퇴임을 한 후 3개월만 살다가 다시 사할린으로 돌아가자고 한 것이 11년째 살고 있는 그의 인생 여정을 그린 것이다. 7장에는 지금도 그를 설레게 하는 그의 첫사랑 이야기가 핑크빛으로 물들어 있다.

# 5장
# 하늘을 난 조선 사나이:
# 김순곤의 이야기

김순곤은 1938년 경상북도 의성에서 태어났다. 그가 서너 살 정도 되던 때 아버지는 가족을 동반하여 사할린으로 이주했고, 1943년 일본 규슈의 탄광으로 징용을 떠났다. 아버지가 안 계시는 동안 어머니가 노동으로 가족의 생계를 도맡았다. 1945년 해방과 더불어 일본에서의 징용도 끝났을 때, 아버지는 목숨을 걸고 통통배를 빌려 타고 가족이 있는 사할린으로 돌아왔다. 별다른 기술도 없고 러시아어도 서툰 아버지는 막노동 외에는 달리 할 수 있는 일이 없었고, 그래서 가정 형편은 늘 어려웠다.

김순곤은 어린 시절, 조선학교를 다녔다. 1~4학년 과정의 조선학교는 집 가까이에 있어 집에서 다닐 수 있었다. 하지만 5~7학년 과정이 있는 조선학교는 집에서 30km 정도 떨어진 곳에 있어 기숙사에서 생활을 해야 했다.

고등학교는 집 가까이에 있는 러시아학교로 진학해 다녔다. 조선학교에서 7학년을 마쳤지만 러시아어가 서툴던 김순곤은 러시아학교에서 6학년부터 다시 공부해야 했다. 사할린 이주 당시, 실제 나이보다 1살 어린 1939년생으로 등록이 된 데다 러시아학교에서 2년이나 내려서 6학년부터 다시 공부를 해야 하다 보니 급우들은 김순곤보다 3살이나 어렸다.

러시아학교 졸업반 당시 여전히 무국적자 신분이던 김순곤은 아버지를 설득하여 러시아 국적을 취득하였다. 김순곤은 고등학교를 졸업하자 바로 군대에 입대하게 되었다. 3년의 군 복무는 비행기를 정비하는 일이었다.

군대에서 제대한 후, 취직을 하려고 갖은 노력을 했지만 마땅한 기술도 연줄도 없다 보니 그를 받아 주는 곳은 없었다. 그러던 중, 아는 사람의 주선으로 탄광에 취직이 되지만 고된 일에 비해 급여는 매우 적었다. 1년 정도 탄광에 다니다 셋째 누나의 소개로 결혼을 하였다. 결혼 후 서너 달이 지날 즈음, 고등학교 다닐 당시 급우였던 러시아인인 친구의 권유로 항공학교로 진학하였다. 신혼이었지만 장래를 위한 선택이었다. 방학이면 돌아와 아내와 지내고 학기 중에는 떨어져 지내는 생활을 공부를 위해 2년 반 정도 했다. 그 사이 아내는 임신을 하고 출산을 하고 아이를 키우며 친정생활을 했다. 미안한 일이었다.

김순곤은 항공학교를 마치고 우크라이나에서 6개월을 더 공부한 후 기관사로 비행기를 타게 되었다. 그는 기관사로 지내는 동안 이런저런 우여곡절이 없지는 않았지만, 크게 다치는 일 없이 1971년부터 1998년까지 27년을 일하다 무사히 은퇴하였다. 은퇴 후에는 의류를 팔거나 식당을 운영하는 등의 일을 하였다. 그러던 중 한국 정부의 고향 방문 행사로 한국을 방문하였고 이후 고민 끝에 영주귀국을 결심하였다.

# 1. 아버지, 그리고 가족 이야기

김순곤의 아버지는 김순곤이 서너 살 정도 되던 때 가족을 동반하여 사할린으로 이주했다. 모든 것이 낯선 사할린에서의 삶은 고달팠고 아버지는 다시 돈을 벌기 위해 1943년 일본 규슈의 탄광으로 징용을 떠났다. 당시 많은 젊은이들이 강제로 징용을 떠난 것과는 달리, 이미 아이 다섯을 둔 중년의 가장이던 그의 아버지는 돈을 벌기 위해 자발적으로 징용을 선택하였다. 아버지가 일본에 가 있는 동안 가족의 생계는 어머니가 탄광에서 탄차에 탄을 싣는 일을 도와 어렵게 꾸려갔다.

1945년 전쟁이 끝나고 더불어 일본에서의 징용도 끝났을 때, 아버지는 함께 일하던 한국인 동료들에게 서둘러 가족이 있는 사할린으로 가자고 권유하였다. 그러나 사할린으로 갈 길이 막연한 탓도 있고 전쟁이 끝났으니 가족들이 고향으로 돌아올 거라 여기며 동료들은 그의 뜻에 동조하지 않았다. 하지만 그의 아버지는 전후의 흥분으로 들뜬 동료들을 뒤로하고 일본에서 수소문 끝에 통통배를 빌려 타고 러시아로 향했다. 바닷길은 위험했고 거친 파도에 배가 쓸려 자칫 목숨을 잃을 수도 있었다. 온갖 우여곡절 끝에 김순곤의 아버지는 러시아의 코르사코프에 도착하였다. 그러나 전쟁이 끝난 지 얼마 되지 않은 터라 어떤 상황에 직면하게 될지 알 수 없는 두려움에 아버지는 낮에는 산에 몸을 숨겼다 밤에만 이동하며 어렵게 200km의 길을 걸어서 사할린으로 돌아왔다.

그의 아버지가 징용에서 돌아왔지만 가족의 삶은 나아진 것이 없었다. 러시아

**[사진 5-1] 김순곤의 어린 시절 모습**
어머니, 둘째 누나, 셋째 누나, 손아래 동생과
함께하고 있다. 김순곤은 가운데 있는 소년으로 당시
아버지는 일본에 징용 가고, 큰누나는 결혼하여 집을
떠난 상태이며 막냇동생은 아직 태어나지 않았다.

어도 서툴고 특별한 기술도 없는 아버지가 할 수 있는 일이라곤 탄광에서 주어지는 막노동이 전부였다. 그러나 같은 일을 하고도 정당한 노동의 대가를 받는 러시아인들과 달리 품삯은 주면 받고 안 주면 못 받는 열악한 처지였다. 어머니는 아버지가 돌아온 이후에는 주로 집안일을 도맡아 하시고 집에서 아이들을 돌보셨다. 그 사이사이 집 근처의 텃밭을 일구어 채소를 심어 가꾸어서 가족의 찬거리를 해결하고 일부는 시장에 내다 팔아 가계를 보태셨다.

김순곤의 부모는 6남매를 두셨는데 김순곤의 위로 누나 셋, 김순곤의 아래로 남동생이 둘이었다. 김순곤은 네 번째 자식이자 아들로는 장남이다. 그의 큰누나는 사할린 이주 당시, 매형, 조카와 더불어 사할린에 잠시 같이 있다 일본의 홋카이도로 건너갔다. 그러나 곧 전쟁이 끝났고 이후 고향인 의성으로 돌아갔다가 부산에 정착하였다. 1924년생으로 현재 90세를 넘긴 큰누나는 현재 치매를 앓고 있다. 큰누나는 김순곤을 잘 알아보지도 못하는 상태이지만 김순곤에게는 어머니와 같은 존재이다. 모습도 어머니와 꼭 닮아 어머니가 그리울 때면 큰누나를 찾아가곤 한다. 둘째 누나는 한국으로 영주귀국을 했지만 당뇨병으로 오래 앓다 몇 해 전 요양원에서 사망하였다. 셋째 누나는 심장병으로 40대 중반의 나이에 사망하였고, 손아래 남동생은 10여 년 전 갑자기 사망하였다. 러시아에서는 사람이 죽으면 사인이 무엇인지 해부를 통해 반드시 확인하는데, 동생의 경우 간에 이상이 있었던 것으로 밝혀졌다. 1949년생인 막냇동생은 현재 사할린에서 살고 있다.

[사진 5-2] 김순곤의 아내와 두 아이 둘 다 현재 사할린에 살고 있다.

김순곤은 슬하에 남매를 두었다. 위로 딸과 아래로 아들이다. 그의 자녀들은 집에서 한국어를 사용하는 조부모 세대, 조선학교에서의 수학으로 한국인이자 러시아인으로 살았던 김순곤 세대와 달리 러시아에서 태어나 러시아인으로 자랐고 살아가고 있다.

## 2. 김순곤의 학창 시절

김순곤은 다른 한국 아이들과 마찬가지로 초등학교인 1~4학년은 집 근처의 조선학교를 다녔다. 조선학교에서는 한국인 선생님이 한국어로 수업을 했다. 중학교 역시 조선학교로 진학했는데, 중학교는 집에서 30km나 떨어진 곳에 있었다. 대중교통이 사실상 없었던 당시로선 통학은 불가능했다. 어쩔 수 없이 김순곤은 기숙사에서 지내며 방학 때나 집에 올 수 있었다. 집을 떠나 지내는 것이 매우 힘들었던 김순곤을 더욱 힘들게 한 것은 졸업반인 7학년 때 기숙사에 불이 난 일이다. 어떤 연유로 불이 난 것인지는 기억나지 않지만, 그 화재로 기숙사가 다 타버렸다. 김순곤은 다른 학생들과 더불어 학교 주변에 있는 몇몇 한국인의 집에서 머물며 학교에 다녀 겨우 졸업할 수 있었다.

이런 우여곡절을 겪다 보니 집을 떠나 다시 먼 곳에 있는 고등학교로 진학하고 기숙사에서 생활해야 하는 것이 김순곤은 싫었다. 결국 집 근처의 러시아 고등학교로 진학했다. 이렇듯, 조선학교가 아닌 러시아 고등학교로 진학하게 된 이유는 순전히 집을 떠나기 싫어서였다.

> "오 학년부터 칠 학년까지는 우리 있는 데서 한 삼십 킬로미터 떨어져가지고 기숙사에 가서 기숙사 생활을 했어요. 그래, 칠 학년 끝마치곤, 기숙사 생활 시작해 끝마치곤, 그래 이제 십 학년. 어. 그거를 끝마쳐야 되는데 거기서 또 우리 사는 데 아이고 또 먼 데, 딴 데 가서 거기서 기숙사에서 살면서 공부해야 한단 말이에요. 그니까 내가 거기는 내 안 가고 러시아학교 들어가 뿌렸어요."

중학교 과정인 5~7학년에 조선학교에서는 초등학교와 마찬가지로 한국어로 수업을 했다. 러시아어도 배웠는데 주당 3~4시간 정도였다. 러시아가 서툰 김순곤에게 수업이나 일상이나 줄곧 러시아어로 생활해야 하는 러시아 고등학교가 힘든

[사진 5-3] 김순곤의 초등학교 졸업 사진

김순곤은 맨 뒷줄 오른쪽에서 네 번째에 있다. 학생들이 입고 있는 옷은 교복으로 당시 여학생들은 큰 행사가 있을 때는 흰색 앞치마를, 평소에는 검은색 앞치마를 걸쳤다.

[사진 5-4] 김순곤의 중학생 시절

김순곤은 왼쪽에서 두 번째에 있다. 맨 왼쪽은 손아래 동생이고, 김순곤의 오른쪽으로 매형, 둘째 누나, 아버지, 셋째 누나 순이다. 앞줄 세 아이는 조카들이다.

것은 너무나 당연했다. 이미 중학교 과정인 7학년을 마친 상황이라 교과에서 배우는 내용은 잘 알고 있었지만, 그 알고 있는 것을 러시아어로 표현할 수 없는 것이 김순곤에게는 큰 문제였다. 학교에서는 그런 김순곤을 고등학교 과정인 8학년이 아닌 중학 과정인 6학년에 배치하였다. 결국 다시 중학교 과정을 배우는 상황이 되다 보니 같이 공부하는 또래들보다 나이가 많았다.

"그 러시아학교 가니까네 딴 거는 다 할 수 있는데 러시아어를 몬 한단 말이에요. 그래 러시아학교 가니께네 뭐 산수 뭐 무슨 다 내 아는데 러시아어는 몬 한단 말이에요. 그러니까 내를 갔다가 팔 학년에 들어가야 하는데 칠 학년을 마치니까 팔 학년에 들어가야 하는데 내가 또 새로 육 학년을 들어갔어요. 그래 내가 삼 년이나 떨어졌지. 딴 아이들보다가 나가 더 많았죠."

## 3. 러시아학교 진학, 그리고 러시아 국적 취득

김순곤은 고등학교 졸업반인 1958년 러시아 국적을 취득하였다. 당시 대부분의 한국인들이 무국적으로 지내거나 국적을 취득하더라도 한참 이후였던 것을 감안하면 김순곤의 국적 취득은 매우 빠른 경우에 속한다. 러시아 국적을 이처럼 빠르게 취득하게 된 계기는 김순곤의 러시아 고등학교 진학이 그 배경이 된다.

당시 러시아는 고등학교를 졸업하면 병역의무를 다해야 했다. 일반적인 경우라면 고등학교 졸업반인 10학년이면 18세였다. 그러나 김순곤은 사할린 이주 당시 부모님이 러시아어를 이해하지 못해 김순곤을 등록시키는 과정에 1살이 어린 1939년생으로 올렸다. 그리고 러시아어가 서툰 탓에 고등학교에서 다시 중학 과정을 2년 더 배우는 바람에 10학년 때 이미 20살이었다.

한편 김순곤은 졸업반이 되었을 때 의아한 상황에 직면하게 된다. 같은 학급의 다른 러시아 학생들은 모두 병원으로 인솔되어 신체검사를 받았다. 하지만 김순곤은 제외되었다. 김순곤은 담임선생님께 그 이유를 물었다. 담임선생님은 김순곤이 러시아 국적을 가지고 있지 않아 군대를 가지 못하며 따라서 신체검사를 받을 필요가 없음을 알려주었다.

"그래 인제 학교에서 공부하면서 저 주민들 다 델고 가가지고 몸, 신체검사 한단 말이에요. 근데 내는 안 데려간단 말이에요! 그래 인제 내가 담임선생님한테 물어봤지. 왜 내는 안 데리고 가는가. 그때만 해도 내가 뭐 국적이 러시아 국적인가 한국 국적인가 일본 국적인가 한국의, 내는 뭐 아무것도 몰랐지. 그래 인제 그러니까, 러시아, 러시아 국적이 아니다 보니께는 안 델고 간다. 그러면 담임선생님한테 물어봤지. 그럼 어떻게 해야 되는가. 그러니까 인제 나이는 됐지, 여권 받을, 나이는. 그래 인제 여권 받으러 거 가니께네… 에, 여권, 한국 여권도 아이고 러시아 여권도 아이고… 무국적… 어, 그, 그거를 준단 말이에요. 그러니까 그거를 받으면 러시아 사람도 아이고 한국 사람도 아이고 일본 사람도 아이고."

[사진 5-5] 김순곤의 러시아학교 재학 시절
왼쪽이 김순곤, 오른쪽이 친구이다.

자신의 소속에 대해 별 생각 없이 지내던 김순곤에게 자신이 러시아인도, 한국인도, 일본인도 아닌 말 그대로 '무국적자'라는 사실은 매우 충격적이었다. 조선학교를 다녔다면 다 같은 처지라 이런 상황에 직면하지 않았겠지만 러시아학교이고 같은 학급의 다른 아이들이 러시아인이다 보니 자신만 소외되는 경험을 한 것이다.

"에, 그래가지고 인제 내가 아버지한테 와서 말했지. 러시아 국적을 받겠다. 그러니까 아버지 뭐라 하나 하면 러시아 국적 받으면 너 군대 데리고 가버리고 하모 우리는 뭐 하는가. 아 하든지 말든지 러시아 국적으로. 그러면 어데 대학이라도 갈 수 있고. 아니면 아무 데도 안 받아준단 말이오. 그때만 해도 오십팔 년도 오십팔 년도 그때만 해도 조선 사람들이 러시아 국적 받는 사람들이 없었어. 그래 내가 사 그리 해가지고 아버지 보고 그러니까 아버지가 있다가 아 너 러시아 국적 받으면 군대 데려가 버리고 하면 어떻게 인마 안 된다고 절대 안 된다고 안 되든지 내는 받겠다. 나한테 다 일본 성으로 지었단 말이에요. 아버지도 일본 성이고 다 일본 성으로 되어 있었어요. 그래 이제 밤새 아버지가 안 잔 모양이오. 새벽에 일어나가지고 그러면 우리들 것도 같이 하자. 어떻게 아들만 러시아 사람 만들겠냐."

김순곤은 아버지에게 러시아 국적을 취득하게 해 달라고 떼를 썼다. 1958년 당시만 해도 러시아 국적을 취득하는 한국인은 거의 없었다. 그리고 국적을 취득하면 러시아 군대로 데려간다고 부모님은 반대가 심하였다. 그러나 국적이 없으면 군대도 못 가고 대학도 진학할 수 없고 당연히 마땅한 직장도 가질 수 없다며 떼를 쓰는 아들의 말에 아버지는 밤새 잠을 못 이루고 고민하셨다. 결국 아버지는 아들의 뜻을 받아들여 러시아 국적을 취득하도록 허락하셨다. 그러면서 어떻게 아들만 러시아 사람을 만들겠냐며 국적을 취득하려면 가족들이 모두 함께 하자고 하셨다.

당시 김순곤을 포함하여 가족 모두가 일본 성을 가지고 있었다. 김순곤은 기왕 러시아 국적으로 바꿀 거면 일본 이름이 아닌 한국 이름인 '김'으로 국적 신청을 하겠다고 했다. 부모님이나 동생도 한국 이름으로 국적을 신청하려고 했으나 아버지는 당시 불리던 대로 일본 성으로 국적을 신청하기로 마음을 바꾸게 되는데 그동안 일본 성으로 지내온 이력이 향후 연금 수령 등에 필요할 것이라는 이유였다. 그리고 아직 나이가 어린 동생들은 아버지의 이름 아래에 놓여 있어 결국 김순곤을 제외한 다른 가족들은 일본 성으로 국적 신청을 하게 되었다.

"일본 성은 내가 싫다고 그래 인제 내 내 성으로 바꿔 달라고 그 아버지한테도 내가 아버지한테 물어봤지. 그럼 아버지 성도 김가로 고칠까… 고치자고 그러니까 아버지 있다가 그때만 해도 아버지가 인제 에, 연금 받을 시간이 됐단 말이에요. 또 시간이 그 성을 바꾸면 또 이 사람이 왜 이렇게 됐나 여기다 또 그 성가시단 말이에요. 그래 그 안에 있다가 내는 놔둬라. 그냥 너나 해라 아버지한테 동생들 둘이 같이 있었단 말이에요. 그러니까 그 아이들은 그건 안 되지. 아버지 성이 일본 성으로 그래 그래가지고…."

러시아 국적을 신청하기 위한 청원 서류는 각 사람당 3부를 제출하도록 되어 있었고 각 부당 30장 정도에 달해 한 사람이 적어도 90장 정도의 서류를 제출해야 하는 방대한 작업이었다. 힘들고 어렵게 가족 모두의 서류를 작성하여 당시 국적 신청을 위한 기관이 있는 모스크바의 모처로 보냈다. 3개월 후, 당시 사용 중이던 일본 성으로 신청한 부모님과 동생들의 국적 신청은 별 어려움 없이 받아들여졌다. 그러나 한국 성인 '김'으로 성을 바꾸어 신청한 김순곤은 이 점이 문제가 되어 서류심사에 통과하지 못했다. 김순곤을 제외한 다른 가족들의 서류를 받아 든 김순곤의 아버지는 큰아들이 고집하여 러시아 국적을 신청하였는데 정작 아들인 김순곤은 러시아 국적을 취득하지 못하고 다른 가족은 모두 러시아 사람이 되어버렸다고 아들에게 원망 아닌 원망을 하셨다. 아들의 장래를 위해 어쩔 수 없이 러시아 국적을 취득하기로 했지만 아버지에게 러시아 국민이 되는 일이 그리 즐거운 것은 아니었다. 사

[사진 5-6] 김순곤의 부모님과 두 남동생

러시아 국적을 취득할 때 한국 성인 '김'으로 국적을
취득한 김순곤과 달리 동생들은 아버지의 일본 이름을
그대로 물려받았다. 국적 취득 당시 미성년으로
아버지의 호적에 함께 등재되어 있던 탓이다.

회적 변화에 의해 일본인으로도 살다가 또다시 러시아인으로 살아야 하는 선택이
었을 뿐인 것이다.

"그래가지고 이제 새로, 다 부모들하고 다 서류를 갖다가 한 사람에 이렇게, 이
렇게 써가지고 모스크바로 다 보냈어요. 이제 내 오십팔 년도에. 그래가지고 보냈
어요. 보내가지고 한~ 오래 기다렸어. 기다리고 하시니까 허가 나왔어. 나왔는데
아버지 어머니한테는 다 나오고 동생들은 아직 나이가 안 찼으니까 아버지한테 합
쳐져가지고. 내는 나이가 찼으니까 내… 여권 받을 그 됐으니까. 그래 허가 나왔는
데 아버지 어머니한테는 나오고 내는 어디 뭐 잘못 썼다고 안 나왔어. 그러니까 아
버지가 원~ 우리한테는 러시아 사람 만들어 놓고 러시아 사람 다 만들어 놓고 너
혼자만 쏙 빠져나갔냐~ (웃음) 그러니 또 새로 가지고 가서 또 서류 새로 써가지고
또 보냈어. 그래가지고 또 새로 서류를 보내가지고 또 보냈지. 또 보내니 한 한 달
있으니까 허가 나오고 허가 나와서 그래 그 러시아 국적 받았지. 국적 받자마자 러
시아학교 십 학년 끝마쳤지. 학교 끝마치자마자 러시아 이 이 십팔 세 되면 군대 데
려가잖아요. 그러니까 내 학교 끝마치자마자 내 군대를 들어가 버렸어."

김순곤은 다시 추가로 서류를 작성하여 모스크바로 보냈고 이후 한 달이 지나자 러시아 국적이 나왔다. 김순곤은 한국 성인 김씨로 러시아 사람이 되었지만 다른 가족들은 일본 성으로 러시아 사람이 된 이유이다.

## 4. 군 입대, 제대, 그리고 결혼

　　러시아 고등학교를 진학한 것이 사실상 계기가 되어 김순곤은 10학년인 1958년 러시아 국적을 취득하였고 졸업과 동시에 러시아 군에 입대하였다. 김순곤은 사실 1938년생이다. 그러나 부모님이 러시아에 입국할 당시, 러시아말로 의사소통이 제대로 안 된 까닭에 당시 서류를 작성한 사람이 김순곤의 외모를 보고 대충 1살이 어린 1939년생으로 등록하였다. 러시아에서는 18세에 군대에 가지만 김순곤이 고등학교 졸업반일 때 이미 20세를 넘긴 나이였다. 졸업 즈음에 비로소 러시아 국적을 취득한 탓도 있고 이미 군대 갈 나이를 지난 터라 김순곤은 고등학교를 마치자 바로 러시아 군에 입대하였다.

　　"허가 나와서 그래 그 러시아 국적 받았지. 국적 받자 말자 러시아학교 십 학년 끝마쳤지. 십 학년 끝마치고 나니까 아 그것도 내가 그 뭐라 하나 그 국적 받을 적에 삼십팔 년생이 아니고 삼십구 년으로 있었단 말이요. 그냥 삼십구 년으로 그냥 그대로 해도 그거 서류 다 쓰지 아버지 어머니 러시아말도 모르고 거기 가가지고 나한테 몇 년생인가 물어봐도 모르고 나이가 몇 살이나 물어도 모르고 하니까 대강 이렇게 그 삼십구 년이라고 난 그냥 그 사람이 써놔버렸다고. 그러니 또 학교 조선학교 갈 때도 일본 사람들도 모르고 하니까 학교도 늦게 갔지. 그러다 보니 또 조선학교 칠 학년 끝마치고 러시아학교 들어가니 또 이 년 더 다니고 했으니까 학교 끝마치자마자 러시아 이 이십팔 세 되면 군대 데려가잖아요. 그러니까 내 학교 끝마치자말자 내 군대를 들어가 버렸어."

당시 러시아 군대의 복무 기간은 3년이었다. 김순곤은 군 생활 중 첫 1년은 훈련을 위해 블라디보스토크 근처의 프리모르스키 크라이라는 곳에 있었다. 1년간의 훈련 내용은 비행기 수리를 배우는 것이었다. 1년의 훈련이 끝나자 김순곤은 사할린에 있는 부대로 배치받는다. 그리고 나머지 2년간의 군 생활은 비행기를 수리하는 일을 하였다. 비록 부대가 사할린이었지만 집에서는 멀리 떨어진 곳이라 가족들을 자주 보거나 할 수는 없었다.

"삼 년 동안 훈련하는데 에 거기서는 러시아 훈련 받을 적에 일 년 동안 비행기 고치고 뭐 하는데 거기서 일 년 동안 공부했어. 군대에서… 군대에서 그 공부를… 그담에 거기서 일 년 있다가 그 일 년 그 처음에는 갔을 때 어디를 갔나 하면 쁘리몰스키 크라이라고 거기서 훈련했지. 일 년 그래 그 학교 끝마치고 내를 또 사할린으로 보냈어. 우린 매일 군인인데 그 또 딴 데로 그기로 보냈어. (사할린이지만) 그지만은 내 살던 데하고 멀지. 멀지만은 그래 그리 와가지고 이 년 동안 마저 훈련하고… 비행기에서 다 일했지. 그래 이제 군대 다 삼 년 다 훈련 다하고 난 뒤에…."

**[사진 5-7] 군대 시절의 김순곤**
고등학교를 졸업하고 바로 입대한 김순곤은 군대에서
비행기 정비를 배웠다. 뒤에 보이는 비행기가 당시
김순곤이 정비하던 비행기이다.

군 생활 3년을 마치고 집에 돌아와서 일자리를 구했다. 그러나 비행기 정비 일 배운 것 외에 달리 할 수 있는 일이 없었다. 일자리를 여기저기 구했지만 받아주는 곳도 없었다. 그때 이웃 사람의 지인인 러시아 사람이 탄광에서 근무하는데 한번 와보라고 해서 갔더니 일을 할 수 있도록 주선을 해주었다. 탄을 싣는 전기차를 배차하는 일이었는데 군 생활 동안 어렵게 배운 비행기 수리와는 전혀 관계없는 일이었다.

"십 학년 끝마치고 군대 갔으니까 아무 지연도 없고, 아무 할 수, 일할 수 있는 배우 논 게 없다만은 그래 여기 가도… 아무 데도 낼 받을 수가 없다 말해요. 그게 아는 사람의 아는 사람이. 러시아 사람, 이웃에 사는 사람이 자기 무슨 책임자인데 자기한테 오면 받아줄게. 그래 그게 어디냐면 탄광. 탄광에. 전차에 탄 싣고 나오는데 이렇게… 저, 저, 전철, 그 뭐라 하니 하여간 전기 차. 그, 탄광에서 탄 파내는 거 싣고 밖으로 싣고 나오는데 그 그게 가면 이게 전기, 일, 전기 이렇게 있는데 그걸 댕기면서 여기 이 일 안 하는 거 밭 사이 넣고…."

탄광에서는 한 1년 정도 일했다. 봉급도 적었고 이대로 살 순 없다고 느끼고 있을 무렵, 김순곤은 셋째 누나의 소개로 선을 본다. 시집을 가서 사할린의 주도인 유즈노사할린스크에 살고 있던 누나가 이웃에 있는 참한 처녀를 소개하였다. 누나네 집에 가서 한 보름 정도 머물며 만나고 몇 달 후 결혼을 하였다. 그해가 바로 1964년이었다.

"탄광에 탄광에 일하러 가니까 다 어디 뭐 월급도 조금 주고 하는데 그래서 거기서 탄광에 거기서 일하다가 일 년 일하다가 아 그래가지고 인제 장가가게 됐지. 중매로… (아내는) 내보다 세 살 더 적지. 그래가지고 이제 내는 촌에 살고 있었고 아내는 유즈노사할린스크 사람이었어. 거기 있었단 말이요."

| [사진 5-8] 김순곤의 결혼사진 | [사진 5-9] 재봉사 김순곤의 아내 |
|---|---|
| 결혼식 때 김순곤은 정장을, 아내는 흰색의 웨딩드레스를 입었다. 드레스는 재봉 일을 하던 아내가 손수 재단하여 만든 것이다. | 아내는 평생 재봉 일을 했다. 러시아에서는 부부가 맞벌이를 하지 않고는 생활이 쉽지 않아 대부분 맞벌이를 한다. 아내는 중학교를 졸업하고 시작한 재봉 일을 결혼 후에도 계속해서 가계를 도왔다. |

## 5. 항공학교 진학, 그리고 생업이 된 비행기 일

결혼하고 몇 달 정도 지났을 때, 러시아 고등학교를 같이 다닌 친구가 찾아왔다. 그는 김순곤에게 함께 항공학교에 가자고 권유를 하였다. 군 시절을 비행기와 보낸 인연도 있던 터라, 김순곤은 별다른 망설임 없이 친구와 함께 에꾸스크 항공학교로 떠났다. 항공학교에서 3년간 공부하는 동안은 방학 때나 되어야 집에 돌아와 아내와 지냈다. 항공학교를 마치고 돌아와서도 1년 6개월 함께 머무른 후에 다시 우크라이나 북부에 있는 또 다른 항공학교에서 6개월을 더 공부하였다. 신혼생활을 하는 둥 마는 둥하고 남편이 항공학교에서 공부하는 동안 아내는 친정에서 지내며 아이를 낳아 길렀다.

　　"그래 거기서 이제 하다가 아내는 거기에서 하고 내는 거기서 한 몇 달 같이 있다가 뭐 했나 하면 러시아 친구, 같이 십 학년 끝마친 동무하고 이렇게 공부하러 가자고. 그래 공부하러 가가지고 예꾸스크(이르쿠츠크) 항공학교, 내 거기 가가지고 끝마치고 거기가 이… 이 년 반… 삼 년 공부하고 … 집에 와서 거기서 한 일 년 반 일하다가 또 또 우크라이나 북부에 항공학교에 가서 또 한 육 개월인가 공부하고 와서 하고 와서 또 그래 그담에 비행기 타기 시작했지."

　　러시아학교, 러시아 국적 취득, 러시아 군 입대, 고등학교 친구의 권유, 그리고 항공학교에서의 수학으로 이어지는 인연의 끈은 김순곤을 러시아사회의 '주변'에서 그들의 '속'으로 들어가게 밀어 넣어주는 하나의 매개로 작용하였다. 비록 제대 후에 제대로 된 일거리를 찾지 못해 한동안 어려움을 겪었지만, 이후 비행기 기관사라는 안정된 삶으로 나아가는 행로를 마련해준 기반이 된 것이 바로 그러한 연결 고리들이었고 그것들이 그의 삶에 긍정적으로 작용한 까닭이었다.

　　항공학교에서 공부를 마치고 비행기 기관사로 일을 시작한 것은 1971년이었다. 당시 비행기는 조종사, 부조종사, 기관사, 기록 담당 등 4~5명의 승무원이 손님을 태우고 운행을 했다. 김순곤이 타던 비행기는 48명을 정원으로 하는 작은 비행기였다.

　　김순곤은 은퇴하던 1998년까지 27년간 성실하게 기관사로 일하였다. 다른 한국인들에 비하여 일찍 러시아 국적을 취득하여 비행기 기관사라는 비교적 안정된 직업을 가진 탓에 남들에 비해 경제적으로 큰 어려움 없이 자녀들을 키우며 살 수 있었다. 비행기를 운행하다 보니 몇 번 러시아 정부에서 그의 부모나 이력에 대해 뒷조사를 하는 일도 있었다. 그럴 때마다 서류를 보라고 러시아 국적을 가진 사람이라고 응대했다.

"그걸 배우고 와가지고 그다음에 거기서 한 2년 동안에 일하다가 지금은 비행기 요새는 조종사 둘밖에 없단 말이에요. 우리들 때만 해도 조종사 둘이 기관사, 또 무슨 연락하는 사람, 한 네 명 네 명 아니면 다섯 명이서 한 비행기서 그래 그 조종사는 아니고 기관사로 71년부터 98년도까지…처음에는 거 비행기가 사십 여덟 명… 경제적으로는 그 그렇게만 해도 딴 딴 사람들한테 비교하면 사회적으로 차별받는 일은 아니 딴 사람들은 모를까 내는 내한테는 그런 이게 그런 차별하는 그런… 모르겠어요. 나는 58년도에 에 러시아 국적 받았으니까 예 그 사람들은 아직 늦게 받았으니까 군대 안 가겠다고 그래 이제 나이가 다 군대 갈 시간 넘으면 넘어가지고 다 그거 받았단 말이에요. 비행기를 타고 일본 땅인 쿠릴로 다니다 보니까 그거는 한국 사람이라고 하는 게 아이고 내가 그 비행기 타기 시작했지. 비행기 타기 시작하니까 그래도 뒤에 보는 사람이 있는 모양이데요? 그래 와가지고 나한테 물어 와가지고 물어본단 말이에요. 부모들이 어디 가 있고 뭐 어디에 있고 다 물어본단 말이요. 그래 내가 마 그거 뭐 나한테 물어볼 것 있다고 그 이직한 직장에 가면 내 꺼 서류 거기 다 있다고. 거기 가서 찾아보라고 그래요. 뒤에 어떻게 그래 그래서 몇 번 러시아 정부에서 그렇게 조사를… 그렇지요."

비행기 기관사로 보낸 27년은 늘 다람쥐 쳇바퀴 도는 것처럼 바쁜 삶의 연속이었다. 근무시간은 한 달에 총 60시간 정도였다. 비행이 있는 날은 비행시간에 맞추어 보통 아침 5시경에 일어났다. 당시만 해도 시내에 버스가 다니지 않던 터라 비행이 있는 날은 공항에서 직원들을 태우기 위해 보낸 버스가 집으로 왔다. 일단 비행을 하면 갔다가 다시 돌아오는 왕복 스케줄이었다. 비행을 한 번 다녀오면 그다음 날은 이틀 정도 쉬고 다시 비행을 하는 식으로 일을 했다.

"그거는 아침에 날아갈 때는 다섯 시에 일어나가지고 그때만 해도 시내에 버스가 안 다닌단 말야. 버스가 와가지고 공항까지 실어가지고…한 달에 육십 시간을 일하다 보니 오늘 일하러 갔다 오면 이틀을 놀든지 사흘을 놀든지 안 그러면 오늘 일하고 내일 일하고 피곤하니까…."

[사진 5-10] 비행기 기관사 시절의 김순곤

비행기 기관사로 8년여 근무하던 1979년경 한인신문에
실린 김순곤의 모습이다. 우여곡절 끝에 꿈을 이룬 김순곤은
한인들의 자랑이기도 했다.

[사진 5-11] 김순곤과 비행기 기관사 동료들(1986)

맨 오른쪽이 김순곤이다. 그 옆으로 부기장, 기장, 기록담당자
순이다. 기장은 사고로 사망하여 지금 기억해도 너무나
안타깝다. 부기장은 은퇴 후 만나고 싶어 찾았으나 소재를
알지 못하고 기록담당은 지금도 연락을 주고받고 있다.

김순곤은 은퇴하기 전까지 사소하게 다치거나 하는 일은 있었지만 큰 사고 없
이 은퇴할 수 있었다. 비행기 사고로 동료들 중에 죽은 이도 있고 크게 다친 이도 있
으니 운이 좋았다 여긴다.

"응 여기는 조종사 그리고 이 사람도 두 번째고 이 사람은 죽고 없고, 이 사람은
지금 모스크바 있고, 이 사람은 내가 찾으려 해도 못 찾겠어. 이 사람은 사고 났어.
비행기 타고 가다가 군대 비행기랑 부딪혀서 사람들도 다 죽고 비행기도 떨어져버
렸어. 이거는 뒤에 안 써놨나? 써놨네 팔십육 년."

## 6. 순발력으로 비행기 사고를 막다

기억에 남는 사고는 은퇴하기 4~5년 전쯤 있었던 일이다. 비행기 정비 결함으

로 엔진이 꺼지는 사고를 당했다. 하지만 김순곤이 침착하게 매뉴얼대로 수동으로 엔진을 살려 승무원과 승객들 모두 무사히 착륙한 일은 지금도 그에겐 자랑스러운 기억으로 남아 있다. 사고는 유즈노사할린스크에서 쿠릴까지의 노선을 운행하던 때였다. 정비 불량으로 비행기 두 날개에 실려 있는 기름 중 한쪽 날개의 기름만으로 왕복 운행을 해야 하는 상황이 벌어졌다. 김순곤은 안전을 위해 쿠릴에서 하룻밤 묵고 정비를 해서 돌아가자 조종사에게 건의했다. 하지만 당시 변덕스런 쿠릴 날씨로 자칫 여러 날을 쿠릴에서 보낼 수도 있다고 판단한 조종사는 당일 운항을 고집하였다. 설 명절을 며칠 앞으로 둔 시점이라 설을 쿠릴에서 보내게 될까 염려한 탓이었다.

"그거는 몇 년도나… 내가 98년도에 일 끝났으니까 그것이 한 구십사 년도 일거라. 거기 우리 열도 쿠릴 있잖아요. 일본 사람들이 달라 하는 쿠릴… 거기 우리 비행기가 거기까지 날라 다녔단 말이오. 사할린서. 거기도 날라 왔다 갔다 하고 다 했는데 한번은 날라 가는데 땅에서 일하면서 그 뭐라 하나 석유 기름이 엔진에 들어오는데 그거를 갖다가 일로 들어와야 되고 일로는 안 나가야 되는데 그거를 갖다가 이렇게 바꿔 놔버렸어. (정비하는 사람이 실수로) 일부러 하려고 한 건 아니고. 그래가지고 우리 날라 갔지. 쿠릴까지 날라 가가지고. 기름이 날개에 기름이 많이 있다가 보니까. 갔지. 그래 거기 거기서 기름이 이짝 날개 이짝 날개 두 날개에 있거든요. 날개에 기름이 들어있거든요. 그래 이짝 한쪽 날개 것은 기름이 하나도 안 빠져 나왔고 엔진에. 이짝 날개에 것만 두 개 다 일했단 말이지 엔진이. 두 개 다 일했단 말이지 그래 이제 남아 있는 기름이 집에까지 오려면 자랄까 안 자랄까 이짝에는 가뜩 차 있지마는 못 빠져나온다 말이지. 이것이 잘못 끼워 놨으니까. 그래 이제 이쪽에 기름을 넣으려니까 쿠릴에서. 기름이 없단 말이야 쿠릴에서. 쿠릴에서 그래 돌아올 수 없잖아요. 그래 인제 할 수 없어가지고 내가 있다가 '자자' 했지. 아 그거는 언제나 하면 어 섣달에 12월 달에. 잘못 끼운 거는 발견한 것이 아니라 기름이 안 나오니 그거를 잘못 끼웠다고 짐작한 것이야. 그래 조종사 보고 내가 있다가 못 가니까 기름이 모자랄까 하다 보니까 여기서 자자. 그담에 사람들 불러가지고 이거

[사진 5-12] 새고려신문에 실린 김순곤의 기사

큰 사고로 이어질 뻔했던 당시 사고 이야기는 《새고려신문》에 실리기도 했다. 김순곤의 순발력으로 모두의 생명을 구할 수 있었다.

[사진 5-13] 김순곤과 동료 비행기 기관사들(1997)

1998년 기관사로 은퇴를 했으니 은퇴를 1년여 남겨둔 시점이다.

를 바꿔 넣어가지고 가자 그러니까 조종사가 여기 남으면 우리 설을 여기서 쉬어야 한다. 아직 설은 아니지만 날씨가 변덕스럽다 보니 비행기가 못 갈 수도 있고 자다 보면 설은 여기서 쉬어야 한다 하니 조종사가 기름이 얼마나 남았는지 나에게 묻고 항해사가 계산하더니 기름이 그만하면 날아간다. 조종사가 날아간다니 어떻게 그래 날아갔지. 그래 유즈노사할린스크 다 와가지고 내려가기 시작했어. 근데 기름이 없다 보니까 비행기가 아래로 향하니 엔진이 하나가 훅 꺼져버렸어. 그러더니 다시 나머지 엔진이 훅 꺼져버렸어. 엔진이 두 개가 다 꺼져버렸어. 우리가 사천칠백 킬로미터 되는 곳에 있었거든. 엔진이 다 꺼져버렸으니 그 속도로 날라 갔단 말이지. 그래 내가 수동으로 엔진을 살려 버렸어. 그래 제대로 작동은 안 해도 비행기가 이렇게 날고 나머지 엔진도 내가 다시 살려 버렸어. 그래 조종사가 관제사에게 우리가 활주로 못 돌겠다. 바로 앉아야겠다 해가지고 바로 앉아 버렸지. 매뉴얼을 보고 내가 엔진을 살려 살았지. 그래 나중에 되게 시끄러웠어. 우리가 실수로 엔진을 껐다 그래도 조사해서 오해가 풀리고 정비하던 사람도 우리가 다 살아내려 왔으니까 괜찮았어."

결국 비행기를 운항하였고, 목적지인 유즈노사할린스크 근처까지 무사히 왔다. 하지만 착륙을 위해 비행기의 몸체가 아래로 향하자 남아 있는 연료가 한쪽으로 쏠려 엔진에 연료가 공급되지 않게 되었다. 엔진 2개 중 하나가 먼저 꺼지고 이어 다른 엔진이 꺼져 비행기는 곧 추락할 위기에 처했다. 하지만 김순곤은 침착하게 매뉴얼대로 수동조작을 통해 엔진을 차례로 살려 내었다. 비행기는 비상착륙으로 무사히 착륙했고 다행히 아무도 다치지 않았다. 비록 그 이후 책임소재를 놓고 설왕설래가 있었지만, 잘 해결되었고 무엇보다 모두의 안전이 확보된 경험은 소중하고 기쁜 기억으로 남아 있다.

# 7. 기와집과 통나무집

김순곤의 아버지가 사할린 이주를 선택한 결정적 계기는 고향에 있는 '기와집'이었다. 당시 김순곤의 아버지는 고향에 집을 짓고 있었다. 집을 다 짓고 지붕에 기와를 얹는 도중에 그만 기와가 부족했다. 그러나 돈이 없어 그 부족한 기와를 구입할 수 없었다. 결국 나머지 부분은 짚으로 덮어서 지붕을 마감하였다. 아버지는 그 나머지 부분도 기와를 얹고 싶었고 기와를 사기 위해 필요한 돈을 벌기 위해 사할린행을 선택했다. 잠시 사할린에 머물며 돈을 벌어 고향으로 돌아올 작정으로 떠난 길이었다. 고향으로 돌아오면 못다 이은 기와를 얹어 번듯하게 집을 마무리하고자 떠난 사할린 길이었다. 그러나 아버지는 당신의 그 선택이 아버지는 물론 자식들까지 고향을 잃고 실향민으로 나머지 삶을 동토의 땅 사할린에서 살도록 할 줄은 전혀 알지 못하셨다. 당시 사할린으로 이주한 사람들 중 많은 사람들이 강제징용이라기보단 돈을 벌기 위해 자발적으로 간 경우가 많았다. 물론 젊고 딸린 식구가 없는 사람들 중에는 강제로 끌려간 사람들도 많이 있었다.

"내가 알기는 여기 사람들 다 일본이 일부러 데려간다 했지마는 내 아버지는 고향에 경상북도 의성에 집을 지어 놓고 지붕을 이으려고 하니까 기와집은 지어 놓았는데 지붕을 이으려고 하니까 돈이 없어가지고 짚 가지고 이어 놓고 화태 땅에 거기 우리 사할린으로 돈 벌려고 갔는데 (중략) 아버지한테는 아무 친척도 없고 있다고 해보았자 육촌 있고… 내가 이렇게 아버지 고향이 있다고 하지마는 어딘지도 모르고 육촌 있다고 해도 어디 있는지도 모르고… 아버지는 사할린에서 돈벌어가지고 와가지고 집 지붕 이으려고 그래… 갔지… 사람들은 다 말로는 일본 사람들이 강제로 끌어갔다 하지마는 강제로 끌어간 사람들은 그 뭐랄까 젊은 사람들 식구도 없고 아무도 없는 사람들은 강제로 끌어갔지마는 어지간한 사람들은 다 돈 벌러 갔지…."

이미 다섯 아이의 가장이었던 아버지가 그 식구들을 다 이끌고 사할린으로 갔으니 고생은 이만저만이 아니었다. 사할린에서 아버지는 다시 일본 탄광으로 돈을 벌기 위해 떠났다. 남겨진 가족들은 어머니가 탄광에서 탄차에 탄을 싣는 노동을 해서 번 돈으로 생계를 이어갔다. 이후 일본이 전쟁에 패망하고 러시아에 남아 있던 일본인들은 본인이 남기를 자청한 몇몇 경우를 제외하곤 다들 일본에서 보낸 배를 타고 서둘러 떠나갔다. 그러나 일본인도 러시아인도 아닌 신분의 한국인들은 '무국적자'로 낯선 사할린 땅에 남겨졌다. 그들을 데리러 오는 모국의 배는 없었다. 그들 한국인들은 일본인들이 남겨두고 떠난 낡은 일본식 가옥에서 가구별로 방을 하나씩 나누어 쓰며 추위와 가난을 버텼다. 집 한 채를 여덟 가구가 나누어 썼다. 그러나 워낙 오래되고 낡은 집이라 겨울을 나기엔 너무나 열악한 환경이었다. 아침에 일어나 보면 방 안에 있던 물조차 꽁꽁 얼어붙기 일쑤였다. 이후 러시아인들이 통나무로 집을 지어 한국인들에게 팔았다. 김순곤의 부모도 어렵게 그런 통나무집을 빚을 얻어 장만하였다.

"일본 사람들이 지어 놓은 집이 주택 이렇게 집을 지어 놓았는데 한 집에 여덟 가구… 그렇게 살았어… 주방 있고, 다른 방 있고, 그 뭐라 하나… 화장실이 그 집

[사진 5-14] 소년 시절의 김순곤의 모습

집 앞에서 찍은 사진이다. 사할린 이주 초기에는
일본인들이 살다 떠난 일본식 가옥에 여러
가구가 함께 살았다. 이후 러시아인들이 목재로
지은 집을 지어 한인들에게 팔았고 배경에 있는
집을 부모님은 어렵게 장만하셨다.

안에… 방 한 칸에 한집 식구들이 살았지요. 이 층도 있고… 공동주택과 같은 개념
으로 그렇게 해가지고 살다가 집이 하도 오래 돼놔 놓으니까 일본 사람들이 지어
놓은 집이 일본 사람들이 전쟁 끝나고 가버리고 나서 남겨진 빈 집에 사는 것이다
보니… 그렇게 살다가 겨울이 되니 얼마나 추운지 자고 일어나면 물이 다 얼어 있
고. 그래가지고 어떻게 해가지고 러시아 사람들이 집 짓는 거 나무 통나무 가지고
쌓아올린 것. 러시아 사람들이 지어가지고 파는데 우리가 사가지고 빚을 지고 사
가지고 이래저래 고생을 많이 했지….”

## 8. 끝내 어머니의 한(恨)으로 남은 고향집

그런 힘든 시간을 견디게 한 것은 고향에 두고 온 기와집에 대한 그리움과 기
대가 큰 몫을 했다. 아버지와 어머니는 그 기와집에 대한 이야기와 두고 온 고향에
대한 그리움을 자주 말씀하시곤 했다. 수십 년이 흐른 뒤인 1991년 어머니가 둘째
누나와 모국을 방문하였을 때도 그 집에 대한 적극적인 방문 의지를 피력하셨다. 당
시 부산에 살고 있던 누나에게 고향집에 가보자고 하지만 전쟁 후에 한국으로 돌아

[사진 5-15] 영주귀국 하기 전 아내와
모국을 방문한 김순곤(1993)
사진은 아내가 친정을 방문하여 친척들과
함께한 모습이다.

와 고향집에 대해 잘 알고 있을 큰누나는 어쩐 일인지 어머니를 고향에도 고향의 옛
날 집에도 안내를 하지 않았다. 어머니가 조르니 어쩔 수 없이 경북 의성까지 갔지
만 터미널에서 바로 돌아가자고 하였다. 오랜 세월이 흘러 집을 혼자서 찾아갈 수
없었던 어머니는 어쩔 수 없이 경북 의성까지 가서도 두고 온 마을과 그 마을에 남
겨져 있을 집을 방문하지 못했다. 누나는 그 고향집이 전쟁 통에 폭격을 맞아 다 부
서졌다고만 하고 옛날에 살던 마을과 그 마을에 있었을 철도 너머를 끝내 보여주지
않았다. 둘째 누나는 어머니를 모시고 옛 기억을 더듬어서라도 그 기와집을 찾아도
보고 싶었지만, 이미 수십 년이 지나 변해버린 도로와 길을 더듬어 옛날 집을 찾는
것은 어려운 일이었다.

    "큰누나가 구주로 나와가지고 매형하고 구주로 나와서 일본 있다가 전쟁 끝나
고 한국으로 나왔지. 의성 우리 아버지 집으로 가가지고 살다가… 그래 어머니가
모국 방문을 왔어. 91년돈가? 어머니하고 둘째 누나하고 같이 왔어. 부산으로 누나
만나러… 그때만 해도 며칠 왔나. 보름인가 왔어. 그래 인제 어머니가 누님하고 와
가지고 어머니가 의성에 가보자 우리 살던 데 의성에 가보자 그러니까 누님이 뭐
라 하나 하면 어머니보고 의성에 가면 뭐 보려고 뭐 볼 거 있는데 그래도 내가 거
기 평생 살았는데 이웃에라도 만내 보고 하니 다 죽고 없고 하면서 집도 없다고 집
은 왜 없는가 하니까 아 집은 전쟁 때 폭탄이 떨어져가지고 다 없어져버렸다고 그

래 인제 그래도 가보자 (어머니가 우기니까) 그래 기차 타고 의성까지 갔대요. 의성까지 가가지고 의성에서 정거장에서 내려가지고 두 번째 누나는 의성에서 학교도 다니고 했으니까 내려가지고 정거장에서 보니까 길이 보이고 그 길 너머 철도 넘어가면 우리 집이 있는데 그래 가자 하니까 자기 아들 큰누님 둘째 누님 어머니 넷이 갔다 말이지. 그래 둘째 누님이 길 아니까 같이 가자 했으면 어머니도 따라갔을 텐데 큰누님이 에 가자 도로 가자 하면서 기차표 사가지고 이까지 와봤으면 됐잖아 하면서….”

어머니와 둘째 누나가 1991년 먼저 고국 방문을 한 이후, 김순곤은 1993년 아내와 더불어 한국에 왔다. 어릴 적 헤어져 기억조차 없는 큰누나이지만 부산에 살고 있는 큰누나 집을 방문하였다. 먼저 모국방문단으로 왔던 어머니와 둘째 누나에게 큰누나에 대해 들었던 바였지만, 큰누나의 형편은 매우 어려워 보였다. 부산 영도의 산비탈에 있는 큰누나의 집은 너무도 협소하여 김순곤과 그의 아내가 누울 자리도 없었다. 그러나 누나는 한사코 자고 가라고 권했고 김순곤과 아내는 싱크대 앞쪽 공간에 자리를 깔고 누웠다. 머리와 다리가 이쪽 벽과 저쪽 벽에 닿는 좁은 공간이었다. 어려운 처지에 있는 큰누나를 보고 시골집에 대해서는 그저 짐작으로 누나가 처분하거나 했을 거라 여겼다.

“그래 와가지고 누님 집을 찾아가가지고 그럴 적에만 해도 누님… 내도 와 봤지만 오두막집에 부산에 거기 영도에 산비탈 밑에 조그만한 오두막집에 내가 그럴 적에 몇 년도에 왔었나 구십사 년인가 (엄마랑 누나랑 먼저 오고) 내가 집사람하고 그럴 적에 와가지고 부산에 이모집에 있었단 말이요. 집사람 이모집에 거기는 가니까 좋은 집 아파트 거기서 있다가 내가 누님집 찾아갔어. 찾아가니까 참말로 오두막집에 하룻밤 잘라 해도 잘 데도 없어. 그래 내가 이제 주방에 이불 펴주는데 이렇게 누부니까 발은 이짝 벽에 머리는 이짝 벽에 그래 하룻밤 거기서 자고 이쪽 친척 집에 와가지고….”

어머니는 그렇게 경북 의성까지 갔다가도 고향 마을과 집이 있던 자리를 가보고 오지 못한 것이 끝내 한이 되셨다. 김순곤에게도 늘 부모님께 듣던 그 집에 대한 궁금함과 확인하고 싶은 욕구가 남아 있다. 그러나 아기였을 때 고향을 떠난 김순곤이 경북 의성의 집터가 어디인지 알 수도 없을 뿐더러 혹시 안다고 해도 김순곤이 고향 집터를 들러 보았다는 것을 큰누나가 알면 어쩔까 싶어 망설여진다.

"그래 돌아가실 때까지 어머니가 거기까지 가가지고 못보고 오는 게 한이 되셨어… 내도 내가 그 집을 요구하자는 게 아니고 그저 내가 의성에 아는 사람이든 친척이든 있었으면 내가 그 집을 구경이라도 하려고 했는데 또 거까지 찾아갔다 하면 누님이 뭐라 할까 싶어서 내도 가보지도 안 하고 내 생각에는 살기 바쁘고 하니까 그 집을 팔고 부산으로 이사 나온 모양이야. 아버지가 그 집 때문에 사할린까지 가고 했으니 그 집을 팔고 한 것이 죄책감이 있어서. 내 생각에는 그래요. 내가 자꾸 누님보고 물어볼라 해도 치매도 오셔가지고… 어머니가 돌아가실 때까지 한번 가보지 못한 것이 원이 되셨어요."

고향집 지붕을 이을 기와를 위해 돈을 벌겠다고 떠나간 고향을 끝내 아버지와 어머니는 돌아가지 못하셨다. 아버지는 74세 되던 해 노환으로 돌아가셨다. 어머니는 아버지가 돌아가시고 20년을 더 사시다 94세에 사망하셨다. 부모님은 돌아가실 때까지도 고향을 떠나는 원인이었던 그 고향집을 아쉬워하셨고 그리워하셨다.

"아버지는 일흔네 살에 돌아가셨어요. 그때만 해도 칠십 년 살았다 하면 많이 살았다 했어. 그리고 어머니는 아흔네 살까지 살았어. 아버지가 돌아가실 때 어머니보고 내 먼저 갈게 삼 년만 더 있다가 온나 했어. 그런데 이십 년을 더 사셨어. 하하, 어머니도 돌아가실 때 한 한달 기운이 없어서 누워 있다가… 돌아가시기 전까지 자기 손으로 빨아 입고 다 하고…."

## 9. 영주귀국, 그리고 이후

　은퇴 후에 김순곤은 식당도 하고 의류를 판매하는 일도 잠시 했다. 영주귀국을 결심하는 일이 쉽지는 않았다. 그런데 함께 어울려 지내던 사람들이 대부분 영주귀국을 선택했다. 마음이 크게 흔들렸다. 사할린에 친구도 없이 남겨질 것이 걱정이 되었다. 고심 끝에 김순곤이 영주귀국을 결심하는 데 결정적으로 영향을 미친 것은 '집'이었다. 물론 사할린에도 집이 있었지만 영주귀국 한 사람들에게 주어지는 주택은 부모의 땅이자 자신들의 고향에 '머물 곳'이 있다는 의미였기 때문이다. 아버지가 '집'을 위해 고향을 떠난 것처럼 김순곤은 '집'을 위해 다시 고향으로 돌아왔다.

　영주귀국 하고 마주하게 된 한국에서의 삶은 녹록하지는 않았다. 우선은 언어가 문제가 되었다. 어릴 적 조선학교를 다니고 대부분 한인들과 어울려 지냈지만 긴 세월을 지나 성큼 다가선 한국에서 접하는 많은 것들이 낯설었다.

　"우리는 절반 절반이에요. 러시아말도 잘 못하고 한국말도 모르고 이렇게 되었어요. 한국에 오니까 한국말도 그저 하는 말만 알지 뭐. 테레비 보면 하나도 몰라요. 그저 번역하려고 핸드폰 들고 그 말이 무슨 말인가 알고 싶으면 어려운 말은 하나도 몰라요."

　한국에서 또한 가장 낯설었고 지금도 여전히 익숙해지지 않는 점 중 하나는 아파트에서 마주친 한국 사람들의 태도였다. 같은 아파트에 사는 사람들에게 먼저 인사를 하고 말을 붙여도 사람들이 좀처럼 가까워지지 않는 것이 영 이상하였다. 서운하기도 하고 자신들을 꺼리는 듯도 하여 불쾌하기도 하였다.

　"우리가 사할린에서 아파트에 살았어요. 아파트에 살았는데 아파트 쪽에 러시아 사람들이라도 그 사람들은 나가면 인사하고 들어오면 인사하고 밖에 나가면 애

[사진 5-16] 김순곤, 아내 그리고 두 자녀

어려서 참 곱고 예쁘던 두 자녀가 이젠 50대의 나이가 되었다.

[사진 5-17] 김순곤이 영주귀국으로 사할린을 떠나기
전까지 살던 집

가까운 친구들과 서로의 집을 오가며 음식을 함께
나누어 먹고 교제를 나누곤 했다.

기해요. 여기는 옆에 집에 누가 사는가 몰라요. 그담에 얼굴 알아도 이거 타는 거 타는 거 뭐여 엘리베이터 타지요. 같이 타도 절대 인사 안 해요. 근데 우리는 생각해요. 이야 소련에서 살 때는 다들 늙으나 젊으나 아이나 다 인사하고 말하고 지냈는데 여기 오니까 한 명이 사는 데도 인사라곤 안 해요. 이상하다 할 정도로… 어떨 때는 진짜 내가 한 번씩 해요. 그것들 본체만체해요. 그담에 내 절대 안 해요. 내 이제 늙었는데 뭐 내가 뭐 거기서 지들한테 내가 뭐 얻을 게 있다고 그렇게 하겠나. 우리를 없어 보는지…."

사할린에서 지낼 때 가까운 사람들은 서로의 집을 오가며 며칠씩 어울리고는 했다. 낯선 사람들조차 러시아인들도 늙으나 젊으나 처음 만나는 사람도 마주치면 인사를 주고받고 했는데 이곳 사람들은 알 수가 없다. 인천이 도시여서인지 아니면 문화가 많이 다른 것인지 여전히 익숙해지지 않는 낯섦이 있다.

한국에 온 지 이제 10년이 넘었으니 이곳 생활도 익숙해질 만하지만 외롭고 자식들이 그립다. 그래서 이따금 사할린에 가지만 떠나온 사할린은 이제 내 것은 아무것도 없는 것 같다. 그곳도 낯설긴 매한가지이다. 처음 한국에 왔을 때 자식들도 방문하고는 이곳의 환경을 마음에 들어 하고 함께 살고 싶어도 했다. 그러나 이곳의

[사진 5-18] 김순곤의 회갑잔치 모습

가족과 친지들과 함께했다. 환갑도 그곳에선 일종의
동네잔치여서 갖가지 음식을 준비하여 다 같이 축하했다.
앞줄 가운데가 김순곤과 그의 아내이다.

[사진 5-19] 김순곤의 증손녀 백일잔치에 모인 친지들

모여서 함께하니 즐거웠다. 맨 오른쪽이 김순곤,
바로 옆이 그의 아내이다.

높은 물가, 낯선 언어, 문화적 차이 등 넘어야 할 산은 부모님과 함께하고자 하는 마음보다 늘 저만큼 힘들고 높은 부담으로 다가오곤 했다.

"여기 와서 데리고 와서 같이 살면 좋긴 좋지만 아이들이 한국말도 모르고 일자리도 없고 여기 와서 벌어가지고 먹고 살아야 되잖아요. 지금 오십 대 육십 대 돼가지고 와서 어떻게 살아요. 처음에는 아들이 와서 여기 빌라 지어 놓은 거 보고 얼마쯤 하는가 보고 자기도 여기 이사 와보고 싶다 하더니 두 번째 와서 알아보고 하더니 물가도 비싸고… 와서 볼 때는 좋긴 한데 와서 살려고 할 때는… 내도 지금 러시아 가도 아무것도 없어. 내 앞에 아파트 있던 거 놔둬봐야 세금만 자꾸 나오고 해서 집도 손녀 줘버리고…."

러시아에 사는 자녀들이 형편이 넉넉한 경우는 그래도 사할린에도 자주 갈 수 있지만 그 마저도 여의치 못한 경우도 많다. 생활비는 말 그대로 이곳에서 겨우 생활할 정도이고 가끔 아프거나 해서 수술이라도 하려면 가진 돈이 있어야 하니 오고 가는 교통비도 부담이 되기 때문이다. 일본 정부에서 지원해서 지난해에는 인천에서만 40여 명이 사할린 왕복 티켓을 제공받기도 했지만 러시아에 사는 자녀들도 이

[사진 5-20] 한국에 어학연수를 왔던 손녀와
김순곤의 아내

손녀가 한국에 와 있는 동안은 적적하지 않아 좋았다.

[사진 5-21] 영주귀국을 함께 한 김순곤의 친구들

김순곤이 이곳에서 외로움을 나누고 마음을 나눌 수 있는
친구들이다. 뒷줄 맨 왼쪽이 김순곤, 다섯 번째가 그의 아내이다.

젠 나이 들고 은퇴한 경우도 있다 보니 경제적으로 어려운 점도 노년의 고통 중 하나이다.

"생활비가 너무 적지. 아무리 그래도 우리 둘이서 구십만 원인가 나오는데 관리비 떼고 이거저거 다 떼고 나면 한 육십만 원밖에 안 남아요. 의료비는 돈 더 내는 것은 없고 수술 같은 거 하면 물어야 하고… 사할린 갈 때 교통비는 우리가 내고… 일본에서 작년에는 왕복 한 사십 명 지원해서 갔다 왔어. 우리 인천에 사십 명 지원했어. 올해는 얼마나 해줄는지 모르지."

나이 먹으니 이곳저곳 아픈 곳도 많고 하지만 아내와 그래도 함께이니 위로가 된다. 아쉬운 점은 일전에 사할린에 갔다가 다쳐서 한 달여를 더 있다 왔더니 생활비 지원이니 의료비 지원이니 하는 지원이 모두 끊겨 다시 청원서를 작성해서 내고 하는 등 어려움을 겪었다. 그런 번거로움이 해소되었으면 하고 경제적 곤궁함이나 의료 서비스 등 복지 면에서 좀 더 개선되었으면 하는 바람이 있다.

"아이들 보러 사할린에 갔다 왔다 하는 것은 둘째 쳐 놓고 내가 재작년인가 사할

린에 갔다가 다쳐서 삼 개월 이상 있다가 왔더니 수급자라는 거 다 삭제해버리고
의료비도 다 삭제해버리고 그래 내가 와가지고 동사무소 가가지고 청원서 써가지
고… 한 달 반인가 기다렸지. 그 사이에 아파가지고 병원 가가지고 내가 돈 내고…
생활비 지원도 안 되고… 사람이 살다 보면 아플 수도 있고 다칠 수도 있고 한데…
한 달 더 있다가 왔다 그러면 그 기간에 대한 생활비가 없다. 더 있고 싶어도 아이
들이 부자로 잘살고 하면 더 있을 수도 있겠지. 넉넉하면 뭐 문제가 없겠지만…"

　　김순곤의 생애사 작성은 연구자 개인에게도 여러 의미에서 특별했다. 사실상
거의 무지했던 사할린과 그 역사에 대해 조금은 알게 되고 영주귀국 하신 어르신들
의 삶에 대해 이해하게 된 것이 그 첫 번째요, 국가의 나약함과 그로 인한 무책임함
에서 비롯된 어긋남이 긴 시간이 지나도 어떤 형태로 길게 지속될 수 있는가 그리고
개인의 삶에 어떤 형태로 영향을 미칠 수 있는가, 비록 한 개인의 특수한 사례를 통
해서였지만 그를 통해 보편성을 이끌어내 볼 수 있었던 것이 그 두 번째였다.

　　마음이 먹먹했다. 자신을 돌아보게 되었다. 현재 서 있는 그 자리에서 느껴야
할 책임을 다하고 있는지 스스로에게 묻는다.

　　오늘을 사는 우리는 더욱 단단해야 하고 강해야 하고 책임질 수 있어야 한다고
느꼈다. 그것이 나라이든 우리의 현재와 미래이든 혹은 우리의 역사이든.

# 6장
# 동대문 가죽시장 통역사:
# 하평일의 이야기

하평일의 아버지는 한국이 일본 식민통치하에 있던 1938년 36살에 사할린으로 강제이주하였다. 하평일의 어머니는 사할린에 있는 친척 집에 갔다가 사할린에 정착하여 살면서 1940년 16살 때 자신의 나이보다 22살이나 더 많은 38살의 아버지를 만나서 결혼하였다. 하평일의 부모님은 1941년에 첫딸을 낳았고, 1944년에 하평일을, 1947년, 1950년, 1952년에 사내아이를 낳아서, 4남 1녀의 자녀를 두었다.

1941년 이후 일본이 제2차 세계대전을 일으켰을 때, 일본 사람들은 힘없는 한인들을 사할린섬이 아닌 다른 섬으로 보내 무기 제조에 필요한 원료를 캐내도록 하였다. 그 당시 하평일의 가족은 아버지와 헤어지게 되었고 어머니는 폭탄이 떨어지는 가운데 하평일을 업고 누나의 손을 잡고 피난을 다녔다. 1945년 일본의 패망 이후에도 하평일의 아버지는 돌아오지 못했다. 가족들의 걱정이 커질 무렵 아버지는 밀선을 타고 탈출에 성공하여 사할린으로 돌아왔다.

하평일의 아버지는 항상 책을 보았고 한문으로 붓글씨도 많이 썼다. 붓글씨를 쓰기 전에는 맏아들인 하평일에게 먹을 갈아 놓으라고 시키곤 했다. 이것은 어린 하평일에게 지루하고 재미없는 일이었다. 또한 하평일의 아버지는 동네 한인들의 문제를 심판해주는 문제해결사였다. 동네 사람들은 항상 아버지의 말을 신뢰해주었고 하평일은 그런 아버지가 무척 존경스러웠다.

하평일의 아버지는 일본이 패망하여 돌아간 후에도 사할린에 살면서 계속 탄광에서 일을 했다. 하평일의 가족은 탄광에서 받은 적은 월급으로 살기가 힘들어서 아버지가 탄광 일을 마치고 집에 오면 저녁에 함께 감자농사를 지었다. 하평일의 가족은 봄에 감자를 심어서 여름에 그 감자를 캐내어 바로 팔지 않고 굴을 파고 묻어 두었다가 값이 비싼 겨울에 캐내서 팔았다.

하평일은 1952년에 8세 때 조선학교에 들어가서 7년 후에 졸업을 하고 1960년에 16세 때부터 러시아학교에서 8학년, 9학년, 10학년, 3년 동안 공부했다. 그래서 총 10년 동안 공부를 하고 1963년 19세 때부터는 4년 동안 테크니크라고 하는 탄광 직업학교에서 전문적인 탄광 기술을 배우면서 일을 했다. 그리고 1967년 23세 때 하평일은 탄광 직업학교를 졸업했다.

하평일은 무국적으로 있었기 때문에 탄광 직업학교를 졸업한 다음에 사할린섬을 떠나서 대륙에서 공부하기 위하여 교육부에 허가를 받았다. 1967년 23세 때 대륙에 있는 대학교에 입학해서 러시아 국적을 받았다. 러시아 국적을 받은 후, 그는 탄광 테크니크 재학도 끝난 후였기 때문에 대학교에서 5년 동안 공부하면서 좋은 직업을 구해서 기술자로 일할 수 있었다.

1967년 하평일은 23세 때 공부하고 일하면서 눈이 큰 아내를 만나 결혼도 하였다. 그는 결혼한 후에 아내를 사할린에 두고 혼자 이르쿠츠크에 가서 계속 대학교 공부를 하면서 일을 했다. 1968년에 아들이 태어난 후에도 아내는 사할린에서 아들을 키우면서 혼자 살았다. 그는 1972년에 아내와 아들을 이르쿠츠크에 데리고 와서 같이 살면서 전기차를 정비하는 기술자로 일했다.

하평일은 러시아에서 살면서 자신의 이름 대신 '조르네조프(검은 종자)'로 불리면서 구박과 차별을 받았다. 그는 자신이 아무리 러시아 땅에서 태어났다고 하더라도, 자신의 몸에는 한인의 피가 흐르고 있고, 더구나 얼굴 모습과 피부색은 러시아 사람들하고 다르기 때문에 차별을 당연하게 받아들이고 인내하며 살았다.

이르쿠츠크는 바이칼호수 근처에 있기 때문에 여름에는 덥고 겨울은 추운 곳이었다. 1983년 39살에 하평일은 가족을 데리고 따뜻한 크림반도로 이사를 갔다. 크림반도에 도착해서 처음에는 막노동을 하다가 대학교 전공에 따라 전기 엔지니어 일을 찾았다. 사회주의 국가는 일만 하면 월급이 나오기 때문에 내일을 걱정하지 않고 살았다. 그런데 1991년에 우크라이나가 러시아로부터 완전 독립을 하면서 우크라이나 땅인 크림반도를 떠나야 했다.

하평일의 가족은 모스크바로 돌아와 임시로 처남의 집으로 들어가서 살면서 처남의 일을 도와주기로 했다. 1994년 이후부터 소련이 붕괴되고 독립 국가들이 생기면서 러시아 경제는 아주 어렵게 되었으며 처남의 일도 예외가 아니었다. 그래서 하평일은 1995년 51세 때 한국의 동대문시장에 가서 통역 일을 하게 되었다. 그때 동대문시장에는 가죽 도매시장이 형성되어 있었고, 한국의 가죽 물건은 품질이 좋아서 러시아 바이어들에게 아주 인기가 좋았다.

러시아 경제는 계속 어려움에 처해 있었고, 그 당시 한국 정부에서는 1945년 이전에 출생한 세대들을 초청하기 시작했다. 하평일은 어릴 때부터 막연하게나마 나이가 들면 한국에 가서 살아야겠다고 생각했었고, 또한 통역 일을 하면서 한국 생활도 잘 알고 있었기 때문에 한국에 갈 준비를 했다. 하평일과 아내는 다른 사람들에 비해서 조금 늦은 2011년에 한국에 오게 되었다.

현재 하평일의 아들은 모스크바에서 살고 있다. 사할린에 살고 있는 대부분의 한인들은 그들의 자식들이 외국인과 결혼하는 것을 달가워하지 않았고 하평일도 이와 마찬가지였다. 하평일은 아들이 한인과 결혼하기를 원했고, 그의 아들도 부모님의 뜻에 따라 한인과 결혼을 했다.

하평일의 아버지는 1977년 75세에 돌아가셨다. 어머니는 2018년 올해 94세이다. 어머니는 적십자사를 통해 한국에 두 번 왔다 갔지만, 아버지의 묘도 지켜야 하고 사할린에 살고 있는 남동생들과 가족들과 헤어지기 싫다고 해서 남동생이 어머니를 모시고 있다.

현재 하평일은 인천 논현동에 있는 남동사할린센터에서 스포츠 담당 이사직을 맡고 있으며, 아침 7시부터 9시까지 게이트볼 운동장에서 게이트볼을 치고, 날씨가 추운 날에는 실내에서 당구도 치고 마작도 하면서 시간을 보낸다. 남동사할린센터에는 10시에 출근해서 저녁 6시에 퇴근한다.

하평일의 바람은 자신과 아내가 항상 건강하고, 모스크바에 살고 있는 아들과 가족들이 건강했으면 하는 것이다. 만약 자신과 아내가 거동할 수 없게 된다면 모스크바의 아들 집으로 돌아갈 것이라고 한다. 그는 건강이 허락하는 한 한국에서 행복하게 살고 싶어 한다.

## 1. 사할린에 뿌리 내린 경상도 젊은이

하평일의 아버지는 하관오(본관: 진양)이며, 1902년 10월 24일에 경상북도 영일군 대송면 장흥동 324번지에서 태어났다. 아버지는 1938년 36살에 사할린에 갔다. 그 당시 한국은 일본 식민통치하에 있었으므로 일본 사람들은 아버지를 강제로 사할린으로 보냈고, 아버지는 사할린에 도착해서 탄광에서 일을 했다. 하평일은 아버지에 대해 이렇게 회고하였다.

"아버지 성격은요 성격은 말이 적었어요. 그전에 학교 댕길 적에 선생님이 이런 말 했어요. 바가지 빈 거는 소리가 많이 난다고, 사람도 지식이 있고 그런 사람들은 말이 적다, 이렇게 배웠는데 우리 아버지는 정말 말이 적었어요. 한자도 잘 쓰고, 우리는 아버지가 글을 쓴다고 하면 맨날 먹도 갈고 그랬거든요. 아버지는 지식이 있는 사람이었어요. (중략) 그런데 내가 너무 어렸을 때 아버지가 돌아가셨고 또 내가 모스크바 등 러시아 대륙으로 나가서 사느라 대화가 없어서 그런지 아버지에 대해서 기억나는 게 별로 없는 거 같아요…. (후략)"

하평일은 자신의 아버지를 지식이 많았던 사람으로 기억하면서 매우 자랑스러워했다. 그러나 젊은 시절에 아버지와 많은 대화를 나누지 못해서 그런지 아버지에 대한 추억이 별로 없다는 것에 대해 아쉬워했다.

하평일의 어머니는 함병자이며, 1924년 경상북도 예천군 하리면 오류리 413번지에서 태어났다. 하평일의 어머니는 사할린에 있는 친척 집에 갔다가 사할린에 정착하여 살게 되었다.

하평일의 아버지는 사할린에 간 후에 1940년 38살에 16살인 어머니를 만나서 결혼하였다. 아버지는 어머니보다 22살이 더 많았다. 그는 아버지가 어머니를 어떻게 만나서 결혼했는지 정확하게 듣지 못했지만 어머니의 친척들이 아버지를 소개해서 결혼시킨 것으로만 알고 있다. 어머니에게 물어봐도 현재 어머니는 연세가 많기 때문에 지난 일을 잘 기억하지 못한다.

1941년에 아버지는 39살이고 어머니는 17세 때 첫딸인 하평일의 누나가 태어났다. 3년 후인 1944년에 하평일이 태어났고, 하평일의 아래로 1947년생, 1950년생, 1952년생 남동생이 태어났다. 그래서 그의 가족은 누나 하나에 아들 넷, 그리고 부모님과 같이 모두 7명이 함께 살았다.

하평일은 자신이 태어났을 때 할아버지와 할머니는 사할린에서 그의 가족과 함께 살지 않은 것으로 기억하고 있었다. 왜냐하면 어머니가 자주 하평일 남매의 사진을 찍어서 할아버지와 할머니께 보냈기 때문이다. 하평일은 그 당시에 할아버지와 할머니는 일본이나 한국에 계신다고 생각하고 있었다. 하평일은 할아버지와 할머니가 언제 어디에서 돌아가셨는지도 알지 못했다. [사진 6-1]과 [사진 6-2]는 할아버지와 할머니께 보내기 위해 찍은 하평일의 어린 시절 가족사진이다.

왼쪽의 사진은 하평일의 아버지와 어머니이고, 오른쪽의 사진은 1941년생 누나, 1944년생 하평일, 그리고 1947년생, 1950년생, 1952년생 남동생들, 이렇게 4남 1녀의 사진이다.

[사진 6-1] 하평일의 아버지와 어머니 　　[사진 6-2] 하평일의 형제들

왼쪽 첫 번째가 하평일이다.

## 2. 밀선을 타고 온 아버지와의 재회

　　1941년부터는 전쟁 시기였다. 일본이 제2차 세계대전을 일으켰기 때문에 그 당시에 사할린에 사는 한인들은 삶을 사는 것이 아니라 전쟁에서 살아남기 위해 하루하루를 살았다. 일본 사람들은 식민지 시기에는 힘없는 한인들을 사할린섬으로 끌고 가서 탄광에서 일을 시켰다. 그러다가 전쟁 중에는 무기가 필요하니까 한인들을 또 다른 섬의 탄광으로 보내서 무기를 제조하기 위해 필요한 원료를 캐내도록 시켰다.

　　하평일은 그 섬이 어디에 있는지 어떤 탄광인지 자세히 모르지만 일본 사람들은 한인들에게 일을 시키기 위해서 다른 섬으로 무조건 징용을 보냈다고 들었다. 한인들은 강제로 사할린에 끌려갔고 전쟁 때문에 또 다른 섬으로 징용되면서 사할린에 남아 있는 자신들의 가족들하고 또다시 헤어지게 되었다. 그래서 하평일의 가족도 아버지와 헤어지게 되었고 어머니는 누나와 하평일을 데리고 사할린 샤흐툐르스크시에 있는 그의 집에 남아 있었다.

하평일의 아버지가 섬에 징용되어갔을 때 일본이 러시아하고 전쟁을 심하게 했다. 사할린에 비행기가 날아다니고 폭탄이 떨어지고 해서 동네가 불바다가 되었다. 그래서 사할린에 있는 사람들은 다른 지역으로 피난을 가게 되었다. 그때 아버지가 사할린에 안 계실 때라 어머니는 막 태어난 하평일을 업고 누나의 손을 잡고 피난을 가다가 폭탄이 떨어지면 풀밭에 숨고 그렇게 했다.

한국은 1945년 8월 15일에 전쟁이 끝난 것으로 알고 있지만 사실은 9월 2일에 모든 전쟁이 완전히 끝났다. 전쟁이 끝나고 일본이 패망을 선언하고 도망가자 러시아 군인이 동네에 들어와서 피난 간 사람들에게 전쟁이 끝났음을 알려주었다.

전쟁이 끝났지만 하평일의 가족에게는 커다란 걱정이 하나 있었다. 그 당시의 일을 하평일은 이렇게 회고하였다.

"어머니는 러시아말을 이해하지 못했어요. 그렇지만 러시아 군인들이 하는 사인을 보고 집으로 돌아왔어요. 1945년에 전쟁이 끝났고 일본 사람들은 모두 자기네 나라로 돌아가서, 어머니도 누나와 저를 데리고 피난을 갔다가 다시 집으로 돌아왔지요. 우리 동네에 살던 다른 사람들도 모두 자신들의 집으로 다시 돌아왔는데, 우리 아버지하고 다른 섬으로 끌려간 한인들 몇 명은 그 섬에서 바로 나오지 못했어요. 그래서 우리는 매일 아버지의 소식만을 기다리고 있어요."

시간이 지나면서 그 섬에서 죽은 사람들이 많았다. 어머니는 아버지의 소식을 듣지 못해서 걱정을 많이 하셨다. 하평일의 아버지는 끌려간 한인들과 같이 얼마 동안 그곳에 더 남아 있었다. 그러던 중에 아버지는 몰래 섬을 빠져나오려고 5명을 모아서 탈출을 시도했다. 다행히 5명과 함께 비밀 배를 타고 탈출하는 데 성공해서 사할린에 무사히 도착할 수 있었다. 5명은 모두 사할린에 가족이 있었기 때문에 살아서 돌아와서 기다리던 가족들을 만나게 되었다. 5명은 비밀 배를 타고 나와서 가족들을 만났지만 그 외에 섬을 빠져 나오지 못한 많은 사람들은 그 섬에서 죽었다. 그 섬에서 돌아오지 못하고 죽은 사람들이 많았기 때문에 그때 우리 가족들이 아버지를 만난 기쁨은 말로 표현할 수 없을 정도였다.

## 3. 동네 문제해결사, 하평일의 아버지

전쟁이 끝나고 하평일의 아버지는 비밀 배를 타고 온 5명의 사람들과 그들의 가족들하고 함께 일도 같이 하고 아주 친하게 잘 지냈다. 그의 아버지와 어머니는 하평일 아래로 남동생들을 3명이나 더 낳으셨다. 하평일은 자신의 아버지에 대해 말이 없고 지식이 엄청나게 많은 사람으로 기억하고 있었다. 그의 집에는 일본 책이 많았는데 아버지는 매일 일본 책을 읽고 공부하셨다. 아버지는 일본 책 뿐만 아니라 한문으로 된 책도 많이 읽었고 체육에 대한 지식도 많은 사람이었다. 아버지는 러시아말에는 관심이 없어서 그런지 러시아말은 몰랐다. 집에 라디오가 한 대 있었는데 다른 사람들은 일을 할 때는 러시아 방송을 들었지만 아버지는 러시아말을 이해하지 못했기 때문에 항상 일본 방송만 들었다. 그래서 아버지는 일본 글을 잘 읽고 일본말도 잘하셨다.

하평일의 아버지는 집에 있을 때는 항상 책을 보고 글을 썼다. 특히 시간이 있는 날은 한문으로 붓글씨를 많이 썼다. 아버지는 붓글씨를 쓰기 전에 항상 맏아들인 하평일에게 먹을 갈아 놓으라고 시켰다. 먹은 정성을 들여서 오랫동안 갈아야 글쓰기가 좋기 때문에 아버지는 그에게 오랫동안 앉아서 먹을 가는 방법을 가르쳤다. 그가 먹을 잘 갈아 놓으면 아버지는 글을 쓰면서 아주 좋아하셨다. 그런데 그는 어린 나이에 한자리에 오래 앉아서 먹을 갈아야 하는 일이 너무 힘들고 재미없었기 때문에 지금도 아버지에 대한 기억으로는 지루하게 먹을 갈았던 일이 가장 먼저 떠오른다고 하였다.

하평일의 아버지는 시간 날 때마다 자식들에게 먹을 갈도록 하고 자신이 글을 쓰는 것을 좋아했지만 평소 자식들의 공부에도 관심이 많았다.

"아버지는 우리에게 공부 잘하라고 하고 일하러 가지요. 우리는 학교에 갔다가 집에 오면 바로 밖에 나가서 막 놀잖아요. 그런데 아버지가 집에 와서 보지요. 우리는 당연히 공부도 안 하고 숙제도 안 했잖아요. 그럼 아버지 옆에 앉아가지고 숙제하라고 해요. 아버지는 그냥 앉아서 신문 같은 거를 보고 우리는 공부도 하고 숙제도 하고 그랬어요. 그다음 날도 우리는 항시 놀고 숙제를 안 하고. 그래서 아버지 옆에서 숙제하면서 졸고 그랬어요."

하평일은 아버지를 자식들의 공부에 관심이 많았으며 평소 생활력이나 성격이 매우 강한 사람으로 기억하고 있었다.

하평일의 어머니는 특히 형제들 간에 싸우는 것을 싫어했다. 그럼에도 불구하고 하평일은 어렸을 적에 간혹 형제들과 싸우다가 어머니한테 매를 맞기도 했다.

하평일은 어머니에 대해 이렇게 회고하였다.

"어머니는 우리 형제들이 싸우는 거를 제일 싫어했어요. 특히 거짓말하는 것을 용서하지 않았어요. 어머니는 무서웠어요. 그래서 우리는 착했다고 할까요? 우리는 부모님의 교육이니까 절대 거짓말을 안 했어요. 그런데 아버지는 무섭다기보다는 존경스러웠어요. 아버지는 말은 적었지만 뭐 할 적에 이렇게 하면 안 된다, 이렇게 이야기로 하니까 우리는 아버지한테 매를 한 번도 맞은 것이 없어요. 아버지가 일하러 나갈 때 우리 오남매는 '아버지 욕보시오' 하고 줄을 서서 인사했어요. 이것도 다 어머니의 교육이었지요. 저녁에 아버지가 집에 돌아오시면 '욕보셨습니다' 하고 아버지를 맞이했지요."

하평일은 이런 부모님의 가정교육을 기억하면서 자신이 평생 곧게 살아온 것은 부모님 덕분이라고 했다. 그리고 그는 특히 아버지를 존경한다고 했다. 아버지는 늘 자식들에게 공부를 해야 훌륭한 사람으로 살 수 있다는 한국식의 교육을 했다.

하평일이 어렸을 때 한인들은 같은 동네에서 주로 살았다. 그가 어렸을 때 동네에서 일어나는 문제를 해결하기 위해 한인들은 그의 아버지를 심판으로 자주 불렀다. 특히 기억에 남는 일은 동네에 부부싸움이 일어났을 때 그 싸움을 해결하기 위해 그의 아버지를 불렀다. 아버지는 남의 부부 사이에 일어난 민감한 문제를 잘 해결해주었다. 하평일은 어렸지만 동네 사람들이 그의 아버지의 말을 신뢰해주는 것 같아서 자신의 아버지가 그렇게 존경스러울 수가 없었다고 했다.


## 4. 봄에 심고 여름에 캐고 겨울에 파는 감자


일본이 패망하고 돌아간 후에도 하평일의 아버지와 한인들은 사할린에 살면서 계속 탄광에서 일을 했다. 하평일의 가족은 모두 7명이니까 아버지가 탄광에서 돈을 벌어오면 그 돈으로 7명의 가족이 힘들게 먹고살았다. 어머니는 적은 월급으로 5남매를 키우느라 고생을 많이 했다. 그래서 하평일의 가족은 아버지가 탄광 일을 마치고 집에 오면 저녁에 함께 농사를 짓기로 했다. 하평일의 가족에게는 땅이 없었기 때문에 산에 올라가서 감자를 심었다. 그는 특히 큰아들이었기 때문에 아버지가 퇴근해서 집에 오기를 기다렸다가 항상 밤에 아버지를 따라서 산에 갔다. 가끔 어머니는 그의 동생들을 데리고 산에 올라오기도 했다.

그 당시에 사할린에 살던 한인들은 대부분 남자들이 탄광에서 일을 했고 월급이 적어서 모두 형편이 넉넉하지 못했기 때문에 하평일의 가족처럼 탄광 일을 마치면 밤에 다시 농사를 지으러 산에 올라갔다. 한인들은 대부분 땅이 없었기 때문에 그의 가족처럼 척박한 산을 개간해서 부지런하게 감자농사를 지었다. 그때 한 가족이 농사지은 감자는 아마 100섬 정도? 100포대 정도? 정확한 양은 기억나지 않는다. 그때는 하평일이 어려서 그런지 몰라도 그가 생각할 때 감자농사는 아주 잘되었고 그의 가족이 캔 감자는 아주 많았던 것으로 기억했다.

하평일의 가족은 봄에 감자를 심어서 여름에 그 감자를 캐내어 조금씩 팔았다. 러시아 사람들하고 사할린 사람들은 감자를 좋아해서 하루도 감자를 안 먹는 날이 없을 정도로 거의 매일 감자를 먹었다. 그런데 시장에 가보면 여름에는 감자가 많고 값이 쌌지만 겨울에는 감자가 귀하고 값이 비쌌다. 아버지와 동네 한인들은 여름에 감자를 수확하면 그 계절에 바로 감자를 팔지 않고 겨울에 팔면 좋겠다고 생각했다. 그래서 산에서 감자를 수확한 후에 그 산에다가 굴을 파서 감자를 묻어 두기로 했다. 돈을 더 많이 벌고 싶어서 감자 값이 싼 여름에 바로 팔지 않고 감자 값이 비싼 겨울에 팔기 위해서 감자를 땅에 묻어서 저장하는 일은 아주 중요했다. 하평일의 아버지와 한인들은 겨울까지 감자굴에 감자를 잘 저장해 두었다가 감자가 없어지는 겨울에 감자를 캐내서 팔았다. 모두가 예측한 대로 감자농사는 사업화되었으며, 이는 대성공을 가져왔다. 그 당시 아버지의 말을 하평일은 이렇게 회고하였다.

"우리는 여기에서 부지런히 일해야 먹고살 수 있다. 우리는 사할린에 살면서 러시아 사람들에게 감자가 제일 중요하다는 것을 알았다. 감자는 사계절 내내 필요한 것인데 겨울에는 없으니까 우리는 감자농사를 지어서 겨울에 팔아야 한다. 그러면 여름보다 돈을 더 벌 수 있고 그러기 위해서 고생을 참고 아버지를 따라 산에 가서 일하자."

하평일은 강인한 생활력을 가진 아버지를 따라 산에 가서 일을 했고 다른 한인들도 서로 도와가면서 일을 했다. 봄에 산에 가서 감자를 심을 때, 여름에 감자를 수확할 때, 감자를 수확한 후에 팔 때, 그리고 굴속에 감자를 묻을 때, 또 겨울에 굴속에서 감자를 캐낼 때, 모두 서로 힘을 합해서 도움을 주고받았다. 특히 아주 추운 겨울에 시장에 감자가 없어질 때쯤에는 러시아 사람들이 모두 잠이 들었을 때 한집 한집 돌아가면서 밤에 산에 올라갔다. 밤에 산에 올라가서 모두 힘을 합해서 감자 굴에서 감자를 캐내어 그다음 날 비싼 값으로 감자를 내다 팔았다. 감자농사와 감자사업 덕분에 하평일의 가족과 한인들은 생활이 넉넉해졌다.


## 5. 하평일의 이름은 무국적 검은 종자


하평일의 아버지와 어머니는 한국에서 태어나서 살았지만 하평일은 러시아 땅 사할린에서 태어나서 살았다. 그는 한국에서 산 적이 없었지만 그는 어린 시절에 마음속으로 자신의 고향은 러시아가 아니라 한국이라고 생각했다. 그 이유는 잘 모르겠지만 아마 본능인 것 같다고 말했다. 그런데 하평일은 러시아에서 살면서 자신의 이름 대신 검은 종자로 불리면서 구박과 차별을 받았다. 그는 자신이 아무리 러시아 땅에서 태어났다고 하더라도 자신의 피는 한인이라고 생각했기 때문에 차별을 받는 것은 당연하다고 생각했다. 더구나 한국은 아시아이고 러시아는 유럽이니까 자신은 러시아 사람들하고 낯도 다르고 색도 다르기 때문에 차별을 인내하면서 받아들였다.

러시아에서 가장 불쾌하게 차별이라고 생각했던 일은 하평일이 러시아 국적을 취득하지 않았을 때였다. 그는 사할린섬 안의 작은 도시에서 살았는데, 러시아 국적을 취득하지 않고 무국적으로 살고 있었기 때문에 자신이 살던 도시에서 12km를 넘어서 이동할 수 없었다. 그 당시에 한인들은 러시아 국적이 없이 무국적으로 살고 있었기 때문에 사할린에 사는 대부분의 한인들은 12km를 넘어가면 붙잡혀서 벌금을 내고 구박을 받았다. 지금 생각해보면 12km는 엎어지면 코 닿을 거리인데, 무국적인 자신들에게 허가 없이 이동하면 안 된다는 법이 너무나 불쾌하고 차별적이라고 생각했다.

어린 시절의 하평일은 이런 차별을 잘 견뎌내었고 더구나 활발하게 뛰어노는 것을 좋아해서 친구들도 많았다. 그는 어린 시절을 이렇게 회고하였다.

"우리 어린 시절에는 전쟁 후였으니까 아이들이 노는 것도 다 전쟁놀이였어요. 예를 들면 종이에다가 '잠수함', '비행기' 이런 무기 이름을 써놓고 편을 갈라서 상대편과 싸우다가 이기면 잠수함도 가지고 가고 비행기도 가지고 가고 또 사람도 포로로 잡아오고. 총 같은 것도 만들고 쏘고 이런 식으로 전쟁하면서 놀았죠. 여자들은 '랍두'라고 공 치고 뭐 하튼 두 편을 갈라가지고 한 편은 안에서 공을 치고 왔다 갔다 하고 다른 편은 밖에서 안에 있는 사람에서 공을 던지고, 그렇게 놀았어요."

하평일이 어렸을 때 한인은 돈이 없었지만 러시아 사람들은 돈이 많았다. 그래서 러시아 사람들 눈에 한인들은 아주 천하게 보였던 것 같았다. 심지어 러시아 아이들도 조선 아이들을 천하게 부르기도 했다. 그 당시 러시아 사람들은 한인들에게 '조르네조프(검은 종자)'라고 불렀다. 조르네조프는 한인들을 아주 낮게 보거나 천하게 부를 때 하는 말이었다. 그러나 대부분 한인들은 여기가 자신들의 고향도 아니고 이 사람들은 같은 민족도 아니고 또 자신들에게는 나라도 없었기 때문에 어쩔 수 없이 참을 수밖에 없다고 생각하며 살았다. 어른들은 참고 살았지만 아이들 사이에서는 달랐다. 러시아 아이들이 조르네조프라고 부르면서 놀리면 한국 아이들은 막 대들면서 싸우기도 했다.

다행히 시간이 지나면서 러시아 국가에서 한인들에게 차별하지 못하도록 하는 교육제도를 만들었다. 그래서 러시아 국민들에게 한인들을 러시아 국민으로 대하라는 교육을 시켰다. 그래서 1967년 하평일이 이르쿠츠크에 가서 대학교 공부를 할 때는 그런 차별을 겪지 않고 공부할 수 있었다.

## 6. 조선학교와 탄광 테크니크

러시아 정부에서는 사할린에 사는 한인들에게도 무료로 공부를 시켜주었다. 사할린에는 한국학교가 아니라 7년제의 조선학교가 있었다. 하평일은 1952년에 8세 때 조선학교에 들어갔다. 8세 때부터 7년 동안 조선학교에 다니다가 졸업을 하고 1960년에 16세 때 러시아학교에서 8학년, 9학년, 10학년, 3년 동안 공부했다. 그래서 총 10년 동안 공부를 했다.

그리고 1963년 19세 때부터는 4년 동안 테크니크라고 하는 탄광 직업학교에 다녔다. 탄광 직업학교에서는 좀 더 높은 탄광 기술자, 중간 간부, 또는 마스터(보르네)가 되기 위해 공부하는 곳이었다. 탄광 직업학교는 대학교에 가기 전에 다니는 학교였기 때문에 그는 탄광 직업학교에서 탄광 일에 대한 전문적인 기술을 배우면서 일도 했다. 1967년 23세 때 하평일은 탄광 직업학교를 졸업했다.

러시아 정부에서 모든 사람들에게 무료로 공부를 시켜주어서 러시아 사람들은 모두 공부를 많이 했다. 그렇지만 사할린에 사는 한인들은 공부를 해야 성공할 수 있다고 하는 신념을 가지고 있었기 때문에 한인들은 러시아 사람들보다 더 많이 공부를 했다. 그래서 하평일도 한인들의 신념을 가지고 있었기 때문에 공부를 많이 하려고 했다. 그 당시의 일을 하평일은 이렇게 회고하였다.

"저는 탄광 직업학교를 마치고 그해 스물세 살 때 바로 이르쿠츠크에 있는 대학교에 입학해서 오 년 동안 공부했어요. 제가 에르꾸스크(이르쿠츠크)에 있는 대학교에 입학하려고 할 때 국적이 러시아 국적이 아니고 무국적(이즈그라스또)이었기 때문에 어려움이 많았어요. 무국적인 사람은 사할린에 있는 탄광 '테크니크'에는 갈 수 있었지만 사할린을 떠난 다른 지역으로 가는 것이 허용되지 않았기 때문이지요."

사할린에 간 1세대인 부모님 세대들은 그 당시에 어떤 사람들은 한국 국적이라고 하는 북한 국적을 받아서 살았고, 또 어떤 사람들은 러시아 국적을 받아서 살았다. 그런데 하평일의 아버지와 어머니는 오랫동안 무국적으로 살고 있었다. 어느 날 하평일의 부모님은 어린 5남매를 불러 놓고 어느 나라의 국적을 받으면 좋겠는지에 대해 가족회의를 했다. 국적 취득에 대해 말하기에는 아직 나이가 어린 자녀들이었지만 부모님이 자녀들에게 질문을 하신 것을 보면 아마 두 분은 정말 오랜 시간 동안 고민한 것 같았다.

하평일은 그때 나이가 어렸지만 한국 국적을 받고 싶다고 자신의 생각을 이야기했다. 가족회의에서 나온 의견을 들은 후에 부모님은 한국 국적을 받기로 마음을 결정했다. 그 당시에 한국 국적은 바로 북한 국적이었기 때문에 아마 사할린에 사는 사람들 중에서 한국 국적을 가진 사람들은 대부분 북한 국적을 받았던 것으로 기억한다. 하평일의 부모님도 하늘색 패스포트처럼 생긴 북한 국적 신분증을 받았다. 러시아 국적도 한국 국적도 원하지 않는 사람들도 신분증은 가지고 있어야 하니까 국적을 안 받은 사람들은 무국적 신분증을 받아서 가지고 있었다.

한인들 중에서 러시아 국적을 받은 사람들은 자식들을 우선 군대에 복무하러 보냈고 군대에 갔다 오면 대륙에 있는 대학교에 보낼 수 있었다. 하지만 무국적인 사람들은 국적이 없는 사람들이니까 사할린섬을 벗어나서 이동할 수 없다는 규칙 때문에 자식들을 군대에도 보낼 수 없었고 또 다른 지역에 있는 대학교에도 보내지 못했다. 사할린섬 안에는 사범대학교만 있었기 때문에 한인들은 사범대학에 자녀를 많이 보내기도 했다.

## 7. 눈이 큰 아내와 하나뿐인 아들

하평일은 탄광 '테크니크'가 끝난 다음에 대륙에 있는 대학에서 공부하고 싶다고 허락해 달라고 교육부에 글을 써서 보냈다. 그래서 사할린섬을 떠나서 이르쿠츠크에서 공부하러 가도 된다는 허가를 받았다. 탄광 직업학교를 졸업하고 1967년 23세 때 바로 대륙에 있는 대학교에 입학해서 5년 동안 공부할 수 있었다. 그는 이르쿠츠크에 가서 대학교 공부를 하면서 러시아 국적을 받았다. 그가 러시아 국적을 가지고 있었고 탄광 테크니크가 끝난 후에 갔기 때문에 대학교에서 5년 동안 공부하면서 좋은 직업도 구해서 기술자로 일할 수 있었다.

하평일은 탄광 테크니크에서 공부하고 일하면서 지금의 아내를 만났다. 하평일의 아내도 그와 같이 부모님이 사할린에 와서 살고 있었기 때문에 사할린에서 태어난 사람이었다. 처갓집은 사할린섬의 바다 근처에 있었다. 장인어른은 집을 짓는 기술을 가진 목수(장그르니쉬)였기 때문에 보통 사할린의 한인들과 달리 탄광에서 일을 하지 않고 집을 짓는 일을 했다. 하평일은 아내를 만났을 당시의 심정을 이렇게 회상하였다.

> "탄광 테크니크에 다니면서 지금의 아내를 만났어요. 그때 제 아내는 20살이었어요. 사할린에 있는 한인들은 대부분 눈이 작은 편인데 제가 만난 사람은 눈이 정말 큰 사람이었어요. 저는 아내를 처음 보는 순간 눈만 보였어요. 집에 갈 때도 눈만 떠올랐어요. 저는 큰 눈이 너무 좋았어요. 그래서 우리는 연애를 하기로 했지요."

1967년 하평일이 23세 때 이르쿠츠크에 가서 대학교 공부를 시작하면서 하평일은 결혼을 했다. 그는 사할린에서 아내하고 결혼한 후에 아내를 사할린에 두고 혼자 이르쿠츠크에 가서 대학교 공부를 하면서 일을 했다. 1968년에 아들이 태어난

[사진 6-3] 하평일과 아내의 젊은 시절

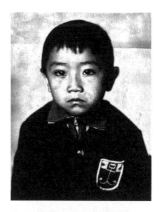
[사진 6-4] 학교 입학 전
하평일의 아들

후에도 아내는 사할린에서 아들을 키우면서 혼자 살았다. 그는 1972년에 아내와 아들을 이르쿠츠크에 데리고 와서 같이 살았다. 그는 공부하고 일하느라 바빠서 아이를 낳지 않았는데 요즘은 자식을 여럿 두지 않은 것이 후회가 되었다. [사진 6-4]는 하평일의 아들이 7살 때 학교에 입학하기 전에 찍은 기념사진이다.

## 8. 이르쿠츠크에서의 대학 생활과 전기차 기술자

이르쿠츠크의 큰 도시 트라우파에는 트램(시가전차)이라는 전기차가 다녔다. 전기차는 늦은 밤 시간에 운행을 마치고 차고로 들어왔다. 하평일은 운행을 마친 전기차가 차고로 들어오면 그 전기차를 수리하고 정비도 해서 다음 날 아침에 다시 운행하도록 내보내는 전기차 기술자로 일했다. 낮에도 갑자기 수리나 정비가 필요한 전기차는 가끔 차고로 들어왔다. 그래서 그는 주로 낮에 공부하고 밤에 일을 했지만 가끔은 낮에 일하고 밤에 공부할 때도 있었다.

하평일은 어렸을 때 아버지가 한문으로 붓글씨를 쓰면서 자신에게 먹을 갈아 놓으라고 해서 먹을 가는 일을 가장 싫어했다. 그러다 보니 한문 글씨도 싫어했다. 그런데 집에 아버지가 읽던 일본 책이 많았는데 그는 아버지의 일본 책에 관심이 많았고 일본어에도 관심이 많았다. 그는 아버지처럼 일본어를 읽고 이해하고 싶었다. 그래서 그는 대학교에서 일본어를 공부하려고 생각했다. 낮에는 대학교에서 전공을 공부하고 저녁에는 3년 정도 돈을 더 내고 여러 나라의 언어를 가르치는 대학교에서 일본어를 배웠다.

이렇게 1971년까지 이르쿠츠크에서 혼자 대학교 공부하면서 언어도 배우고 일도 했다. 1972년에 아내와 아들이 이르쿠츠크로 와서 가족이 같이 살면서 하평일은 대학교를 졸업했다. 그는 대학교를 졸업하고 이르쿠츠크에서 전기차 회사에 취직해서 1983년까지 높은 자리에서 일했다.

## 9. 따뜻한 나라 우크라이나의 크림반도

1983년 39살에 하평일은 가족을 데리고 크림반도로 이사를 갔다. 이르쿠츠크는 바이칼호수 근처에 있기 때문에 여름에는 덥고 겨울은 추운 곳이었다. 그는 이르쿠츠크가 너무 추워서 항상 따뜻한 곳에 가서 살고 싶다는 생각을 하고 있었다. 그러던 중 친구 한 명이 마침 그에게 따뜻한 곳에 가서 살자는 제안을 해왔다. 그는 친구와 매일 만나서 따뜻한 곳으로 이사를 가서 살기 위해 치밀한 계획을 세웠다. 최종적으로 그와 친구가 가기로 결정한 곳은 크림반도였다.

하평일은 그 당시를 이렇게 회고하였다.

"저와 친구는 크림반도로 가기로 결정을 한 후에, 우리는 우선 가족들을 두고 각자 자가용차를 타고 크림반도를 답사하기로 마음먹었어요. 우리는 십오 일 동안 크림반도를 향해 차를 운전해서 갔지요. 낮에는 운전하고 밤에는 길옆에다 차를 세워 놓고 차 안에서 잤어요. 그 당시에 크림반도에는 돈을 벌 수 있는 환경이 좋은 편이었어요. 그래서 여러 도시에서 크림반도로 가는 사람들이 꼬리를 잇고 있었어요. 그러니까 길옆에서 자는 사람들도 많았고, 우리도 길에 차를 세워 놓고 잤는데, 무섭지 않았어요."

하평일은 친구와 같이 크림반도에 잘 도착해서 일을 찾은 후에 가족들을 불렀다. 크림반도에 도착해서 처음에는 막노동을 하다가 그다음에는 대학교 전공에 따라서 전기 엔지니어 일을 찾아서 일을 하게 되었다. 러시아는 사회주의 국가이기 때문에 일만 하면 꼬박꼬박 월급을 받을 수 있어서 사할린에서나 이르쿠츠크에서나 크림반도에서나 하평일은 열심히 일을 했기 때문에 내일을 걱정하지 않고 살 수 있었다.

그런데 크림반도에 문제가 생겼다. 크림반도는 우크라이나에 있었는데, 우크라이나가 1991년에 러시아로부터 완전 독립을 하게 된 것이다. 1991년에 서류상으로는 독립을 하였음에도 불구하고 크림반도에 있는 모든 것이 우크라이나 것으로 바뀌는 데는 시간이 좀 걸렸다. 그런데 1994년부터는 거의 대부분이 우크라이나 것으로 바뀌게 되었다. 하평일은 러시아말밖에 모르는데 심지어 간판까지도 모두 우크라이나 말로 바뀌어버렸다. 그래서 하평일은 이제 더 이상 우크라이나의 크림반도에서는 살 수 없다고 생각하고 모스크바로 이사하기로 결심하였다.

## 10. 모스크바 생활과 동대문 가죽시장의 통역사

1994년 하평일의 나이 50세 때 그는 모스크바로 이사를 가게 되었다. 모스크바에는 아내의 오빠가 50년째 비즈니스를 하면서 살고 있었다. 그의 가족은 임시로 처남의 집으로 들어가서 살면서 처남의 일을 도와주기로 했다. 그동안 하평일은 회사에서 일하면서 월급을 받고 살았지만 1994년 이후부터 소련이 붕괴되고 여기저기 독립하는 국가들이 생기면서 러시아 경제는 아주 어려워졌다. 그래서 처남이 하는 일도 어려운 상황에 처하게 되었다. 하평일의 가족은 임시로 처남의 집에서 살면서 새로운 직업을 구하면 바로 나가기로 했지만 그 당시에 새로운 직업을 구하는 일은 불가능하였다. 소련 붕괴 이후 러시아 사회에는 일자리라는 것이 없었고 생활에 필요한 물건마저도 없었다. 그러니까 물건 파는 가게는 있었지만 가게 안에 팔 물건이 없을 정도로 힘든 사회가 되었다. 이런 상황에서 그는 처남의 집에서 자신의 계획보다 좀 더 머무르게 되었다.

1995년 51세 때 하평일은 한국의 동대문 운동장 주변에 있는 동대문시장에 와서 통역 일을 시작하였다. 그때 동대문시장에는 가죽 도매시장이 형성되어 있었다. 가죽 도매시장에는 한국 사장들이 개인 사업으로 옷과 가방 등을 만들어서 파는 가게들이 많이 있었다. 한국의 가죽 물건은 품질이 좋아서 러시아 바이어들에게 아주 인기가 있었다. 수많은 러시아 바이어들이 3개월짜리 비자를 받아서 한국으로 가죽 물건을 사러 왔다. 러시아 바이어들은 한국의 가죽 옷, 가죽 가방, 가죽 지갑 등을 사서 러시아로 보내지 않고 좀 더 비싼 값을 받고 다른 나라에 팔아서 이익을 챙겼다.

동대문 가죽 도매시장에서 가죽 장사를 하는 한국 사장님들은 러시아말을 모르기 때문에 러시아 바이어들이 한국에 와서 일하기 위해서 러시아말과 한국말을 통역할 수 있는 사람이 필요했다. 그 당시 러시아말과 한국말을 할 수 있는 사람은 사할린 사람들이었다. 그래서 동대문 가죽 도매시장에서 가죽 장사를 하는 한국 사장들은 러시아 바이어들과 통역할 수 있는 사할린 사람들을 많이 찾고 있었다. 그런 소식을 알게 된 하평일은 통역 일을 하기 위해서 러시아 바이어들과 같이 3개월 비자를 받아서 한국에 들어오게 되었다. 그는 러시아 바이어들과 한국 상인들 사이에서 통역 일을 하면서 3개월마다 러시아와 한국 사이를 왔다 갔다 하면서 생활했다. 나중에는 아내도 한국에 와서 그와 같이 통역을 하기도 했다.

그 당시의 일을 하평일은 이렇게 회고하였다.

"삼 개월짜리 비자를 받고 일하는 것은 옛날이나 지금이나 불법이잖아요. (중략) 저는 러시아에서 대학에서 공부를 했기 때문에 사람들의 말을 빨리 이해할 수 있었어요. 그래서 그런지 동대문 가죽 도매시장에서 저를 찾는 사람들이 끊이지 않았어요. 그 덕분에 저는 동대문 가죽 도매시장에서 일하는 내내 러시아 바이어들과 한국 상인들 사이에서 아주 인기 있는 통역사로 바쁘게 일했어요. 그리고 돈도 많이 벌었어요. 삼 개월짜리 비자로 일하는 것이 불법이었지만요. 나중에는 아내도 저와 같이 일했어요."

하평일은 아내와 같이 통역 일을 하면서 월급을 받고 여관에서 잠을 자고 밥을 사 먹으면서 2001년까지 6년 동안 일했다. 경제적으로 어려워진 러시아를 떠나 부모님의 고향에 와서 한국말을 사용하면서 생활할 수 있다는 점이 아주 감사하고 좋았다. 그는 2001년에 다시 모스크바로 돌아가서 처남과 처형의 비즈니스를 도와주면서 살았다. 10년 동안 러시아 경제는 여전히 회복될 전망이 보이지 않았고 다시 경제적으로 어려워졌다. 그는 동대문 가죽 도매시장에서 6년 동안 살면서 힘든 경험도 많았지만 다시 한국 생활을 그리워하기 시작했다.

## 11. 영주귀국의 그늘, 이산가족

러시아 경제는 계속 어려움에 처해 있었고 그 당시 사할린 사람들은 한국 정부로부터 초청을 받아 한국에 가기 시작했다. 영주귀국을 신청하는 사람들도 많이 있었다. 하평일은 어릴 때부터 막연하게나마 나이가 들면 한국에 와서 살아야겠다는 생각을 하고 있었기 때문에 자신도 한국에 가서 살기로 마음을 먹고 준비를 했다. 하평일이 통역 일을 하면서 한국에 자주 왔다 갔다 하면서 한국에서 본 것도 많고 한국 생활도 알고 있었기 때문에 쉽게 결정을 내린 것 같았다. 1945년 이전에 출생한 세대들은 적십자사에서 초청을 했는데 하평일과 아내는 다른 사람들에 비해서 조금 늦은 2011년에 한국에 오게 되었다.

한국에 와서 살면서 러시아에서 살 때보다 좋은 점이 있다고 했다. 우선 생활이 러시아에서 생활하는 것보다 편하고, 그리고 무엇보다 한국은 러시아와 다르게 젊은 사람들이 나이 많은 어른들을 존경해주는 문화가 남아 있어서 좋다고 했다. 러시아는 나이가 많다고 대우해주는 문화가 없기 때문이다. 또한 한국은 어렵고 힘든 사람들을 배려해주는 사회인 것 같아서 좋다고 했다.

하평일은 한국이 부모님의 고향이지만 그래도 자신의 피가 한인이라는 것은 속일 수 없으므로 가끔 자신도 모르게 한국이 자신의 고향이라는 생각을 한다고 했다. 하평일과 아내는 한국에서 살면서 어른을 존중하고 남을 배려하는 문화가 좋아서 영주귀국을 신청하게 되었다.

하평일의 아들은 라트비아에 있는 항공대학에 다녔다. 어릴 때 그의 꿈은 조종사였는데 그 당시에 그는 무국적이라 항공대학에 갈 수 없었다. 하평일은 아들에게 자신의 꿈에 대한 이야기를 한 적이 없었으나 아들은 아버지의 꿈을 알았는지 항공대학에 지원했다. 아들은 아버지의 꿈을 대신하여 항공대학에서 공부하고 졸업했지만 라트비아도 러시아로부터 독립을 해서 아들은 비행기 조종사 발령을 받지 못했다. [사진 6-5]는 아들이 항공대학에 다닐 때 찍은 가족사진이다.

[사진 6-5] 하평일 아들의 항공대학교
입학 기념사진

하평일은 아들을 두고 아내와 영주귀국을 하였고 현재 아들은 모스크바에서
생활하고 있다. 사할린에 살고 있는 한국의 부모님들은 자식들이 결혼할 때 외국 사
람하고 결혼하는 것을 허락하지 않았다. 그래서 자식들은 한인하고 결혼해야 한다
는 생각을 가지고 있었다. 하평일도 아들이 한인하고 결혼하기를 원했고, 그의 아들
도 부모님의 생각에 따라 한인과 결혼을 했다. 그런데 지금 사할린에 살고 있는 한
국의 부모님은 생각이 많이 달라져서 자식들이 러시아 사람들하고 결혼하는 것을
허락하고 있다. 하평일의 며느리는 사할린에 살고 있는 한인인 자신과는 달리 중앙
아시아 타슈켄트 출신의 고려인이었다.

현재 중앙아시아 우즈베키스탄의 타슈켄트에 살고 있는 한인들은 북한과 러시
아 국경 근처에 있는 연해주에서 살던 한인들이다. 스탈린은 전쟁을 시작하기 전에
한인들을 중앙아시아 쪽으로 강제이주시켰다. 왜냐하면 국경 근처에 있는 일본 사
람들과 얼굴이 비슷한 한인들이 일본과 러시아 사이의 스파이가 될 수 있다고 생각
했기 때문이다. 그래서 전쟁 24시간 전에 한인들을 모두 기차에 태워서 중앙아시아
쪽으로 보냈다. 기차를 타고 가면서 죽으면 기차 밖으로 던져버리고 살아 있는 사람
들은 중앙아시아 쪽으로 가다가 벌판에 내려놓았다. 중앙아시아 쪽 벌판에 내려놓
은 사람들이 오늘날 타슈켄트에 살고 있는 사람들이다.

그래서 중앙아시아에서 살고 있는 사람들은 같은 한인이지만 북한에서 간 사
람들이 많고, 사할린에서 살고 있는 사람들은 경상도와 같이 남한에서 간 사람들이

많다. 일본 사람들은 특히 경상도 사람들을 사할린으로 많이 보낸 것 같다. 그러나 모두 그런 것은 또 아니다. 하평일의 아내 가족들처럼 충청도에서 보낸 사람도 있으니 말이다.

하평일의 어머니는 사할린에 있는 그의 남동생들과 함께 살고 계신다. 그리고 하평일의 아들과 손녀딸은 모스크바에서 16km 떨어진 도시에서 살고 있다. 손녀딸은 2002년에 태어났다. 올해가 2018년이니까 16살이다. 손녀딸은 한국에 할아버지와 할머니를 보러 두 번 정도 왔다 갔다. 아들은 요즘 러시아 모스크바에서 비즈니스를 하고 있다. 친구와 같이 식당 여러 개를 운영하고 있는데 아들은 식당에서 회계 일을 보고 서류 관리를 한다. 보통 대학을 졸업하면 국가에서 직장 발령을 내주는데, 아들이 항공대학을 졸업할 무렵에 소련이 붕괴되어서 직장 발령을 받지 못했다. 소련이 무너진 후에는 각자 스스로 직장을 찾아야 했지만 그 당시에는 러시아 경제가 어려워져서 직장을 찾을 수가 없었다. 그래도 아들은 머리가 좋고 지식이 있어서 식당에서 회계 일을 보고 서류 관리도 하면서 잘 지내고 있다.

아들이 자랄 때 러시아 사회는 하평일이 자라던 시대와 많이 달라졌다. 하평일은 불쾌한 차별도 당했지만 아들은 러시아 친구들도 많고 공부하고 생활하는 데에도 별 어려움을 겪지 않았다. 그런데 하평일이 자랄 때는 7년제 조선학교가 있어서 한국말을 잊지 않고 배웠지만 요즘 세대들은 조선학교가 없어져서 한국말을 전혀 배우지 못했다. 그리고 부모 세대가 러시아말은 모르니까 집에서 한국말을 사용해서 한국말을 잊지 않고 사용할 수 있었다. 그런데 요즘은 아이를 키우는 부모 세대는 자신들이 러시아말을 알고 있었기 때문에 집에서 한국말을 사용하지 않고 러시아말만 사용하니까 자식들이 한국말을 배울 수 없었다. 하평일 또한 아들을 키우면서 러시아말을 사용했기 때문에 아들은 한국말을 할 줄 모른다. 며느리의 부모도 자신들과 마찬가지였기 때문에 며느리도 한국말을 할 줄 모른다.

하평일은 매년 러시아에 살고 있는 아들을 보러 모스크바에 간다. 아내는 요즘 모스크바 아들 집에 가 있다. 영주귀국 한 많은 사람들이 가장 힘들어하는 것은 사할린에 두고 온 가족에 대한 그리움이다. 심지어 어떤 사람들은 한국에 영주귀국 한 것을 후회하기도 한다. 그러나 하평일은 후회하지는 않는다. 그렇지만 후회하는 사람들의 마음을 이해할 수는 있다. 영주귀국을 후회하는 사람들의 마음 안에는 이산가족이 되어 살고 있는 자식들에 대한 그리움이 가장 크기 때문이다. 이렇게 이산가족의 문제는 영주귀국 한 모든 사람들의 가슴에 그늘이 되어 있다.

요즘 하평일은 여름이 오기를 기다리고 있다.

"내 아내는 아직 아들 집에 가 있어요. 올 여름에 옵니다. 아내는 손녀 때문에, 손녀 하나가 있는데 2002년에 태어났으니까 올해 열다섯 살이네요. 손녀는 올해 피아노가 끝났지만은 학교에 갔다 오면 아내가 저녁에 학원에 데리고 가고 끝나면 마중하러 가고 이렇게 하거든요. 저는 며느리 사진을 안 가지고 있는데 왜 그런가 하면 아들하고 관계가 나빠서 이혼했어요. 그래서 제 아내가 손녀를 돌보러 아들 집에 가서 오래 있는 거죠."

하평일은 손녀가 방학을 하면 아내가 손녀를 데리고 한국에 오기 때문에 여름방학이 오기를 손꼽아 기다리고 있었다.

## 12. 아버지의 묘를 지키는 사할린의 어머니

아버지는 1977년 75세에 돌아가셨다. 어머니는 아직 사할린에 계신다. 올해 2018년이니까 어머니의 연세는 지금 94세이다. 어머니는 적십자사를 통해 한국에 두 번 왔다 가셨다. 한 명 계시던 하평일의 누나는 돌아가셨고 지금 사할린에는 남동생이 어머니를 모시고 살고 있다.

하평일은 어머니와 같이 한국에 살고 싶었다. 그래서 어머니께 말씀을 드렸으나 어머니는 연세가 많아서 한국에 안 오시려고 했다. 그리고 아버지의 묘가 사할린

[사진 6-6] 인하대학교 방문 시 그리움을
담아 아버지를 외쳐보는 하평일

에 있고 남동생들과 가족들이 모두 사할린에 있으니까 아버지의 묘도 지켜야 하고
남동생들과 가족들과도 헤어지기 싫다고 하셨다. 그래서 하평일은 어머니가 계시
는 사할린 남동생 집에 해마다 다녀온다.

> "내가 앞으로 살면 몇 살까지 살겠는가? 아버지 묘도 여기 있는데 지금 이 나이
> 에 뭐하러 내 새끼들을 두고 한국에 가겠는가? 너라도 우리 고향에 가서 여기보다
> 좋게 살아라."

1952년생 막내가 벌써 66살이니까 손자와 손녀들도 모두 성장했고 증손자와
증손녀들도 사할린에 살고 있기 때문에 하평일의 어머니는 한국에 안 오시려고 한
다. 남동생들 중에는 한국에 오고 싶어 하는 남동생도 있기는 하지만 1945년 이후
출생이기 때문에 한국에 올 수가 없다. 그래서 하평일의 가족은 이렇게 이산가족이
되어서 살고 있다.

그러나 그는 매년 가족들을 만나러 러시아에 간다. 2016년 8월에도 아내하고
같이 적십자사에서 보내줘서 사할린에 갔다 왔다. 적십자에서는 3년 혹은 4년에 한
번씩 무료로 사할린에 보내준다. 그러나 하평일은 돈을 모았다가 매년 어머니와 가
족들을 만나러 사할린에 가고 있다.

## 13. 남동사할린센터에서의 일상, 그리고 하평일의 꿈

2011년에 하평일은 중국 상해에 여행을 다녀왔다. [사진 6-7]은 중국 상해 여행 중의 하평일의 모습이다.

인천 남동구 논현동에 있는 남동사할린센터에는 여러 이사들이 업무를 맡아서 담당하고 있다. 음악 담당, 요리 담당, 스포츠 담당 등이 있어서 스스로 각자 맡은 업무를 수행하고 있다. 하평일은 스포츠 담당 이사직을 맡고 있다. 월요일하고 금요일 9시에는 탁구 가르치는 선생님이 오신다. 하평일은 선생님이 도착하기 전에 미리 센터에 나와서 탁구 배우는 사람들을 모으고 탁구를 칠 수 있도록 준비를 해준다. 현재 탁구를 배우는 사람은 23명 정도이다.

월요일하고 금요일 이외에 다른 요일에는 하나비전교회 뒤에 있는 게이트볼 운동장에서 아침 7시부터 9시까지 게이트볼을 친다. 남동사할린센터에는 10시에 출근해서 저녁 6시에 퇴근한다. 요즘은 날씨가 추워서 어른들이 밖에 나가지 않고 실내에서 놀이를 한다. 그도 요즘은 실내에서 당구도 치고 마작도 하면서 시간을 보낸다. 점심식사는 센터에서 하고 매일 즐겁게 지내려고 한다.

[사진 6-7] 중국 상해 여행 중인 하평일

[사진 6-8] 남동사할린센터의 스포츠 이사 하평일
왼쪽에서 두 번째 빨간 모자를 쓴 사람이 하평일이다.

하평일이 살고 있는 논현동 5단지 아파트에는 사할린 사람들이 많이 살고 있다. 그가 사할린에 있을 때 서로 알고 지내던 사람들도 많기 때문에 하평일은 서로 의지하며 외롭지 않게 지내고 있다. 그리고 세상이 발달되어서 그는 1년에 한 번씩 러시아에 갔다 오고, 아들 가족들도 가끔 한국에 오니까 괜찮다고 했다.

하평일의 손녀는 6학년 때까지는 5점 만점에 5점이었는데 지금은 8학년인데 성적이 많이 떨어진 것 같다고 했다. 그는 손녀에게 꿈이 무엇인지 물어보지 않았는데 다음에 만나면 물어보고 싶다고 했다. 작년 여름방학에 손녀가 왔을 때 아내와 하평일은 손녀를 데리고 롯데월드를 구경시켜주고 스케이트도 타고 서울 구경도 했다. 그는 손녀에게 자전거도 사주었고 혹시 손녀가 밖에 나가서 집을 못 찾을까봐 핸드폰에다가 주소와 이름도 적어서 붙여주었다.

방학이 되면 논현동 5단지 아파트에 영주귀국 한 어른들의 손자, 손녀들도 사할린에서 많이 오기 때문에 어느 집의 손자, 손녀라도 밖에 나가면 서로 러시아말을 사용하면서 같이 친구가 된다. 하평일의 손녀도 한국에 오면 아파트 밖에 나가서 아이들하고 잘 어울리며 놀다가 사할린으로 돌아갔다.

요즘 하평일은 혈압이 조금 높아서 매일 약을 먹고 있으며 약이 떨어지면 사랑내과에 가서 무료로 약을 받아온다. 아직은 건강한 편이지만 날씨가 따뜻한 날에는 게이트볼도 치면서 꾸준하게 건강을 관리하고 있다. 생활비는 한국 정부에서 주는 돈으로 아내와 같이 아껴 쓰면서 살고 있다.

하평일은 2017년 11월 7일에 결혼 50주년을 맞이했다. 앞으로 하평일의 바람은 자신이 살아갈 길이 조금 남아 있기 때문에 자신과 아내가 항상 건강했으면 좋겠고 모스크바에 살고 있는 그의 아들과 가족이 건강했으면 좋겠다고 했다. 만약 자신과 아내가 거동조차 할 수 없게 된다면 그는 모스크바의 아들 집으로 돌아갈 것이라고 했다. 건강이 허락하는 한 그는 한국에서 오랫동안 행복하게 살고 싶다고 했다.

# 7장
# 넥타이 신사 배짱 인생:
# 한민운의 이야기

한민운의 할아버지 고향은 북한이었다. 할아버지는 아들 3명(큰아버지, 한민운 아버지, 작은아버지)과 딸 5명(한민운의 고모들)을 두었고, 1934년 50살 때 가족들을 데리고 사할린으로 갔다. 한민운의 아버지는 1920년생으로 14살 때 할아버지와 가족들을 따라 사할린으로 가게 되었다. 아버지는 할아버지의 뜻에 따라 한인인 어머니와 결혼을 했고, 한민운은 1941년에 첫째 아들로 태어났다. 그리고 한민운의 아래로 남동생 1명, 여동생 2명이 있다.

1959년에 사할린에 살고 있던 할아버지, 할머니, 삼촌들, 아버지와 어머니, 그리고 한민운의 형제들은 북한에 가고, 한민운은 18살인 그해부터 사할린에 혼자 남아서 살게 되었다.

한민운은 어릴 때부터 사장이 되고 싶었다. 꼴렛(직업고등학교)을 마치면 사장을 하면서 대학교에도 갈 수 있었기 때문에 그는 중학교를 마치고 바로 꼴렛에 들어갔다. 그 당시에 사할린에는 벌목과 탄광 일밖에 없어서, 한민운은 꼴렛에서 산판에서 일하는 것을 배워 졸업한 후에 산에 가서 나무 베는 일을 했다. 나무 베는 일을 할 때 모스크바에서 사할린 구청으로 꼴렛을 마친 사람 중에서 대학교에서 공부할 사람을 보내라고 요청을 받고 모스크바에 가서 대학교에서 3년 동안 공부를 했다.

한민운은 기계 수리하는 회사를 만들어서 사장으로 일하다가 1967년 26살에 아내를 만났다. 처음 처갓집에서는 결혼을 반대하여 많은 우여곡절을 겪었다. 하지만 아내가 임신을 하여 마침내 결혼을 하게 되었고, 결혼 3개월 만에 큰아들이 태어났다.

한민운은 사할린에 살면서 매일 깨끗하게 흰 적삼을 입고 넥타이를 매고 출근했고 성실하게 일해서 넓고 좋은 아파트에서 살 수 있었다. 한민운은 성질이 있고 배짱이 있는 사람이었다. 식민지 시대에는 일본 사람들에게 한없이 고개를 숙였지만 일본이 패망하고 난 이후에는 누구에게도 고개를 숙인 적이 없이 열심히 살았다.

한민운은 세상에서 배울 것은 다 배웠지만 술 마시는 것은 배우지 못했다. 그래서 그는 술 때문에 손해를 본 적이 몇 번 있었다. 술을 마셔야 윗사람들하고 대화할 시간도 많고 더 친해질 수도 있고 승진도 잘되는 것 같았다. 한번은 직장에서 더 높은 자리로 올라갈 수 있는 기회가 있었으나 그는 술을 못 마셨기 때문에 사장의 눈 밖에 나기 시작했다. 그런 일이 있을 때마다 그는 더 높은 자리로 올라갈 기회를 얻기 위해 더 열심히 더 많은 일을 하곤 했다.

한민운은 2007년에 한국의 적십자사에 신청을 해서 아내와 같이 한국에 왔다. 처음에 그는 한국에 가서 3개월만 살아보자는 생각으로 왔지만 3개월 살고 연장하고 3개월 살고 연장하고 그렇게 하다가 어느새 11년째 살고 있다.

한민운은 사할린에서 살 때는 한인이라는 차별에도 참을 수 있었지만 한국에 온 이후부터는 사할린에서 온 사람이라는 차별을 견딜 수가 없었다. 그는 한국을 자신의 나라 땅이라고 생각했기 때문이었다. 그는 자신의 고국인 한국에 왔고 지금 한인으로 살고 있는데 자신을 이방인으로 취급할 때 가장 화가 많이 난다고 한다.

한민운은 사할린에 있는 아들, 손자, 손녀, 그리고 며느리에 대해 이야기하면서 얼굴 가득 행복한 웃음을 지었다. 그는 한국에 온 이후에 일본 정부에서 2년에 한 번씩 사할린에 보내주어서 사할린의 가족을 만나러 갔다 왔다. 그리고 매년 가게 될 때는 아들이 비행기 표를 미리 사서 남동사할린센터로 팩스로 보내주면 그 표를 받아서 사할린에 다녀왔다. 사할린에 갈 때는 비자는 필요하지 않고 돈만 필요하다며 웃었다.

한민운의 아내는 2015년 가을 자신의 생일에 쓰러져서 병원에 입원 중이다. 그래서 2016년 여름에는 혼자서 사할린에 다녀왔다. 요즘 가장 힘든 일은 병원에 있는 아내에게 아무것도 해줄 수 없다는 것이다. 반면 가장 행복한 일은 사할린의 손녀들에게 좋아하는 한국 물건을 택배로 보내주고 답장을 기다리는 일이라고 한다.

한민운은 아내의 건강이 회복되어서 자신의 옆에 다시 돌아올 수 없을 것으로 생각하고 있었다. 아내도 없는 텅 빈 아파트에서 이산가족이 되어버린 그는 사할린 가족들의 사진을 보면서 지내고 있었다. 그리고 쓸쓸함을 잊고자 남동사할린센터에서 친구들과 시간을 보내고 있었다.

## 1. 14살에 사할린에 간 그의 아버지

한민운의 아버지는 1920년생이다. 한민운의 아버지는 둘째 아들로 태어났으며, 가족들과 함께 사할린으로 갈 때 아버지의 나이는 14살이었다. 아버지가 사할린에 간 지 7년이 되었을 때 1941년 21살에 할아버지는 아버지를 한국 여자와 결혼시키려고 했다. 사할린에 간 남자들은 대부분 그 정도의 나이가 되면 결혼을 했기 때문이다. 할아버지는 한국에서 며느리를 데리고 오기 위해 한국에 사는 친척들에게 연락을 하고 편지도 보냈다. 한민운은 어머니에 대한 기억을 이렇게 회고하였다.

"어머니가요. 어머니는 선생질을 했어요. 선생질을 하고 있었는데 할아버지가 한국에 편지를 보내서 어머니가 편지를 요렇게 해가지고 사할린에 들어왔어요. 사할린에 사는 어른들은 한인 며느리를 얻으려고 편지를 써가지고 요렇게 한국에 보내 가지고, 우리 어머니도 그렇게 해가지고 아버지를 만나러 사할린으로 오게 되었어요."

아버지는 할아버지의 뜻에 따라 한인 여자와 결혼을 했고, 한민운은 1941년에 첫째 아들로 태어났다. 아버지는 가족들과 같이 사할린에 왔지만 어머니는 결혼하기 위하여 혼자 사할린으로 왔기 때문에 어머니의 친척들은 모두 한국에 있었다. 한민운은 부모님과 남동생 1명, 여동생 2명과 같이 모두 6명의 가족이 함께 살았다.

한민운의 부모님은 한민운이 맏이였음에도 다른 자식들보다 더 사랑해주거나 하는 일 없이 동생들하고 똑같이 키우신 것으로 기억한다.

"어머니는 '다섯 손가락을 깨물면 다 한가지로 아프다'라고 하는 러시아말을 자주 하셨어요. 그래가지고 어머니는 우리들 키울 때 먹을 게 생겨도 똑같게, 입을 게 생겨도 똑같게, 그래 키웠지요."

한민운의 어머니는 아들에게 아침에 자고 일어나서 이불을 반듯하게 개야 예쁜 아내를 만나 결혼할 수 있다는 말을 자주 했다. 그래서 그는 아침에 일어나면 항상 자를 가져다가 이불의 모서리를 대가면서까지 반듯하게 이불을 정리했다. 그래서 어머니한테 칭찬도 많이 받고 후에 예쁜 부인도 얻었다.

그는 아버지에 대해서는 다음과 같이 회고하였다.

"아버지하고 우리 여렇게 친하게 말 못했어요. 왜 그런가 하모, 우리는 농촌에 살았어요. 농촌에는 아침 일찍부터 일하요. 조금 밝으믄 눈에 뭐시 보이믄 일 시킨단 말이에요. 일 시키믄 저녁 어두울 때까지 일하니까, 아 우리 아버지는 친구들하고 고기 잡으러 가 버렸지. 그래서 어머니가 우리를 다 키웠고 아버지하고는 같이 앉아서 여렇게 친하게 이야기 못 해봤어요."

한민운은 아버지와 가깝게 대화를 많이 못 해본 것으로 기억했다. 아버지는 항상 장난꾸러기처럼 행동하였고, 그에 비해 어머니는 늘 새색시처럼 좋은 성품으로 자신들을 키워준 것으로 기억하고 있었다. 특히 어머니는 생활력도 아주 강한 사람이었다. 어머니는 매월 아버지의 월급을 월급대로 받았지만 자식들한테 돈이 많이 들어가고 또 한인이라 욕심도 있어서 그런지 쉴 새도 없이 열심히 살았던 것으로 기억하였다.

> "어머니는 농촌에서 살면서 아침 일찍이 아버지한테 아침 해드리고 점심 싸가 보낸 다음에 우리들 조금 맥이고 그다음에는 감자 숭구러 갔어요. 감자 숭궈 가지고 그 감자 팔아가지고 또 돈을 맹글었지요."

아버지는 국가농장에서 트랙터를 운전하는 일을 하였다. 트랙터가 밭을 갈다가 고장이 나면 그것을 고치기도 했다. 러시아에서는 일을 잘하는 사람에게 메달이나 훈장을 주는데 아버지는 러시아 국적이 없어서 메달도 훈장도 받지 못했지만 아버지의 사진이 박물관에 걸려 있었을 정도로 국가가 인정하는 사람이었다. 한민운은 동네 사람들과 고모들로부터 그 사진 밑에는 아버지의 이름과 함께 농장의 최고 트랙터 기사라는 말도 쓰여 있었다고 들었다.

한민운은 나이가 들어서 모스크바에 있는 박물관에 가서 아버지의 사진을 찾았지만 소련이 붕괴된 이후 박물관이 없어지면서 아버지의 사진도 찾지 못했다면서 아쉬움을 이야기했다.

1959년에 할아버지, 할머니, 삼촌들, 아버지와 어머니, 그리고 한민운의 남동생이 북한에 갔다. 그때의 정황을 정확하게 알 수는 없지만 북한에 살고 있는 조카에게 들은 바로는 아버지가 1970년쯤에 돌아가시고 어머니는 1973년쯤에 돌아가셨다고 했다. 제사는 한민운의 동생이 지내다가 남동생도 죽었다고 했다. 삼촌들도 다 돌아가시고 현재 북한에는 조카들만 살아 있다. 조카들도 20년 동안 연락이 없었는데 10년 전에 한국에 와서 북한에 조카들만 살아 있다는 소식을 들었다.

## 2. 할아버지의 사할린 두부공장

할아버지는 아들 3명(큰아버지, 한민운 아버지, 작은아버지)과 딸 5명(한민운의 고모들)을 두었다. 1934년 50살 때 할아버지는 가족들을 데리고 사할린으로 갔다.

한민운의 큰아버지에게 운명적인 일이 있었다. 큰아버지는 북한에 왔다 갔다 했는데 결혼을 했는지는 기억이 나지 않았다. 할아버지는 큰아들이 1945년이 되기 전에 일본 사람들하고 비밀리에 무슨 싸움 같은 것을 하다가 일본 사람들한테 붙잡혀갔다고 하셨다. 한민운의 가족은 큰아버지가 북한에서 살고 있는 줄 알았다. 그런데 오래전에 이미 큰아버지는 북한의 감옥에서 죽었다. 한민운은 이 사실을 1985년에 알게 되었다.

한민운의 작은아버지에게도 운명적인 일이 있었다. 1945년에 일본 사람들이 자기 나라로 쫓겨나가고 러시아인들이 들어왔다. 일본 사람들이 사장으로 있던 회사에도 일본 사람들이 다 나가버렸으니까 러시아인들이 사장도 하고 높은 자리에도 앉게 되었다. 그 당시 러시아에는 전기 기술, 수도 기술은 모두 일본의 기술이었다. 그러니까 그것이 고장 나거나 부품이 필요하면 모두 일본 사람들이 만든 물건을 사용해야 했다.

한민운의 작은아버지는 일본 꼴렛에서 일본 기술과 일본말을 배우고 졸업했다. 작은아버지가 꼴렛을 졸업할 때는 일본이 패망해서 자기 나라로 도망갈 때였다. 작은아버지는 일본의 전기 기술과 수도 기술을 다 알고 있었다. 하지만 러시아인들은 아무것도 모르니까 작은아버지가 가장 높은 자리에서 일하게 되었다. 작은아버지는 일본 사람들이 놓고 간 물건으로 전기 일과 수도 일을 다 할 수 있었고 돈도 많이 벌었다.

할아버지는 가족의 일을 모두 운명으로 생각했다. 한인들은 이 세상 어디에도 나라가 없으니 어디에 가서든 운명대로 살아야 한다고 하시면서 모든 일을 있는 그대로 받아들였다. 그래서 한민운은 어릴 때부터 할아버지의 생각처럼 자신에게 일

[사진 7-1] 한민운의 할아버지
환갑 사진(1944)
해방되기 전 한민운의 할아버지 환갑 때
할머니와 함께 찍은 사진이다.

어나는 모든 일을 운명으로 생각하고 받아들였다. 사람들이 호주에도 살고 미국에
도 살듯이 북한에도 살고 사할린에도 살 수 있다는 것을 그는 자신의 운명으로 생각
하고 받아들인 것이다.

그 당시에 할아버지는 사할린에서 크지는 않았지만 두부공장을 운영하였다.
한민운은 두부공장에 대한 기억을 다음과 같이 회고하였다.

"내가 어렸을 때 할아버지 두부공장은 콩 가는 믹서 통 까만 거 한 여섯 개, 일곱
개가 있었어요. 그리고 씻어서 이틀, 삼일 불구는 통이 한 열 갠가 있었어요. 옛날
에는 기계를 작게 못 맹글어서 믹서 하나가 교실 반만큼 컸어요. 그리고 전기마또
르(전기맷돌)가 의자 두 개만큼 큰 거가 있었어요. 전기로 해가지고 벨트가 쑥 내려가
면서 벨트로 기계를 돌리면 여짝에 와가지고 여렇게 찍는 것도 있고 그랬어요."

한민운은 어릴 때 두부를 많이 먹어서 한국에 와서 두부를 사 먹은 적이 없었
다. 그런데 3년 전부터는 이가 아프기 시작했고 그래서 두부가 씹기에 편해서 지금
은 한 달에 두세 번씩 두부를 사먹는다고 했다.

"돼지고기 지지다가 기름에 고춧가루 싹 풀어가지고 벌겋게 해가지고 두부 넣

고 끓여서 먹으면 씹지 않아도 되니까 이가 아파도 술술 잘 넘어가요."

한민운의 아버지는 장난이 심하면서 성질도 좀 있는 분이었다. 한번은 할아버지가 아버지한테 놀지 말고 일하라고 잔소리를 심하게 하셨던 것 같다. 평소 할아버지는 잔소리가 좀 심한 편이었고, 반면에 아버지는 잔소리 듣는 것을 아주 싫어하는 사람이었다. 그래서 아버지는 성질을 참다가 결국 큰 돌을 가지고 와서 두부 만드는 기계를 다 부숴버린 적이 있었다. 이 모습을 본 한민운은 가슴이 조마조마하였으나, 할아버지는 화도 못 내고 기가 막혀서 그냥 집으로 들어갔다.

1950년 한국전쟁이 있었을 때 한민운은 9살이었고 부모님과 같이 사할린에 살고 있었다. 그러다가 부모님들은 1959년에 북한에 가시고 한민운은 18살인 그해부터 사할린에 혼자 남아서 살게 되었다.

## 3. 사장이 되고 싶었던 어린 시절

한민운은 초등학교 3학년 때 교장 선생님으로부터 새로운 정보 하나를 들었던 일을 기억했다. 교장 선생님은 학생들에게 설탕을 많이 먹으면 머리가 좋아지고 머리가 좋아지면 하고 싶은 일을 빨리 이룰 수 있다고 이야기했다. 한민운은 사장이 되고 싶었기 때문에 머리를 좋게 하고 싶었다. 머리가 좋아지면 공부를 잘할 것이고 공부를 잘하면 빨리 사장이 될 수 있다고 생각했기 때문이다.

한민운은 그때부터 매일 설탕을 사 먹었다. 그런데 그는 머리가 좋아졌는지는 모르겠지만 그날 이후로 하루도 설탕을 안 먹으면 안 될 만큼 매일 설탕 먹는 습관이 생겨버렸다. 그래서 그는 지금도 설탕을 많이 먹는다. 혼자 한 달에 10kg의 설탕을 먹기도 한다. 그는 커피를 마실 때도 반찬을 만들 때도 설탕을 듬뿍 넣는다. 누구든지 자신의 집에 오면 반찬을 직접 만들어서 대접하는 것을 좋아하는데, 그때도 설탕을 많이 넣어서 만들어준다고 한다. 그러면 음식이 맛있다고 모두 자신을 칭찬해준다. 그래서 그는 지금도 설탕을 가장 좋아하며, 당연히 설탕을 줄일 수도 없고 줄일 생각도 없다고 했다.

한민운은 어린 시절 그의 아버지가 좋아했듯이 그도 물고기 잡는 것을 좋아했다. 그는 자신의 어린 시절을 다음과 같이 회고하였다.

"고기 잡으러 작살 가지고 강에 갔는데 그 강에는 여런 팔만한 고기가 있는데 고기가 막 강 위로 착착 간다 말이에요. 우리가 쫓아가면서 콱콱 바닥을 찍는데 못 찍었어요. 그래서 계속 따라갔지요. 나하고 세 명 친구하고. 내가 좀 더 크니까 내가 더 빨리 갔단 말이요. 올라가니까 러시아 가시나들이 옷을 홀렁 벗고 목강하고 있었어요. 큰 가시나 하나가 비누로 눈을 쓱 닦고 보니까 남자가 서있으니까… 막 때렸어요. 그렇게 얻어맞고 고기는 놓쳐버리고 왔지요. 하하하…."

러시아에서는 모든 남자들이 의무적으로 군대에 가야 한다. 한민운은 군대에 가야 하는 나이였지만 러시아 국적이 없어서 군대에 가지 못했다. 한민운은 그 당시에 러시아인도 아니고 일본인도 아니고 한인도 아닌 무국적자를 표시하는 민증을 가지고 있었다. 1975년 34살에 러시아 국적을 받아서 늦게 군대에 갔지만 3개월 동안 총 쥐는 방법만 훈련받고 돌아왔다.

한민운이 러시아 국적을 늦게 받은 이유는 부모님이 20대에 사할린 경찰서에 가서 무국적을 받았기 때문이다.

친구들은 15명 중에 한두 명만 제외하고 모두 군대에 갔다 왔다. 그리고 그는 군대에 가지 못했을 뿐만 아니라 좋은 대학에도 갈 수 없었다. 특히 그의 최초의 꿈은 의사가 되는 것이었으나 의술을 공부하는 대학교에는 무국적자는 들어갈 수가 없었다. 그 당시에 한민운의 부모님은 북한에 가고 한민운만 사할린에 혼자 남아 있었다. 그래서 그는 사할린에서 자신을 도와주는 사람이 없다는 생각에 빨리 공부를 마친 다음에 일하기로 마음먹었다. 한민운은 사할린에 살면서 일반적인 공부를 하고 일하는 것은 다른 러시아인들하고 동등하다고 생각했기 때문이다.

한민운은 식민지 시대에는 일본 사람들에게 한없이 고개를 숙였지만 일본이 패망하고 난 이후에는 누구에게도 고개를 숙인 적이 없었다고 한다. 그 당시에 러시아에서 정치하는 사람들은 한인, 러시아인을 구별하지 않고 같이 취급했다. 그것은 좋은 점도 있지만 안 좋은 점도 있었다. 안 좋은 점은 한인들도 잘못하면 러시아인들하고 똑같이 감옥에 보냈다. 어쩌면 러시아인들보다 더 엄격하게 처벌을 받았다. 사할린은 한인에게는 조국 땅이 아니라 남의 나라 땅이었기 때문에 한인들은 러시아 법을 더 잘 따라야 한다는 게 당연한 일이었다.

## 4. 꼴렛 그리고 일간과 대학교

러시아에서는 공부를 무료로 시켜주기 때문에 한민운은 러시아에서 가르치는 공부는 대학교까지 모두 공부했다. 그는 일본말도 하고 독일말도 할 수 있었다. 러시아에는 중학교를 마치면 중학교와 대학교 사이에 꼴렛이 있었다. 꼴렛은 기술을 가르치는 직업고등학교와 같은 곳이었다. 꼴렛에 간 사람들은 기술을 배웠기 때문에 졸업하면 사장이 될 수 있었다. 그리고 꼴렛을 마친 사람들은 사장을 하면서 대학교에도 갈 수 있었다. 그는 어릴 때부터 사장이 되고 싶었고 사장을 하면서 대학교에 가려고 생각했다. 그래서 중학교를 마치고 바로 꼴렛에 들어갔고 꼴렛을 마치고 사장이 되어서 일하면서 3년 동안 대학교에서 공부를 했다.

일간(직장)에서 일하다가 봄이나 가을이나 1년에 한 번씩 대학교에서 시험문제를 주면 20일 동안 휴가를 받아서 문제를 풀어서 대학교에 제출했다. 그러면 대학교에서 시험점수를 보내주었다. 그는 일하면서 시험문제도 열심히 풀어서 좋은 점수를 받고 대학교를 졸업했다.

1959년 18살 때였다. 한민운의 할아버지의 고향은 북한이었고 할머니의 고향은 강원도였다. 할아버지는 가족들과 같이 고향에 가고 싶어 하셨다. 그래서 그의 아버지와 어머니는 북한에 가셨다. 그때는 북한과 남한이 연락이 되지 않았다. 라디오 방송도 없고 북한 소식을 들을 수 없었다. 아버지는 그를 데리고 가고 싶어 했으나 그는 이유는 모르겠지만 북한에 가지 않겠다고 했다. 그래서 그는 아버지한테 두 번이나 심하게 맞았다.

큰아버지는 일본군한테 끌려가서 북한 감옥에 있다고 생각했고, 할아버지와 할머니, 그리고 아버지와 어머니도 북한에 가셨고, 사할린에는 작은아버지와 고모 3명이 살고 있었다. 부모님이 북한에 가시고 내가 18살 때 사할린에 남아 있었으니까 친척들이 있다고 해도 그는 스스로 돈을 벌어서 먹고 살아야 한다는 생각을 강하게 하고 있었다.

러시아학교는 초등학교, 중학교 그런 것이 아니라 그냥 10년제였다. 한민운은 8학년까지 공부하고 9학년, 10학년은 학교에 다니지 않고 휴학을 하고 석탄 캐는 탄광에서 일을 했다. 탄광에서 일하면서 그는 자신이 공부를 안 하면 죽을 때까지 이런 일만 해야 하는구나 하고 생각했다. 그래서 낮에는 일하고 저녁에 야간학교에 가서 공부하기로 마음을 먹었다. 그는 9학년과 10학년을 공부하지 않아서 9학년부터 해야 했지만 바로 10학년으로 올라가서 공부했다. 9학년 공부를 하지 않고 10학년으로 바로 올라가서 처음에는 힘들었다. 힘들었지만 꼭 공부해야 한다고 결심했기 때문에 열심히 공부했다. 그래서 10학년을 무사히 마치고 졸업했다.

학교를 졸업하고 사할린에는 부모님이 안 계셨고 친척들은 있어도 믿을 수 없다고 생각했기 때문에 한민운은 대학교에 안 들어갔다. 대학교에 가면 학비는 나라에서 대 주지만 먹고 입고 쓰는 용돈이 많이 필요할 거라고 생각했다. 그래서 그는 대학교를 포기하고 꼴렛에 들어갔다. 대학교는 5년 동안 공부하지만 꼴렛은 3년이니까 빨리 졸업하고 돈을 벌 수 있었다.

그 당시에 사할린에는 일하는 곳이라고는 나무 베는 일하고 탄광 일밖에 없었다. 한민운은 꼴렛에서 산판에서 일하는 것을 배웠기 때문에 졸업한 후에 산에 가서 나무 베는 일을 했다. 나무 베는 일을 할 때 모스크바에서 사할린 구청으로 꼴렛을 마친 사람 중에서 대학교에서 공부할 사람 20명 정도를 보내라고 요청이 왔다. 그는 모스크바에 가서 대학교에서 일도 하고 공부하는 것이 좋다고 생각했다. 그래서 일간 한 곳에서 1명씩 총 20군데 일간에서 20명을 뽑아서 모스크바에 보낼 때 그도 선발되었다.

주변에 있는 사람들은 대학교에서도 일하면서 공부할 수 있고 대학교를 마치면 일간에서 높은 자리로 올라갈 수 있다고 이야기했다. 한민운은 대학교를 꼭 끝마치고 싶었다. 그래서 한민운은 대학교에 들어가면 자신의 인생이 더 유리할 거라는 생각이 들었다. 높은 데로 올라가서 편한 일을 하면서 살 수 있겠다고 생각했기 때문에 그는 모스크바에 가서 대학교에서 3년 동안 공부를 했다.

한민운은 사장이 되고 싶은 꿈을 항상 가지고 있었다. 그는 자신의 꿈을 다음과 같이 회고하였다.


"사장들은 아침에 일간에 나오면 사람한테 너는 여기 가서 나무 심어라. 너는 저기 가서 차 닦거라. 이렇게 일을 시키는 거를 보니까 편해 보였어요."


사장 밑에는 본부장이 여럿이 있기 때문에 그 사람들이 돌아다니면서 일하는 사람들을 관리했다. 한인들은 일을 시키면 누가 보든 안 보든 맡은 일을 끝까지 잘하지만 러시아인들은 곰 같은 사람들이라 사장이 안 보면 일을 하지 않았다. 그래도 월급 받고 집 받고 병원 진료도 무료이고 충분히 먹고살 수 있으니까 열심히 일을 안 했다. 그러니까 일을 하게 시키려면 본부장들이 돌아다니면서 관리를 해야만 했다.

대학교에 다니면서 한민운은 회사에서 일했다. 그 회사는 한민운과 같은 개인 사장이 여러 명 있고 최고 높은 사장이 1명 있었다. 러시아인들은 곰 같은 사람들이라 아침부터 술을 먹기도 한다. 그는 아침에 사람들에게 일을 시키는데 어떤 러시아인이 아침부터 술을 마시고 와서 트집을 잡고 일을 제대로 안 하는 것이었다. 그래서 그가 혼을 냈더니 그 사람이 한민운의 목을 쥐고 들어 올렸다. 한민운의 다리가 그 사람 무릎까지 번쩍 들려 올라갔다. 그런데 한민운은 조용하게 내리라 말했다. 그 사람이 한민운을 내렸다. 한민운은 내리자마자 여기저기에 굴러다니던 쇠몽둥이를 발견하고 그것을 들고 그 사람을 쫓아갔다. 그 사람은 한민운을 보자마자 겁이 나서 도망을 갔다. 그 사람은 한민운보다 나이가 젊어서 쫓아갈 수가 없었다. 그래서 힘껏 쇠몽둥이를 던져버렸다.

한민운이 러시아 직원에게 쇠몽둥이 던지는 것을 보고 회사에서 최고 높은 사장이 그를 사무실로 불렀다. 그에게 왜 나쁜 행동을 하느냐고 물어봐서 한민운은 사실대로 이야기했다. 그랬더니 사장은 한민운의 마음을 이해하기는 했지만 그래도 사람들에게 위험한 물건을 던지는 것은 옳지 않다고 충고를 해주었다. 한민운은 그때 자신의 행동이 옳지 않다고 충고해준 사장의 이야기를 인정했다. 그러나 그는 참을 수 없는 상황이라서 그런 행동을 하고 말았다고 계속 자신의 행동을 정당화하려고 했다. 한민운은 이런 사람이었다. 그는 사장을 오래 해서 그런지 술을 먹고 일을 게을리하는 사람을 보면 이해할 수 없을 뿐만 아니라 참을 수 없는 행동을 하게 된다고 했다.

한민운이 생각할 때, 러시아 사장들은, 특히 술을 좋아하는 러시아 사장들은 본부장을 뽑을 때 한인이나 러시아인이나 일 잘하는 사람을 기준으로 뽑는 것이 아니라, 사장들은 자신과 같이 술 마시는 것을 좋아하는 사람을 본부장으로 뽑는 것 같았다. 술을 못 마시거나 안 마시는 사람들은 본부장으로 뽑히지 못했다. 러시아인들은 대부분 술을 좋아하는 그런 민족이었다.

한민운은 세상에서 배울 것은 다 배웠는데 술 마시는 것을 배우지 못했다. 그래서 그는 술 때문에 손해를 본 적이 몇 번 있었다. 일간에서 더 높은 자리로 올라갈 수 있는 기회가 있었으나 술을 못 마셨기 때문에 사장한테 뽑히지 못했다. 그런 일이 있을 때마다 그는 더 높은 자리로 올라갈 기회를 얻기 위해 더 열심히 더 많은 일을 하곤 했다.

## 5. 그의 첫사랑 나탈리아

한민운은 공부할 때 러시아 친구들이 많았는데 20살 때의 첫사랑은 잊을 수 없다고 했다. 그의 첫사랑의 이름은 나탈리아였다. 나탈리아는 러시아 여자이고 그의 대학교 친구였다. 그래서 그는 그녀와 같이 공부를 했다. 공부를 하면서 1년 동안 친하게 지냈다.

"내가 나탈리아하고 두 번가 세 번가 같이 잤어요. 잤지만은 건들지는 안 했어요. 왜 그른가 하모 그때는 우리 러시아에 콘돔이 없었더란 말이에요. 그래서 같이 못 잤어, 안 잤어, 안 건드렸어요."

한민운은 나탈리아하고 두세 번 잠을 잔 적이 있었지만 학생 신분이었기 때문에 아이를 안 낳으려고 손만 잡고 잠을 잤다고 했다. 그런데 1년 정도 지난 후에 그의 마음이 바뀌었다. 그는 뚱뚱한 여자를 싫어했는데, 나탈리아는 참 예쁘지만 조금 뚱뚱했기 때문에 갈라서게 되었다. 나탈리아는 2~3개월이 지난 후에 다른 남자가 생겼고, 한민운이 대학교 공부를 마칠 때 즈음에 시집을 갔다. 지금도 그는 자신의 첫사랑 나탈리아의 사진을 가지고 있었다. 하지만 나탈리아는 이제 이 세상에 없다.

한민운은 나탈리아에 대하여 다음과 같이 회고하였다.

"이 사진 뒤에는 나탈리아가 직접 자기 이름을 사인해가지고 나한테 줬어요. 나는 이 사람을 아가씨로만 기억하고 있어요. 그런데 지금 이 아가씨는 돌아가셨어요. 우리 같이 공부한 친구들은 드문드문 만나 가지고 친구들 얘기 한단 말이에요. 이 사람 다른 데에 시집가 가지고 살다가 돌아갔다고 얘기 들었지요."

[사진 7-2]는 한민운의 첫사랑 나탈리아이다. 그녀는 이 사진 뒤에 자신의 손

글씨로 '한민운과 나탈리아'라는 사인을 해 놓았다. 한민운의 아내는 그 당시에 남편이 러시아 여자인 나탈리아를 만났다는 사실을 알고 있었지만 한국 여자들처럼 자신에게 그렇게 사납게 하지 않았다고 했다.

[사진 7-2] 한민운의 첫사랑
나탈리아

## 6. 흰 적삼에 넥타이 신사

사할린에서는 삽질을 하면 돈을 두 배로 벌 수 있었다. 그래서 한인들은 모두 삽질해서 돈을 두 배로 벌고 싶어 했다. 그런데 한민운은 흰 적삼에 넥타이를 매고 사장만 하고 싶어 했다. 그 이유는 아내도 회사에 다녔기 때문에 두 사람이 월급을 받았고, 미래는 사회주의 국가에서 보장을 해주니까 생활만 하기에는 월급으로 충분하다고 생각했다.

한국에 와서 돈을 미친 듯이 모으려고 하는 사람들을 보고 처음에는 이해할 수가 없었다. 사할린에서는 돈을 벌면 모으려고 애쓰지 않고 그냥 다 썼기 때문에 돈만 모으려고 하는 사람들이 이상했다. 그에게는 아들이 2명 있는데 만약 자식을 많이 낳았으면 자신도 달라졌을지도 모르지만 가족이 별로 없어서 그런지 그는 큰 욕심을 부리지 않고 살았다고 했다.

"러시아에는 이런 말이 있어요. '늑대들하고 살면 늑대처럼 울어야 된다.' 이 말이 무슨 말인고 하모 늑대하고 같이 살면 늑대처럼 울어야 된다고, 일만 하고 욕심 부리는 사람 옆에 같이 있으면 똑같이 욕심을 부려진다. 그 말이요. 우리는 러시아서 사니까 러시아인들처럼 행동하고 그거 해야지요. 러시아인들은 욕심을 안 부리니까 우리도 욕심 안 부렸어요."

한민운은 사할린에 있을 때 주변에 있는 러시아인들이 욕심을 안 부리니까 자신도 욕심 없이 살았다고 했다. 그는 이 세상에 러시아인만큼 좋은 사람도 없다고 했다. 러시아인들은 곰처럼 우둔하지만 좋은 사람들이어서 그는 사할린에서 한인들보다 러시아인들하고 더 친하게 잘 지냈다고 했다.

한민운은 사할린에 살면서 자동차, 불도저, 트램, 벌목 기계 등을 수리하는 작은 회사를 만들어서 일을 했다. 그는 작은 회사지만 사장으로 일하는 것을 무척 좋아했으며, 자신이 사장이기 때문에 항상 흰 적삼에 넥타이를 매고 출근했다. 그는 대학교를 졸업했고 사장이기 때문에 그의 아래에는 대학교를 졸업한 본부장 2~3명이 있었다. 그리고 그 본부장 아래에는 대학교를 졸업하지 않은 직원 70~80명이 그를 도와서 일을 했다. 그는 매일 깨끗하게 흰 적삼을 입고 넥타이를 매고 출근하는 것에 큰 자부심을 가지고 있었다.

1945년에 제2차 세계대전이 끝나고, 1949년부터 1953년까지 경제가 아주 어려웠다. 한민운도 그 시절에는 어렵게 살다가 그 이후에 잘살게 되었다. 그 시절에는 아주 엄격한 법이 있었다. 예를 들어 일할 때 출근 시간이 9시까지인데 2분 늦게 오면 2주일 동안 감옥에 보냈다. 나쁜 일을 해도 감옥에 보냈다. 감옥에 간 사람들은 지하 탄광 같은 곳에 들어가서 폭탄 만드는 재료를 땅에서 채굴했다. 지하 탄광에 들어가서 폭탄 만드는 재료를 땅에서 파내는 일을 5년만 하면 모두 병에 걸려서 죽었다. 일을 안 하거나 나쁜 일을 하는 사람들은 모두 감옥에 보내서 채굴하는 일을 했다. 그래서 그 사람들 때문에 폭탄도 많이 만들 수 있었다.

러시아에서는 일간에서 일을 잘하는 순서에 따라서 집을 받는 순서가 정해진다. 러시아인들은 순서가 아무리 앞쪽에 있어도 며칠만 지나면 술을 많이 먹고 회사에서 싸우거나 지각하거나 결근을 해서 뒤로 밀려나게 된다. 그런데 한인들은 머리가 좋아서 러시아인들하고 문제가 생겨도 싸우지 않고 잘 피해 나간다. 그리고 욕심도 있어서 술도 안 먹고 지각도 안 하고 좋은 태도를 가지고 성실한 행동만 한다. 그러니까 끝에 있던 한인들도 며칠만 지나면 다시 앞으로 밀려 올라오는 경우가 많았다. 그래서 대부분 한인들은 넓고 좋은 아파트에 살고 어르신이 있는 집은 개인 주택을 받아서 살았다. 반면에 러시아인들은 좁고 낡은 집에서 살게 되었다.

그리고 일간에서 일을 잘하는 순서에 따라서 집을 받는 순서와 같이 휴가를 받는 순서도 정해진다. 러시아인이 앞에 있고 한인이 아무리 뒤에 있어도 앞 사람을 제치고 먼저 휴가를 받아서 1년에 24일이나 30일 동안 휴양지에 갔다 오곤 했다. 한민운은 사할린에서 다른 한인들이 모두 보통으로는 살 때도 그는 항상 좋은 집에서 살았고 먹고 사는 게 좋은 편이었다. 그 당시에는 일만 잘하면 집도 받고 휴가도 받으니까 한인들은 모두 열심히 일했다. 일간에서 24일이나 30일 동안 휴가를 보내주면 휴가 비용은 모두 무료이고 그 기간 동안 월급도 받았다. 그러니까 힘들어도 참고 일하고 일한 다음에 휴가 가서 편안하게 쉬면서 놀았다. 휴가는 휴양지 같은 곳에 가서 보냈는데, 아픈 사람은 치료도 해주고 맛있는 것도 먹고, 또 하나 있었는데 그건 바람도 피울 수 있었다. 회사에서 보내주는 거니까 가족들은 이런 사실을 알 수 없었다. 그에게 휴가는 가장 신나는 일이었다.

한민운은 성질이 있고 배짱이 있는 사람이었다. 그래서 그런지 다른 사람들에게는 사기꾼이 잘 붙어도 자신한테는 사기꾼이 붙은 적이 없었다. 그는 공부도 하고 일간에서 일도 했으니까 계약서를 잘 쓸 줄 알았다. 누가 그에게 한 달 있다가 돈을 주겠다고 하고 100만 원을 빌려 가면 그는 그 사람이 만약에 돈을 못 줄 때 전화기를 가져간다거나 이자를 일주일에 1%, 열흘 지나가면 5%, 스무날 지나면 20%, 이런 식의 내용을 계약서에다가 썼다. 그렇게 해 놓으면 돈을 빌려 간 사람은 약속한 날에 꼭 그에게 돈을 주었다. 그는 이런 기술을 가진 것도 운명이라고 했다.

러시아 경제는 1953년 이후에 좋아져서 그때 한민운은 잘 먹고 잘살았다. 옛날 한국 영화를 보면 그 당시에 한국도 몹시 어렵게 살았던 것 같았다. 일본 식민지에서 1945년에 일본 사람들이 물러가고 1950년부터는 한국전쟁을 했다. 그러다가 1953년에 전쟁이 끝난 후부터 한인들이 부지런하게 일했다.

"요즘 방송을 보면 드라마나 어디서나 이제는 잘 먹고 잘 살아야 된다고 하면서 먹는 것이 최고라고 보여주고 있단 말이에요. 러시아말로 '먹는 게 최고다'라는 말은 '꿀뜨뻬샤'예요. 꿀뜨는 최고다, 뻬샤는 먹는 거란 뜻이에요."

러시아는 사회 문제가 좀 있는 나라이다. 젊은 부모들이 병원에서 아기를 낳고 도망가 버려서 고아들이 많다. 그런 아기들은 고아원에도 있지만 아기가 필요한 사람이 데리고 가기도 한다. 문제는 아기가 필요해서 데리고 가려고 하면 도망갔던 아기의 부모가 나타나서 돈을 많이 요구한다. 그러니까 러시아는 부모들이 아기를 키우지도 못하면서 돈을 받고 팔기 위해서 낳기도 한다. 그런 나쁜 부모들이 많아서 요즘 큰 사회 문제가 되고 있다.

그리고 러시아 여자들은 집에서 술을 먹고 싸움이라도 하게 되면 집을 나와서 아무 차나 세워서 타고 어디든지 기사가 가자고 하는 대로 따라간다. 그래서 러시아에서는 "남자가 아내에게 잘해주지 못하면 자신이 손해를 본다"는 말이 있다. 왜냐하면 여자는 남편이 속상하게 하면 나가버리고 그러면 다른 남자들이 내 아내를 건드리게 되니까 그런 말이 유행하는 것이다.

러시아 여자들은 남편이 자신을 속상하게 하면 여자니까 남편을 때릴 수는 없으니까 어떻게든 보복을 하려고 생각한다. 그녀들은 보복할 수 있는 가장 좋은 방법으로 바람을 피우는 방법을 선택한다. 그래서 다른 남자를 만나면 남편은 화나게 만들 수 있으니까 그것을 보복으로 생각하는 것 같다. 그러니까 남자들은 여자를 속상하게 하면 안 된다고 생각하고 있다. 러시아 여자들은 자신이 과거에 어떤 남자하고 어떤 일이 있었는지에 대해서 다른 사람에게 절대 이야기하지 않는다.

# 7. 아내와 두 아들, 그리고 요리 잘하는 남편

한민운은 꼴렛이 끝나고 다른 장소에 가서 사장으로 일했다. 사할린섬 안이지만 다른 장소에서 일할 때 그는 얼굴은 못생겼지만 주변에 여자들이 항상 많이 있었다. 부모님이 계실 때 부모님은 그에게 한국 여자와 결혼하라는 말은 하지 않았지만 그는 한국 여자와 결혼하겠다는 생각을 하고 있었다. 그렇지만 그는 러시아 여자를 좋아해서 러시아 여자도 여러 번 만나 봤다.

그 당시에 사할린에는 한국 남자와 러시아 여자가 결혼하면 70%는 오래 살지 못하고 헤어지고 30%만 오랫동안 살았다. 러시아 여자들은 잠깐 사는 것은 좋지만 결혼을 하면 살림을 알뜰하게 꾸려가지 못했다. 한국 여자들보다 돈도 많이 쓰고 안 깨끗했다. 사할린에 사는 한국 남자들은 밖에서 친구들 만나기를 좋아하고 놀기를 좋아하는데 러시아 여자들은 한국 남편이 밖에서 친구들을 만나서 늦게 들어오면 참지 못하고 싸움하다가 헤어지는 경우가 많았다. 그리고 또 한국 남자들은 여자들을 잘 받들어주지 않으니까 러시아 여자들은 한국 남자하고 오래 살지 못하는 것 같았다.

반면에 한국 여자와 러시아 남자가 결혼하면 40%만 헤어지고 60%는 오래 사는 편이었다. 그러니까 러시아 남자들이 한국 여자를 아내로 맞이하면 더 잘 산다는 의미이다. 그 이유는 한국 여자들이 살림을 알뜰하게 하고 집도 깨끗하게 하고 남편에게 먹을 것도 잘해주고 아이들도 잘 키우기 때문이다. 러시아 남자들은 술은 많이 마시지만 친구들과 밖에서 많이 놀지 않고 대부분 집에 일찍 들어가는 편이었다. 그리고 한국 여자들은 러시아 남자들이 좀 마음에 안 들어도 집에서 잘 참고 살림도 잘하고 애들도 잘 키우면서 사는 편이었다.

그런데 요즘은 러시아 남자들도 바뀌어서 한국 남자들처럼 놀기를 좋아한다. 심지어 일도 안 하고 술만 마시고 바람만 피는 러시아 남자들도 많이 보았다. 러시아 남자들은 많이 변했는데, 러시아 여자들은 여전히 알뜰하지 않고 깨끗하지도 않고 그대로인 것 같다.

한민운은 꼴렛이 끝나고 사장으로 일을 하다가 1967년 26살에 아내를 만났다. 처음에 그는 이 사람하고 결혼하겠다고 진지하게 생각하지는 않았다. 처갓집에서도 자신이 좀 못생겨서 그런지 장모님이 그를 마음에 안 들어 해서 딸을 안 주려고 했다.

한민운은 그냥 이 사람하고 친하게 지내면서 놀다 말려고 했는데 어느 날 임신했다는 소리를 들었다. 그 소리를 듣고 머리가 하얘졌다고 했다. 그는 결혼에 대한 생각을 진지하게 하지 않았는데 임신을 했다고 하니까 고민이 되기 시작했다. 만날 때마다 여자의 배는 자꾸 나오기 시작하고 그래서 결혼을 하지 않으면 이 사람이 불쌍하다는 생각이 들었다. 그래서 그는 결국 결혼하기로 마음먹었다. 아내가 3월에 임신을 했고 결혼은 9월에 했으니까 그의 결혼사진을 보면 아내의 배가 많이 나와 있는 것을 볼 수 있다.

한민운은 결혼할 때 술을 못 마시는데 잔칫날이라고 억지로 그에게 와인을 따라줘서 결혼사진을 보면 눈도 빨갛고 얼굴은 빨갛다 못해 꺼멓게 보인다. [사진 7-3]의 왼쪽은 결혼사진이고 오른쪽은 결혼식 후에 친구들과 찍은 사진이다.

결혼잔치를 하고 세 달이 지난 후에 큰아들이 태어났다. 그리고 4년 후에 작은 아들도 태어났다. 한민운은 딸을 많이 기다렸다. 한민운은 아내에게 딸을 못 낳는다고 말다툼도 많이 했다.

사할린에 있을 때 일간은 한민운 집에서 길 건너편 1분 거리에 있었다. 그는 사장이니까 다른 사람들은 일을 늦게까지 해도 5시 반에 끝나면 1분 만에 바로 집에 돌아왔다. 아내는 이틀에 한 번씩 일을 했는데 일하는 날은 밤 8~9시에 집에 들어왔다. 아이들은 5시~6시쯤에 집에 오니까 9시까지 기다리게 할 수가 없었다. 그래서 그는 밥을 해서 아이들하고 같이 먹었는데 한두 번 밥을 하고 한두 번 반찬을 만들다 보니까 습관이 되어서 요리사처럼 잘하게 되었다. 그래서 지금도 그는 아내보다 음식을 더 잘 만든다. 아이들도 아빠가 만든 음식을 더 좋아한다고 했다.

한민운은 일을 열심히 해서 회사에서 보내주는 휴가는 항상 챙겨서 받았다. 회

[사진 7-3] 한민운의 결혼사진

사에서는 휴가 가는 사람들에게 휴가증을 2장 주었다. 그러면 그는 아내하고 휴가를 같이 가지 말고 따로따로 놀러 다니자는 약속을 했다. 그는 러시아 큰 땅에서 살면서 아내도 러시아 남자를 한번 만나 봐야 한다고 생각하고 휴가는 항상 각자 따로 갔다고 했다.

한번은 아내가 36살 때 휴가를 갔다가 한 달 후에 왔을 때였다. 아내가 휴가지에서 찍어온 사진을 보니까 50살도 넘어 보이는 러시아인들하고 사진을 찍어왔다. 그는 다른 휴가지에 가서 휴가를 보내면서 예쁜 여자들을 여럿 만나고 왔는데 아내의 사진을 보니까 화가 났다. 그래서 그는 아내에게 막 트집을 잡으면서 이야기한 적이 있었다.

"아따, 사진 보니까 당신도 참 못난이요. 당신은 요런 사람을 만나고 왔소? 내보다 더 젊은 사람, 내보다 더 잘난 사람은 없던가? 우째, 내보다 더 못난 사람을 만나고 왔소?"

그런 일이 있고 일주일이 지나가고 나니까 그 사진이 없어져버렸다. 한인들은 어떻게 생각할지 모르겠지만 그는 어릴 때부터 러시아 문화권에서 살아서 그런지 자신도 다른 여자를 만나도 되고 아내도 다른 사람들을 만나도 된다고 생각하고 있

[사진 7-4] 휴가를 즐기고
있는 한민운

[사진 7-5] 친구와 휴가를 즐기고
있는 한민운의 부인

오른쪽이 한민운의 부인이다.

었다. 아내와 그는 아이들 문제 때문에 혹은 물건 때문에 가끔 싸울 때가 있었다. 아내는 잘 참다가 가끔 욱하고 성질을 내기도 하였다.

　한민운의 아내는 사할린 마트에서 일했다. 마트에는 사장님이 있었고 아내는 본부장을 맡아서 일했다. 마트에서 가끔 종업원들이 물건을 훔칠 때가 있었다. 물건을 훔쳐서 어디에 감추어 두었다가 잡히면 아내는 남자들을 막 때렸다. 아내는 보통 사람이 아니었다. 그래서 마트에서 일하면서 남자들도 아내를 무서워했다. 그의 아내는 책임감을 가지고 일을 하느라 그렇게 한 것 같았다.

　[사진 7-6]은 두 아들과 함께 찍은 사진이다. 한민운의 큰아들이 군대에 갔다 왔을 때 1986년인지 1987년에 그는 처음으로 차를 샀다. 그의 가족은 새 차에 옆집 아주머니를 태워주려고 10시에 나오라고 약속을 했다. 그런데 그 아주머니가 10시 15분이 되어도 안 나와서 그는 아내와 아이들을 데리고 가버렸다. 그래서 그 아주머니는 3년 동안 삐쳐서 그의 가족들하고 말을 안 했다. 3년이 지나서 말할 기회가 있었는데, 그 이후부터는 10시에 약속하면 그 아주머니는 5분 전에 나와서 그의 가족을 기다렸다. 그가 옆집 아주머니의 버릇을 고쳐 놓았다. 한민운은 한다고 하면 시

[사진 7-6] 한민운과 두 아들

[사진 7-7] 한민운이 처음 차를 산 기념 파티

간을 꼭 지켜야 된다고 생각했고 그런 자신을 바보 같은 사람이라고 했다.

# 8. 1년 또 1년, 그러다가 10년

러시아하고 한국하고 친하게 지내게 된 것이 소련 붕괴 이후인 1991년부터이다. 한민운은 그전부터 사할린 사람들이나 러시아인들이 한국에 갔다 와서 한국에 대해 이야기하는 것을 자주 들었다. 안산에 18년 전에 와서 정착한 사람들이 있었는데, 그 사람들은 가끔 사할린에 사는 가족들을 만나러 왔다. 그 사람들은 한국에 와서 살아보니까 경제도 발전해서 생활도 편하고 사할린보다 살기가 좋다고 해서 그도 한국에 오고 싶어졌다. 그러나 바로 한국에 오지 않았다.

한민운은 2000년에 한국에 와서 3개월 동안 일한 적이 있었다. 한 번 왔다 간

[사진 7-8] 한민운의 생일을 맞아 함께한 가족들(1987)　　　　[사진 7-9] 한민운의 환갑잔치(2002)

이후에 다시 한국에 오지 않았다. 그는 한국에서 3개월 동안 일을 하면서 200만 원을 벌어서 갔다. 200만 원은 보통 러시아인들에게는 큰돈이었기 때문에 대부분의 사람들은 돈을 벌기 위해 다시 한국으로 왔다. 그러나 그는 러시아에서도 200만 원을 벌 수 있었고 앞으로도 그 정도의 돈은 러시아에서 충분히 벌 수 있다고 생각했기 때문에 한국에 다시 오지 않았다.

　　2002년 사할린에서 그는 환갑잔치를 하였다. [사진 7-9]는 한민운의 환갑잔치 사진이다. 사진의 앞줄에는 작은처제, 한민운, 아내, 처남, 그리고 뒷줄에는 큰처제, 큰아들, 큰며느리, 처제 딸이 있다.

　　2007년에 한국의 적십자로부터 한국에 오고 싶은 사람들을 대상으로 신청을 받는다는 연락이 왔다. 그때 한민운은 한국에 가서 3개월만 살아보자는 생각이 문득 들었다. 그래서 2007년 10월 27일에 한국에 왔다. 2000년에 한국에 왔을 때와 달리 2007년에 한국에 왔을 때는 두 번째라서 그런지 살기가 좋다는 생각이 들었다. 그는 3개월 살고 연장하고 3개월 살고 연장하고 그렇게 3개월 3개월 하다가 어느새 11년이나 살고 있었다. 처음부터 한국에서 오래 살아야겠다는 생각이 없었기 때문에 그는 사할린에 살 때 사용하던 물건을 모두 두고 왔다.

　　몸만 한국에 왔는데 한국에 오니까 집도 주고 집 안에는 텔레비전하고 냉장고도 있었다. 침대만 새로 샀다. 얼마 전에는 냉장고가 고장이 났는데 고치려고 문의를 해보니까 10년이 넘은 냉장고여서 수리비가 너무 비쌌다. 그래서 그는 고치는 것을 포기하고 있었다. 그러다가 하루는 냉장고 옆을 지나가다가 문을 발로 세게 차버렸다. 그다음 날 보니까 냉장고가 열심히 일을 하고 있었다. 뭐가 떨어졌다가 다시 붙었는지 오늘 아침에도 냉장고가 일을 잘하고 있다면서 웃으면서 냉장고 문을 열어서 보여주었다. 그래도 혹시 갑자기 고장이 날까 봐 걱정이 되어 새 냉장고를 하나 사 놓았다며, 새 냉장고 안에는 사할린에서 가족들이 오면 주려고 뭔가를 차곡차곡 정리해 두고 있었다. 그는 여자보다 더 알뜰하게 살림을 하는 살림꾼이었다.

한민운은 2007년에 한국에 와서 잔디 심는 곳에서 일용직 일을 한 적이 있었다. 잔디 심는 일은 중국에서 온 사람들과 같이 했다. 그런데 일을 시키는 작업반장은 한인이었다. 그 사람은 중국 사람들은 가만히 놔두고 그가 러시아에서 왔다고 그만 심하게 무시하고 차별을 했다. 그는 내 나라 땅 한국에 왔고 지금 한인으로 살고 있는데 이런 취급을 당하고 나니까 화가 많이 났다. 아침에 일을 하러 나가면 작업반장은 계속 그에게만 이래라, 저래라 하고 잔소리를 하는 것 같았다. 그는 성질이 났지만 계속 참았다. 그의 말에 의하면 다섯 번쯤 참았다고 했다. 하루도 도저히 참을 수가 없어서 작업반장한테 다가가서 목을 쥐었다. 반장도 그의 목을 쥐었다. 그 순간을 그는 이렇게 회고했다.

"작업반장이 내 목을 쥐는 순간 나는 한인들은 힘이 없구나 하고 생각했어요. 내가 한 번 세게 때리면 픽 하고 쓰러질 것 같았어요. 그런데 한국 법에 사람을 때리면 돈이 크다는 한국 법이 생각났어요. 그래서 나는 때릴 수 없어서 작업반장의 목을 쥐고 세게 흔들었어요. 내가 한인인데 어디 나를 무시할 수 있냐고… 한참 동안 목을 쥐고 흔들었지만 그래도 화가 풀리지 않았어요. 내 손에는 일할 때 장갑을 끼고 있었는데 나는 장갑을 낀 그 손으로 턱을 확 꼬집어버렸어요."

소란스러운 소리가 나자 사장이 와서 한민운과 작업반장을 더 이상 싸우지 못하게 갈라놓았다. 싸움을 끝내고 5분쯤 지났다. 아까 한민운과 싸운 그 작업반장이 가까이 오더니 돈을 얼마 줄 거냐고 물었다. 한민운은 무슨 말인지 못 알아듣고 그 사람 얼굴을 쳐다보았다. 작업반장의 턱이 뻘겋게 되어 있을 줄 알았는데 시퍼렇게 멍이 들어 있었다. 한민운은 깜짝 놀랐다. 그래도 한민운은 작업반장이 자신을 억울하게 만든 것이었기 때문에 돈은 주기 싫었다. 한 번 더 작업반장의 얼굴을 자세히 보니까 그의 턱은 멍이 든 것이 아니라 흙 같은 것이 묻어 있었던 것이었다. 그래서 한민운은 "이놈아, 가서 턱이나 잘 닦아라" 하고 말했다. 한민운은 작업반장을 작업장에서 10m쯤 떨어진 주차장 옆에 데리고 가서 물로 씻어주었다. 그랬더니 턱에 묻은 흙이 없어졌다. 그날 이후로 작업반장은 한민운 옆에 오지도 않고 잔소리도 더 이상 하지 않았다.

한민운은 또 한 번 싸운 적이 있었다. 그 사람은 중국에서 온 사람이었다. 중국에서 온 사람은 한민운보다 키가 작고 조금 젊었는데 항상 한민운 옆에서 자신이 작업반장인 것처럼 이것저것 일도 시키고 잘난 체를 했다. 꾹 참다가 하루는 도저히 보기가 싫어서 옷을 움켜쥐고 머리를 땅바닥에 눌러버렸다. 그 사람 입에 흙이 들어간 것 같았다. 며칠쯤 지나니까 잘난 체하던 중국 사람은 한민운이 지난번에 반장하고 싸운 그 사람이라는 것을 알게 되었다. 그는 다음부터는 한민운에게 일을 시키거나 잘난 체를 하지 않았다. 심지어 그에게 형님이라고 부르면서 인사도 했다.

한민운은 자신을 무시하는 일에 민감하고 화를 참을 수 없다고 하였다. 그는 이런 생각을 가지고 있었다.

"러시아에서는 내가 무시를 당해도 내 나라가 아니니까 그럴 수 있다고 생각해요. 그렇지만 여기는 한국이고 나는 같은 한국 민족이잖아요. 그러니까 한국에서 내가 무시당하는 것하고 사할린에서 무시당하는 것은 다르잖아요. 그래서 나는 정말 화가 많이 났고 참을 수가 없었던 거예요. 내 몸 안에는 한인의 피가 흐르고 또 내가 배짱이 좀 있는 사람이라 더 그런 것 같아요. 나 한민운은 그런 사람이에요."

한민운은 한국에 와서도 러시아 정부에서 주는 연금을 매월 받고 있었다. 그리고 한국 정부로부터도 매월 생활비를 받고 있었다. 러시아 정부에서 나오는 연금은 통장으로 들어오는 대로 저축해 놓았다가 해마다 사할린에 들어가면 그 돈을 찾는다고 했다. 과거에는 연금 받는 사람들은 연금으로 충분히 먹고 살았는데 요즘은 달러가 올라서 연금만으로 먹고살기는 좀 빠듯하다고 했다. 러시아의 연금은 한민운의 아내도 받고 있었다. 그래서 한민운과 아내는 러시아 국적과 한국 국적을 모두 유지하려고 했다. 그는 젊은 시절에 열심히 일한 결과이기 때문에 죽을 때까지 러시아 국적을 가지고 있어야 러시아 정부의 연금을 받을 수 있다고 했다. 그리고 한국 국적도 죽을 때까지 좋은 아파트에서 연금을 받으면서 살 수 있기 때문에 가지고 있어야 한다고 했다. 한국에 온 사할린 사람들은 대부분 이런 이유로 2개의 국적을 모두 유지한 채 살고 있었다.

러시아 정부는 젊은 시절에 러시아에서 일한 사람들에게는 모두 연금을 준다고 했다. 사할린에 살다가 한국에 와서 살고 있는 한인들에게뿐만이 아니라 전 세계에 나가서 살고 있는 러시아인들에게도 모두 연금을 주고 있었다. 특히 러시아인들은 이스라엘에 가서 많이 살고 있는데 그들도 모두 러시아 정부로부터 연금을 받고 있었다. 러시아에서 일한 적이 있고 러시아 국적을 가지고 있는 사람들 중에서 나이가 많은 사람들은 대부분 연금을 받으면서 살고 있었다. 연금은 남자는 55세부터 받았으나 지금은 60세부터 받는다. 그리고 여자는 50세부터 받았는데 지금은 55세부터 받는 것으로 바뀌었다.

러시아에서는 연금을 받으면서도 일을 할 수 있을 정도로 몸이 건강하거나 또 일이 있으면 계속 일을 하면서도 연금을 받을 수 있는데 한국에서는 연금을 받는 사람들은 일을 하면 안 된다. 한국에서는 연금을 받으면서 일을 하면 일해서 돈 벌어서 먹고 살아라 하고 연금을 끊어버린다고 했다. 남동사할린센터에 있는 몇 사람은 봄에 잔디 심는 데 가서 일을 했는데 구청에서 그 일을 알게 되어서 돈을 다시 가져간 적이 있었다.

한민운도 한국에서 일하다가 190만 원을 빼앗긴 적이 있었다. 한민운은 한국에 와서 교회에 다녔는데 그 당시 돈을 빼앗기고 너무 억울해서 교회 목사님한테 이야기를 했다. 목사님이 구청에 전화해서 오랫동안 설명을 했다. 그 목사님은 처음에는 구청 직원에게 조용하게 말했는데 구청 직원이 이해를 못했는지 시간이 지나면서 점점 큰 목소리로 이야기했다. 한참 후에 목사님은 한민운을 차에 태우더니 주민센터에 가서 서류에 무엇을 작성해서 구청에 제출했다. 그다음 달부터 구청에서 돈을 가져가지 않았고 한민운도 그 이후로는 일하지 않았다.

한국에서 살다 보니 러시아보다 편리한 점은 한두 가지가 아니었다. 특히 버스 정류장에 서 있으면 몇 번 버스가 어디에 가는지 몇 분 후에 오는지 정말 잘 알 수 있게 만들어 놓았다. 그리고 나이 많은 어른들에게 교통비를 무료로 해주니까 어디든지 다 다닐 수 있어서 좋다. 아파트에 문제가 있을 때 관리사무소에 가면 곧바로 집에 와서 해결해주니까 고맙다는 말로는 부족할 정도이다. 그는 요즘 한국에서 지내는 생활이 말할 수 없이 좋다고 했다.


# 9. 아주마이, 내가 치울게요. 바보가 된 남자


한국에 와서 한번은 인천터미널에 갈 일이 생겨서 버스를 타고 갔다. 터미널이라는 안내방송을 듣고 내렸는데 주변에 백화점만 보이고 터미널은 보이지 않았다. 그래서 지나가는 사람들에게 물어봤다. 그 사람은 "저기로 가세요"라고 했다. 한민운은 그 사람이 가리키는 방향으로 갔는데 터미널은 보이지 않았다. 한참 동안 왔다갔다 하면서 지나가는 몇 사람에게 더 물어봤으나 터미널을 찾지 못하고 결국 그는 다시 버스를 타고 집으로 돌아온 적이 있었다.

러시아에서는 길을 모르거나 어떤 문제가 생기면 누구한테 물어봐도 잘 가르쳐주고 잘 도와주었다. 사할린에 살면서 한민운은 처음 가는 곳에서 길을 몰라서 지나가는 사람들에게 물어보면 여기 사람들처럼 그냥 "저기로 가세요"가 아니라 "여기에서 30m쯤 반듯이 걸어가다가 오른쪽으로 20m쯤 가서 또 왼쪽으로 10m쯤 가면 거기에 있어요." 이렇게 상세하게 설명해주었다. 또 어떤 때는 길은 물으면서 "감사합니다, 제가 맥주라도 한 병 사드리겠습니다"라고 하면 직접 목적지까지 손을 잡고 데리고 가서 알려주기도 했다.

한민운은 한국에 와서 길을 모를 때가 자주 있었다. 그럴 때 주변을 살피면서 지나가는 사람들한테 물어보려고 가까이 가려고 하면 말을 붙이기도 전에 한국 사람들은 깜짝 놀라서 도망가는 것을 봤다. 한국 사람들은 낯선 사람들과는 말을 안 하려고 하고 무조건 경계를 한다는 것이 느껴졌다. 그는 한국 사람들의 이런 행동을 이해할 수가 없다고 했다.

한민운은 한국에 온 지 얼마 되지 않았을 때 일어난 일을 기억하고 있었다. 그가 버스를 타고 가는데 그의 앞자리에 35살쯤 되어 보이는 아주머니가 1명 타고 있었다. 그 아주머니는 가방 속에서 주스를 꺼내서 마시더니 빈 병을 10분도 넘게 계속 손에 쥐고 있었다. 한민운은 그 아주머니가 불편할 것 같다는 생각이 들었다. 그래서 마침 자신이 들고 있던 종이가방에 충분히 넣을 수 있다고 생각하고 아주머니의 빈 병을 받아서 자신의 종이가방에 버려주고 싶었다. 그래서 그는 젊은 아주머니에게 종이가방을 들어서 보여주면서 대화를 시도했다.

"아주마이, 나한테 이런 가방이 있어요. 그러니까 그거 빈 병 이리 주시오. 내가 치워줄게요."
"어머? 아니, 왜 그래요?"

한민운은 젊은 아주머니가 화들짝 하고 놀라는 모습을 보았다. 아주머니가 얼마나 깜짝 놀라던지 그것을 본 한민운도 같이 깜짝 놀라서 기절하는 줄 알았다고 했다. 그 당시에 한민운은 지금보다 한국말을 잘하지 못했다. 그래서 내릴 때까지 한민운은 그 아주머니한테 자신이 나쁜 사람이 아니라는 설명을 어떻게 해야 할지 입 안에 여러 단어들을 떠올리며 고민을 했다. 결국 그는 한마디도 설명하지 못하고 바보가 되어서 그냥 집에 돌아왔다.

러시아에서는 길에서 어떤 사람들이 무거운 짐을 가지고 가면 서로 도와주려고 한다. 그리고 도움을 받는 사람이든 도움을 주는 사람이든 서로 이름도 알려주고 고맙다고 하면서 저녁도 같이 먹기도 한다. 그런데 한국 사람들은 처음 보는 사람들은 무조건 무서워하고 경계하는 것 같아서 그런 점은 아직도 적응이 안 되는 부분이라고 했다.

한민운은 한국 사람들이 같은 사람을 무서워하는 것을 보고 이해할 수 없는 일이라고 하면서 러시아 사람들의 단점도 이야기했다. 러시아 사람들은 한국 사람들보다 조금 우둔하고 지저분하며 여자든 남자든 깨끗하게 씻지도 않고 집안 정리도 잘 안 해서 더럽게 사는 편이라고 했다. 그래서 한국 사람이 러시아 사람과 결혼을 하면 함께 살면서 그런 점이 걸림돌이 된다고 했다.

## 10. 사할린에 살고 있는 그의 가족들

한민운의 아들 둘은 모두 사할린에서 잘살고 있다. 큰아들은 러시아 며느리와 결혼해서 다행히 손녀가 2명 있었다. 작은아들도 러시아 여자와 결혼해서 손자 1명이 있지만 지금은 다른 러시아 여자와 결혼해서 같이 살고 있다. 작은아들과 새 며느리 사이에 아직 아이는 없다. 한민운의 두 아들은 아무도 한국말을 할 줄 모른다. 며느리도 한국말을 모른다. 요즘 손녀들은 자라면서 한국에 관심이 많다고 했다.

한민운의 큰아들에게서는 손녀 2명이, 작은아들에게서는 손자 1명이 태어났다. 현재 한민운은 아내와 같이 영주귀국을 하여 한국에 살고 있고 두 아들은 사할린에서 생활하고 있다. [사진 7-10]의 왼쪽 사진은 작은며느리, 한민운과 그의 아내, 큰아들, 작은아들 손자이며, 오른쪽 사진은 큰아들 손녀 2명과 작은아들 외손자

[사진 7-10] 사무치게 그리운 사할린에 두고 온 가족들

의 모습이다.

큰아들은 집 짓는 건축 일을 하는데 일이 있을 때는 일을 하러 나가고 일이 없으면 쉬고 그렇게 살고 있다. 건축 일은 매일 있는 것이 아니라 드문드문 일이 들어오는데 집 한 채를 만들게 되면 큰아들이 책임을 맡아서 일을 한다. 그리고 가끔은 개인적인 비즈니스도 한다. 예를 들면 건물의 울타리를 만들어 달라는 요청이 들어오면 일에 따라서 한두 명 혹은 서너 명의 사람들을 데리고 가서 그 일을 하고 돈을 받아서 일부는 자신이 가지고 나머지는 사람들에게 나누어준다.

작은아들은 둘째 처남 밑에서 일을 하고 있다. 둘째 처남이 바닷고기 수산회사를 하는데 1년에 4~5개월만 고기를 잡는다. 러시아 바다는 여름에 상어나 연어가 들어오는데 그때만 고기를 잡는다. 2016년에는 겨울에도 고기를 잡도록 허락을 받아서 겨울에도 일을 했다. 작은아들은 집에서 출퇴근을 하지만 바쁜 여름에는 집에 거의 못 들어가고 바다에서 살면서 고기를 잡는다. 둘째 아들은 이혼하면서 며느리가 손자를 데리고 가서 키우고 있다. 러시아는 이혼을 하면 아이는 주로 엄마가 데리고 가서 키운다. 그러면 남자는 돈을 벌어서 아이에게 매달 양육비를 보내준다. 며느리는 둘째 아들과 결혼하기 전에 결혼을 한 적이 있었다. 그녀는 바다에서 일하던 남자와 결혼해서 살다가 그 남자가 바다에 빠져 죽어서 집도 없이 여기저기 돌아다니면서 살다가 한민운의 작은아들을 만나서 다시 결혼을 한 것이었다.

한민운은 어릴 때 부모님이 한국말을 사용했기 때문에 한국말을 듣고 배워서 잊어버리지 않고 사용할 수 있는데, 그의 자식들은 아무도 한국말을 할 줄 모른다. 한국에 온 사할린 사람들의 자식들도 대부분 한국말을 할 줄 모른다. 사할린 사람들의 자식들은 한국말을 못하지만 한국에 와서 일하는 자식들도 많이 있다. 러시아는 자본주의 국가로 변화해가고 있지만 여전히 러시아 경제가 좋지 않아서 일자리를 찾을 수가 없다. 그래서 사할린 사람들의 자식들은 3개월 비자로 한국에 들어와서 몰래 일하고 있다.

한민운은 해마다 여름에 사할린에 가니까 사할린에 가면 손자를 만난다. 그가 사할린에 가면 이혼한 며느리도 손자를 데리고 그를 보러 온다. 러시아에서는 이혼해도 이전 가족들과 종종 같이 만나기도 한다고 했다. 그는 며느리와 손자를 만나면 선물도 주고 용돈도 준다고 했다.

"며느리는 이혼을 했지만요, 내 손자가 있으니 나는 사할린에 가면 며느리한테 선물도 주고 용돈도 주지요. 그러면 며느리는 손해 볼 게 없어서 그런지 (웃음) 내가 사할린에 간다는 소식을 들으면 항상 손자를 델꼬 우리 집에 오지요."

한민운은 사할린에 있는 아들, 손자, 손녀, 그리고 며느리에 대해 이야기하면서 얼굴 가득 행복한 웃음을 지었다. 그는 한국에 온 이후에 일본 정부에서 2년에 한 번씩 사할린에 보내주어서 사할린의 가족을 만나러 갔다 왔다. 그리고 매년 가게 될 때는 아들이 비행기 표를 미리 사서 남동사할린센터 팩스로 보내주면 그 표를 받아서 사할린에 다녀왔다. 사할린에 갈 때는 비자는 필요하지 않고 돈만 필요하다며 웃었다.

한민운은 2016년 여름에도 사할린에 갔다 왔다. 매년 그가 사할린에 가지만 큰 아들의 딸들도 해마다 학교에서 방학하면 한국에 할아버지와 할머니를 만나러 온다. 손녀들이 한국에 오면 잠실 롯데월드, 아쿠아리움, 에버랜드, 워터파크, 서울 63빌딩에 데리고 간다. 아쿠아리움은 입장료가 비싸지만 손녀들에게 구경시켜주려고 꼭 데리고 간다. 올해 여름에도 손녀들이 인천에 왔다 갔다.

큰손녀는 레닌그라드, 상트페테르부르크에서 학교에 다니고 있다. 한국에서는 서울 다음에 인천이 큰 도시이듯이 러시아에서는 모스크바 다음에 상트페테르부르크이다. 그의 휴대전화에 손녀들의 사진이 들어 있었다. 그리고 그는 손녀들이 좋아하는 물건을 사서 자주 소포로 보내준다. 며칠 전에도 손녀가 좋아하는 파스타 2병, 낙지 말린 1봉지, 너트 1통을 사서 상자에 포장해서 소포로 보내주었다. 한국에는 물가가 비싸기 때문에 작은 상자 하나에 물건을 담았는데도 돈이 꽤 많이 들었다. 특히 너트가 비쌌지만 손녀가 좋아하니까 보내주었다. 손녀에게 이런 답장이 왔다.

"할아버지가 보내주신 소포를 내일 받습니다. 할아버지, 감사합니다. 지난번에 보내준 파스타하고 낙지가 맛있었습니다. 이번에도 잘 먹겠습니다. 고맙습니다."

한민운의 손녀는 할아버지가 보내준 소포를 내일 받을 거라면서 감사히 잘 먹겠다면서 답장을 보냈다. 그는 손녀의 답장을 읽으면서 아주 행복하게 웃었다. 그리고 그는 시간이 있을 때마다 손녀에게 메시지를 보낸다고 했다. 그는 자주 메시지를 보내지만 손녀는 2주일에 한 번 정도만 답장을 보내준다고 했다.

"나 같은 할아버지는 시간이 많지만 요즘 젊은 애들은 학교에서 공부해야지 밖에서 뛰고 놀아야지 그러니까 당연히 시간이 없지. 나는 시간이 많으니까 자주 메시지를 보낸다. 그리고는 손녀가 바쁜 줄 알면서도 메시지가 왔나 하고 매일 기다리면서 전화기를 꺼내본다. 손녀가 시간이 없어서 자주 답장을 보낼 수 없다는 것을 알면서도…. (후략)"

한민운은 손녀에게 소포를 보내면서 행복해 하고 있었으며 손녀에게 메시지를 보내고 답장을 기다리면서 그리워하고 있었다. 고향에 가면 아들하고 손자와 손녀를 만나고 옛날 친구들도 만나서 좋다고 했다. 그리고 그는 예전에 같이 놀던 아가

[사진 7-11] 한민운의 작은아들
부부와 손자

씨들도 가끔 만난다고 했다. 이제는 할머니지만 할머니라도 만나면 옛이야기도 나
눌 수 있어서 좋다고 했다. 그는 술은 안 먹지만 사람들에게 술을 자주 사준다고 했
다. 사람들과 친하게 지내고 싶어서 그렇게 했는데, 주변에 술을 좋아하는 사람들이
그를 아주 좋아한다고 했다.

　　[사진 7-11]은 한민운의 손자 돌날에 작은아들 부부가 찍은 사진이다. 지금은
작은아들이 며느리와 헤어지고 손자는 며느리가 데리고 가서 키우고 있다. 한민운
이 2016년 8월에 사할린에 갔을 때 작은아들이 며느리와 헤어지면서 집을 주고 자
신은 집도 없이 여기저기에서 살고 있어서 마음이 많이 아팠다고 했다. 그래서 그는
한국에 오기 전에 살던 자신의 네 칸짜리 아파트를 작은아들에게 물려주었다. 그랬
더니 큰아들이 불평하는 소리가 들렸다. 아버지가 동생한테는 네 칸짜리 아파트를
주고 자기는 왜 아무것도 안 주는가 하고 이야기하는 것 같았다. 그래서 그는 큰아
들에게 자신과 아내가 받는 연금 중에서 쓰고 남는 돈은 모두 주겠다고 약속을 하고
왔다.

　　한민운은 이번 여름에 사할린에 가면 유언장을 쓰고 오겠다고 했다. 유언장에
는 자신과 아내가 죽으면 자신의 돈과 아내의 돈은 모두 큰아들이 받을 수 있도록
쓰겠다고 했다. 만약 그가 유언장을 안 써놓고 죽으면 큰아들하고 작은아들이 혹시
싸울까 봐 걱정이 되는 것 같았다. 유언장에 큰아들이 자신의 돈을 다 받을 수 있도

록 써놓으면 작은아들은 네 칸짜리 아파트를 미리 받았으니까 아무 말을 하지 않을 것이라고 했다.

한민운은 사교성이 좋아서 사할린에 아는 사람들이 많이 살고 있었다. 그가 아는 사람은 러시아 사람도 있고 한국 사람도 많다고 했다. 그는 새해가 되면 사할린에 있는 사람들에게 새해맞이 축하 전화를 할 거라고 했다. 그가 사람들한테 전화한다는 것은 그 사람들을 기억한다는 것이기 때문에 그 사람들도 그에게 전화를 한다고 했다. 사할린에 살 때는 명절에 친척들이 한자리에 모여서 맛있는 음식도 만들어 먹고 지냈기 때문에 그는 명절을 앞두고 친척들을 그리워하고 있었다.

## 11. 아내의 생일과 한 통의 전화

한민운은 저녁에 10시나 11시에 잠을 자면 새벽 3시나 4시에 일어나서 아침까지 잠을 못 잔다고 했다. 그래서 그는 저녁에 텔레비전도 보고 글도 쓰다가 늦은 시간에 잠자리에 들려고 했다. 그러다 보니 그는 1시 반쯤에 잠을 자고 아침 8시쯤에 일어나는 습관이 생겼다. 그가 요즘 쓰고 있는 것은 드라마인데 지금까지 10장 정도 썼다. 아직 완성 단계가 아니기 때문에 내용은 공개해주지 않았다.

한민운의 아내는 한국에 오기 전에 사할린에서 뇌졸중으로 쓰러진 적이 있었다. 그래서 한국에 와서도 건강 상태가 좋지 않았지만 아주 심하게 나쁘지는 않았다. 아내는 한국에 와서 사는 것을 아주 좋아했다. 한민운은 한국에 와서 살면서 건강이 좋지 않은 아내를 위해 집안일을 많이 도와주었다. 가끔 그는 배추를 사 와서 아내와 같이 김치도 담그고 식혜도 만들고 집안일도 같이 했다. 그런 아내가 2015년 가을에 갑자기 두 번째로 쓰러져서 지금까지 1년이 지나도록 적십자 병원에 누워 있다고 했다. 한민운은 일주일에 한두 번 아내를 만나러 병원에 간다고 했다.

2015년 9월 20일 그날은 아내의 생일인데 새벽 5시에 사할린에서 아내와 같이 근무했던 사람이 생일 축하한다면서 전화를 걸어왔다. 한민운은 밤에 늦게 잠이 들었기 때문에 그 시간은 깊이 잠을 자는 시간이었다. 그런데 잠결에 전화 소리를 듣고 전화를 받았다. 전화를 받자마자 그는 화가 나서 이런 새벽에 전화하는 사람이 어디 있냐고 정신병이 들었냐고 화를 냈다. 그리고는 다시 깜빡 잠이 들어서 코를 골면서 깊은 잠에 빠져버렸다. 옆에 누워 있던 아내는 새벽에 남편이 사할린에서 온 전화를 받고 화가 났다는 것을 알고 있었다.

한민운이 다시 잠이 들었고 아침이 되어 아내는 눈을 떴지만 그를 안 깨우려고 조용하게 일어났다. 그리고 혼자 밖에 나가려고 몸을 움직이다가 심하게 쓰러져버렸다. 가을부터 아내의 건강은 조금씩 나빠지기 시작했다. 그래서 아침에 일어나서 움직일 때 항상 그가 도와주곤 했었다. 그런데 그날은 전화 때문에 화가 나서 다시 잠이 든 남편을 안 깨우고 혼자 나가려고 하다가 넘어지면서 콘크리트 방바닥에 머리를 부딪친 것이다. 그날 아내는 머리하고 척추를 심하게 다쳤다.

의사는 수술해도 완쾌되기 어렵다고 했다. 수술하면 돈은 돈대로 들어가고 아내가 고생은 고생대로 할 것 같아서 고민하고 있다. 그런데 의사는 수술한다고 해도 척추는 수술할 수 있지만 머리는 수술할 수 없다고 말해서 한민운은 여전히 수술을 결정하지 못하고 있다. 아내는 현재 병원에 누워 있고 머리를 다치는 바람에 먹는 기능을 잃었다. 음식을 씹지도 못해서 호스로 주입하고 있는 형편이다. 그리고 말도 못 하고 화장실에도 전혀 가지 못한다. 아내는 생일날 전화 한 통 때문에 운명이 바뀌어버렸다.

한민운은 항상 아내와 같이 사할린에 갔지만 올해 여름에는 혼자서 사할린에 가서 25일 동안 있었다. 요즘 가장 힘든 일은 병원에 있는 아내에게 아무것도 해줄 수 없다는 것이다. 병원에 있는 의사는 혹시 아내가 어떻게 되어도 자신이 책임을 안 진다는 서약서를 써내라고 해서 서약서를 4개나 써서 주었다. 생명이라는 것은 누구도 마음대로 할 수 없는 거니까 병원에서도 아내의 상태만 지켜볼 뿐이었다. 그는 아내가 고통스럽게 지내는 것보다 차라리 편안하게 갔으면 좋겠다는 생각도 하

[사진 7-12] 아내가 건강하던 시절 여가 시간을 보내고 있는 한민운

고 있었다. 앞으로 그는 한국에서 사는 동안 지금의 건강을 잘 유지하고 사할린에 있는 가족들도 아프지 말고 하는 일이 모두 순조롭게 잘되었으면 좋겠다고 했다.

평소 아내는 그에게 원숭이처럼 생긴 사람이 여자가 많다고 자주 놀렸다. 한민운이 기억하기에 아내는 남편에게 여자친구들이 여러 명 있었지만 남편이 술을 안 먹고 성실하게 돈을 벌어줬으니까 자신을 좋아해준 것 같다고 하면서 웃었다. 한민운은 자신을 좋아해준 아내에게 정을 많이 안 준 것이 후회가 되어 한국에 와서 아내에게 잘해주려고 다짐했다. 그래서 아내의 손에 물이 닿지 않게 하려고 자신이 밥도 하고 반찬도 만들었다. 아내는 남편이 만든 음식이 모두 맛있다고 했다.

[사진 7-12]의 왼쪽 사진은 한민운이 2012년에 아내와 같이 한국의 가을 산에 여행을 가서 찍은 것이고, 오른쪽 사진은 남동사할린센터 옆 공원에서 사할린 사람들과 같이 춤추는 모습이다. 가장 왼쪽에는 한민운과 아내가 있다.

한민운은 외출할 때 아내의 손을 잡고 다녔다. 그는 한국 사람 부부가 같이 길을 걸어갈 때 남편은 앞에 서서 걸어가고 아내는 뒤에 서서 걸어가는 모습을 자주 보았다. 그러나 자신은 항상 아내의 손을 잡고 다녔다. 생일날 쓰러지기 전에 아내는 행복하다고 말했다. 그래서 앞으로 더 잘해주겠다고 생각했다. 하지만 아내는 그를 기다려주지 않았다.

한민운의 아내는 한국에 와서 살게 된 것을 좋아했다. 그러나 그는 아내의 건강

[사진 7-13] 영주귀국 1주년을 맞아 북한이 바라다 보이는 망배단에서
북한에 있는 사촌동생을 생각하는 한민운

왼쪽 셋째 줄의 선글라스를 낀 사람이 한민운이다.

이 회복되어서 부부가 다시 건강하게 살 수 없을 것 같아서 아쉬움이 크다고 했다. 아내를 생각하면 항상 마음이 무겁지만 무거운 마음에서 벗어나기 위해 매일 남동 사할린센터에 나와서 여러 사람들과 함께 지내면서 잠시라도 웃음을 찾으려고 했다.

## 12. 인천 논현동과 남동사할린센터

한민운은 2007년 66살에 한국에 왔을 때 한국에 사는 친척들이 아무도 없었다. 어머니는 경기도가 고향이지만 그가 어렸을 때 아버지와 같이 북한으로 가셨기 때문에 한국에 친척들이 어디에 누가 사는지 물어보지 않아서 알 수가 없었다. 그래도 어릴 때부터 부모님이 한국말을 사용했기 때문에 한국말을 듣고 배워서 한국에 와서도 한국말 때문에 불편하거나 어려움을 겪지는 않았다. 그는 70세 생일에 사할린에 가서 아들하고 같이 레스토랑에서 저녁 식사를 하면서 보냈다.

한민운은 지금까지 바른말을 하고 살았고 앞으로도 바른말을 하며 살 거라고 했다. 그는 한국에서 살면서 바른말을 하고 싶은 적이 여러 번 있었다. 그는 자신이 머리가 좋은 사람이라면서 속담을 기억하면서 이야기를 시작했다.

"내가 한국에 와서 배운 속담이 있어요. 내 머리가 쪼끔 있다고 요런 말 알아들어가지고, 내 머리다가 여넜어요. '입은 삐뚤어져도 말은 바로 해라.' 하하하, 그 속담은 내 성격에 딱 맞는 거 같아서 내 머리다가 기억하고 있지요. 내가 하고 싶은 이야기가 몬가 하믄… 한국에 와보니까, 한국 사람들이 일 안 하고 모두 딴 나라 사람들이 일을 하데요. 한국 정부는 그 사람들한테 일 주면 안 되지요. 이러다가 한국 큰일 나요. 러시아 정부는 일하는 사람만 먹고 살게 하고, 일 안하는 사람은 옛날에는 총 가지고 쏴 죽였지요. 한국 사람들 옛날처럼 다시 열심히 일해야 돼요."

한국에서 살면서 한민운이 보는 입장에서 요즘 한국 사람들은 과거와 달리 부지런한 모습을 찾을 수 없다며 안타까워했다. 그래서 한국 정부가 외국 사람들에게 일을 주지 말고 과거에 부지런했던 한국 사람들이 다시 열심히 일을 하도록 법을 조금 강하게 만들어서 모든 사람들이 잘사는 나라가 되었으면 좋겠다고 했다.

러시아는 자본주의 국가로 넘어가면서 요즘 일자리가 없어졌다. 먹고 살아야 되는데 일이 없으니까 러시아 사람들도 한국에 많이 온다. 한국에 오면 생활을 다 하고도 한 달에 적어도 100만 원씩은 모을 수 있기 때문이다. 러시아에서 100만 원은 큰돈이며 요즘 러시아에서는 그 정도의 돈을 벌 수가 없다. 한국에서 3개월 동안 일하고 300만 원을 모아서 가면 그 돈으로 러시아에서 4~5개월은 잘 먹고살 수가 있다.

바른말 하기를 좋아한다는 그는 계속해서 일과 경제 문제에 관하여 자신의 관점을 이야기했다.

"한국 사람들은 다시 일을 해야 돼요. 한국 사람들은 일을 하고 번 돈을 한국에서 쓸 거니까 나라 발전에 도움이 될 수 있어요. 그런데 외국 사람들은 한국에서 돈만 벌고 자기네 나라에 보내잖아요. 내가 한국에 와서 보니까 우리들보다 못사는 사람들, 집 없는 사람들이 많은 것 같았어요. 한국 경제가 좋아져서 그 사람들을 도와주고 좋은 집도 지어주면 좋겠는데… 우리는 이런 따뜻한 집에서 살면서 좋은 음식을 먹는데, 한국에 우리들보다 더 못사는 사람들이 있다는 것을 생각하면 우리 사할린에서 온 사람들의 마음도 좋지 않아요."

한민운은 논현동 5단지에 사는 사할린 사람들 중에 많은 사람들이 대학교를 졸업했지만 사할린에서 사장으로 있었던 사람은 자신 이외에 아무도 없다고 했다. 그 당시에는 삽질을 하면 돈을 두 배로 벌 수 있으니까 한국 사람들은 욕심이 많아서 대학을 졸업해도 넥타이 매는 사장보다는 삽질하는 것을 더 좋아했다. 한국 사람들은 자신의 땅이 아닌 사할린에 가서 살면서도 욕심이 있고 부지런했기 때문에 러시아 사람들보다 더 좋은 아파트를 받아서 더 잘 먹고 살았다. 그런 한국 사람들이 심지어 자신의 땅에서 외국 사람들에게 일자리를 모두 내주고 앞으로 더 어렵게 살게 될 것을 심각하게 우려하고 있었다.

한민운은 죽을 때까지 한국에서 살고 싶다고 했다. 그런데 그는 아내가 먼저 떠나고 혼자 남아서 움직이지 못하는 날이 오게 된다면 사할린에 있는 아들에게 갈 거라고 했다. 부모가 아들을 낳아서 먹여주고 키워주고 했으니까 아들은 부모의 마지막을 지켜줄 거라고 생각하고 있었다. 그래서 그는 지금은 한국에서 사는 것이 좋지만 죽기 전에는 사할린으로 돌아갈 거라고 했다.

한민운은 다른 사람들한테 항상 잘해주려고 한다고 했다. 그런데 다른 사람이 자신에게 한 번이라도 나쁜 일을 하면 그는 마음이 돌아서서 다시는 그런 사람을 안 만나고 말도 안 한다고 했다. 그는 자신의 이런 독한 성격을 칼로 베어내서 버리지도 못한다며 웃었다.

한민운은 요즘 코피를 자주 흘렸다. 아내가 아픈 이후 자신의 건강을 돌보지 못해서 그런 것 같았다. 오래도록 건강하게 살면서 가끔 혼자 사는 외로운 사람들과

[사진 7-14] 어버이날을 맞아
남동사할린센터에서 학생들이 달아준
카네이션

이야기를 나누면서 음식도 같이 만들어서 먹고 지내고 싶어 했다. 남동사할린센터
에는 혼자 사는 남자가 한두 명 있고 혼자 사는 여자는 여럿이 있었다. 그는 왜 남자
들이 빨리 죽는지 모르겠다고 하면서 자신은 오래 살고 싶다고 했다. 그의 주변에
혼자 사는 사람들은 걸어 다닐 수 있는 한 죽기 전에는 계속 한국에서 살고 싶어 한
다고 했다.

"요즘 사할린센터에서 우리는 마작하고 유럽에서 노는 거 카드 그거 가지고 해
요. 한국에 와보니까 한국은 그거 하대요. 화투 가지고 하는 거. 마작 한 판에 오백
원, 육백 원 집다가 땄다가 집다가 하면서 우리는 시간 보내지요."

한민운은 한국에 와서 바로 주민증록증을 받았고 6개월 살다가 여권도 받았다.
그는 이제 완전한 한국 국민이라고 했다. 그런데 그는 한국 사람들을 이해할 수 없
을 때가 많다고 했다. 한국 사람들은 매일 촛불시위를 하는데 한민운은 이해할 수
없다고 했다. 한국의 대통령은 러시아에 비해서 임기가 끝나도 두 번 대통령을 하지
않는다. 한국 사람들은 어려운 시절을 잘 보내왔고 그래서 앞으로 더 잘살 수 있는
가능성을 가지고 있는데, 대통령에게 이런 못된 행동을 해도 되는지 그는 보기가 안
좋다고 했다. 1년 후에 더 좋은 사람이 더 좋은 정치를 하도록 그런 준비는 하지 않

고, 한국 사람들은 먹고살 만하니까 너무 못되진 것 같다고도 했다.

러시아에서는 명절에 친척들이 모이면 사진을 자주 찍었다. 한민운 집에는 아내의 사촌 동생, 자신의 사촌 동생, 작은 처남 둘, 그리고 자신의 아들 둘, 몽골 남자하고 결혼한 처제, 처제 딸, 이렇게 많은 친척들의 사진이 걸려 있었다. 처제는 몽골 사람하고 결혼을 했는데 머리가 좋고 손재주도 좋고 대학교도 2개를 마쳤다. 그림을 잘 그려서 돈도 잘 벌었다. 그런데 술을 너무 좋아해서 처제가 참다 참다 못 참고 헤어져서 각자 살고 있다고 했다.

한민운은 아내의 건강이 회복되어서 자신의 옆에 다시 돌아올 수 없을 것으로 생각하고 있었다. 아내도 없는 텅 빈 아파트에서 이산가족이 되어버린 그는 사할린 가족들의 사진을 보면서 지내고 있었다. 2018년 현재, 큰아들은 50살이고 둘째 아들은 형과 4살 차이가 나니까 46살이라고 했다. 그는 어디가 진짜 자신의 고향인지 모르겠다고 했다. 그러면서 요즘은 사할린이 마치 자신의 고향인 것처럼 느껴질 때가 많으며, 그래서인지 사할린이 무척 그립다고 했다.

# III

## 사할린 한인 여성으로
## 살아온 삶

8장에서는 '한인 여성 재봉사의 인생 여정: 박순자의 이야기'를 풀어놓았다. 박순자의 이야기에는 1941년 사할린 탄광마을에서 광부의 둘째 딸로 태어나 장애를 가진 언니를 돌보며 조선학교 10학년을 마치고 상급학교를 포기하고 재봉사가 된 사연, 결혼하여 평생을 재봉사로 늙어 2007년 영주귀국 하여 한국 생활이 안정적으로 접어들 때 갑자기 47년을 같이 살았던 남편이 심근경색으로 사망한 이야기, 그런 그녀를 다시 살아갈 수 있게 한 봉사활동 이야기가 펼쳐진다.

9장에서는 '용기와 열정, 교사에서 통역사로: 최화자의 이야기'가 펼쳐진다. 그녀의 생애는 1944년에 사할린에서 태어나 조선학교에 교원으로 근무했던 이야기, 그리고 보수나 여건이 좀 더 나은 물자공급기관으로 직장을 옮겨 통역원으로 근무하다가 2007년에 영주귀국 한 이야기, 현재 사할린 경로당의 총무로 영주귀국 한인들을 위한 다양한 활동을 돕는 이야기 등이 있다.

10장에서는 '가구공장의 살림꾼: 김월년의 이야기'가 숨 쉬고 있다. 그의 이야기에는 1944년에 사할린 아니바에서 1남 2녀 중 장녀로 태어나 아버지 없이 자란 이야기, 10살 때 어머니의 재혼 이야기, 사범학교에 가서 남자친구와 데이트한 이야기, 결혼을 하고 시집살이를 하면서 경제학과를 나와 가구공장의 경리로 평생을 보낸 이야기, 그리고 2007년에 영주귀국 하여 14단지 회장으로 지내는 이야기가 그녀의 기억을 통해 다시 피어나고 있다.

# 8장
# 한인 여성 재봉사의 인생 여정:
# 박순자의 이야기

박순자는 1941년 사할린 탄광마을에서 광부의 둘째 딸로 태어났다. 그녀가 태어난 지 다섯 달 만에 아버지가 탄광에서 사고로 돌아가셨다. 그녀의 어머니는 두 딸을 데리고 온갖 고생을 하며 딸에게 의지하고 살았다. 설상가상으로 그녀보다 2살 많은 언니가 몸이 아파 먹은 약 때문에 지적장애를 가지게 되었다. 이런 가정환경 때문에 그녀는 일찍 철이 들었고 어머니와 지적장애를 지닌 언니를 책임지는 가장의 역할을 하였다. 생계가 힘들었던 시절 장애가 있는 언니를 나이가 많은 사람에게 결혼을 시켰다. 언니는 결혼하여 아기를 낳았으나 지적장애를 가지고 있기 때문에 아이를 돌볼 수 없었으며 그녀는 언니가 낳은 조카들을 키우며 학교를 다니느라 고생이 말이 아니었다.

그렇게 어려운 상황에서 사할린에 있는 조선학교 10학년을 마쳤다. 의사가 되고 싶었던 그녀는 북한에 있는 의대에 가고 싶었으나 홀로된 어머니가 혼자는 살 수 없다고 극구 반대하여 학교를 포기하고 재봉사가 되었다. 그녀는 재봉사로 일하면서 도저히 더 이상 조카를 키울 수 없었고 할 수 없이 조카를 고아원으로 보내는 아픔도 있었다. 그리고 재봉 일을 하던 중 친구의 소개로 남편을 만났다. 남편은 둘째 아들로 전기 일을 하는 소박하고 착한 사람이었다. 혼자 계신 친정어머니를 두고 시댁으로 들어갈 수 없어서 그녀는 결혼을 하고도 친정어머니와 함께 살았고 남편은 회사 때문에 시댁에서 살면서 가끔씩 왔다 갔다 하였다. 그러다가 친정어머니가 양오빠를 따라 시골로 가자 그제야 그녀도 시댁으로 들어가 시부모님과 함께 살았다. 시댁에서 아이 둘을 낳으며 5년을 살았고 그 후 분가했다.

박순자는 재봉사 일을 계속하던 중 남편의 회사가 없어지고 그녀가 다니던 회사도 사정이 안 좋아 재봉사 일을 더 할 수 없게 되자 어린 시절 친정어머니와 장사하던 경험으로 장사를 시작했다. 그녀의 장사 수완은 좋았으며 돈도 많이 벌어 자식들에게도 집을 하나씩 사주었다. 그러던 중 한국으로 영주귀국 할 수 있는 기회가 찾아와 한국으로 들어왔다. 그녀에게 한국 생활은 어렵지는 않았다. 단지 자식들을 사할린에 두고 와 자주 볼 수 없다는 것 외에는 크게 걱정이 없이 살았다. 그녀는 한국 생활에 빨리 적응하기 위해 문화센터도 다니고 한국어도 열심히 배웠다.

그렇게 한국 생활이 안정적으로 접어들 때 갑자기 남편이 심근경색으로 사망하였다. 그녀는 시간이 지날수록 남편과 47년을 같이 살았던 시절이 그립고 갑자기 자기만 두고 떠난 남편이 섭섭했다. 그런 그녀를 다시 살아갈 수 있게 한 것은 한인들을 위한 봉사활동이었다. 그녀는 자신과 같은 처지의 사할린 한인들의 어려움을 도와주고 힘든 일을 해결해주며 같이 더불어 살아가는 것을 좋아한다. 성격이 좋고 무던한 그녀를 많은 사람들이 찾아주고 그녀는 그들의 이야기를 잘 들어준다. 지금은 사할린 영주귀국자 아파트의 반장을 하며 동네의 아픈 사람이나 노인들을 도와주며 교회도 열심히 다닌다. 한국에 혼자 계신 어머니가 안쓰러워 아들은 사할린으로 그녀를 들어오라고 하지만 그녀는 자식을 힘들게 하고 싶지 않다. 그녀는 오늘도 열심히 살고 있다.

## 1. 홀로 된 어머니와 장애를 가진 언니

박순자는 1941년 사할린 크라스노고르스크에 있는 탄광마을에서 광부의 둘째 딸로 태어났다. 그녀의 생애를 돌아보면 우여곡절이 아주 많다. 그녀는 태어난 지 다섯 달 만에 아버지를 여의었다. 또 2살 많은 언니는 지적장애를 가지고 있어 어린 시절 많이도 힘들었다. 그녀의 가족은 어머니와 언니 외에 친오빠는 아니었지만 어머니가 데리고 온 오빠가 하나 있었다.

그녀의 아버지는 1899년생으로 사할린에서 광부를 모집한다는 광고를 보고 무작정 한국을 떠나 사할린으로 이주하였다. 아버지와 어머니는 동갑내기였는데 아버지가 일찍 돌아가셨기 때문에 아버지에 대한 기억은 거의 없다. 아버지의 죽음에 대해서는 어머니에게 들은 것이 전부이다. 어머니의 말에 따르면 그녀의 아버지는 탄광이 무너지면서 사고로 돌아가셨다고 한다. 사고의 전말은 아버지가 탄광에서 일하던 중 탄광이 무너지면서 눈을 먼저 다쳤다. 사고로 눈을 다쳐 탄광의 탄차에 실려 나오던 중 사고로 돌아가셨다.

"탄광 모집으로 크라스노고르스크[로바지]에서 탄광 일 하시다가 거기서 그만 아버지가 사고를 당했어요. 탄광이 무너지면서 아버지가 눈을 다쳤대요. 눈을 다쳐 탄차에 실려 나왔는데 탄 실은 다른 열차를 보지 못해 그 차량에 튕겨졌대요. 어머니는 탄광에서 사고가 났다는 소문을 듣고 아버지를 찾으러 탄광으로 막 갔대요. 아버지를 찾으러 탄광을 가는 데는 허공다리가 있었어요. 그때 어머니는 절 업고 가다가 허공다리에 내를 빠뜨려버렸대요. 내가 어려서 막 움직이니까 물에 빠진 것 같아요. 물에 빠진 나를 동네 사람들이 도와주어서 건져내어 다시 업고 가니까 이미 아버지의 폭발로 인해 살이 다 터져서 아버지의 신체도 알아볼 수 없었대요. 그런 아버지의 살 한 개 한 개 주워서 조그만 곽에다가 넣어서 묻었다고 하더라고요."

그녀의 아버지의 죽음은 안타까웠다. 박순자가 돌도 되기 전에 어머니는 탄광이 무너지고 사람들이 죽었다는 소식을 듣고 갓난아기인 박순자를 업고 아버지를 찾으러 가셨다. 혼비백산된 어머니가 아버지를 찾아가는 도중 큰 강을 건너가야 하는데 그 다리를 넘어가다가 박순자를 물에 빠뜨렸다. 사고 난 아버지도 찾아가야 하지만 물에 빠진 다섯 달 된 딸을 구해서 사고현장에 가느라 시간이 더욱 오래 걸렸다. 그녀의 어머니는 아이를 업고 급하게 가는 동안 아기인 박순자가 마구 움직였고 아이가 빠지는 줄도 모르고 정신없이 아버지를 찾아가셨던 것이다.

그녀의 어머니가 사고현장에 갔을 때 사람은 없고 차만 떨어져 있었다. 즉 탄광 열차에 부딪쳐 사고 난 아버지의 형체는 눈으로 찾아볼 수가 없었다. 어머니는 형체도 알 수 없는 아버지를 상자에 담아 근처의 산에 묻었다. 그 후 그녀의 어머니는 혼자 3남매를 키우느라 고생이 많았다. 게다가 그녀의 언니는 장애를 가지고 있었다. 어려서 너무 많이 아픈 언니에게 그녀의 어머니가 소 우황이라는 것을 먹였다. 사람들 말에 따르면 소 우황을 조금만 먹여야 하는데 너무 많이 먹여 지적장애가 왔다고 한다. 소위 사람들이 말하는 바보가 되었다.

"근데 우리 언니가 장애인이 된 것은 언니가 많이 아프니까 그때는 사람들이 약이 좋다고 하니까 엄마가 먹인 것 같아요. 그게 소 우황이라고 하는 것 같아요. 그것을 조금 먹여야 하는데 엄마가 많이 먹였대요. 그래서 막 머저리처럼 바보가 되었어요."

또한 그녀에게는 오빠가 하나 있었다. 친오빠는 아니고 어머니가 어디서 데리고 왔다고 했는데 그 사정은 잘 모른다. 어려서부터 같이 컸던 오빠가 연락을 끊고 다른 곳으로 가더니 일본 여자와 결혼을 하여 왔다. 어머니 생각에는 오빠가 친아들인데 가족들은 돌보지 않고 혼자 연락을 끊고 떠나니 그녀의 집은 더욱 생활고로 힘들었다. 그때부터 어머니와 그녀는 생계를 위해 채소장사, 술장사, 엿장사 등 장사라는 장사는 다 하였다. 이런 형편 때문에 그녀는 어려서부터 어른스러웠고 어머니를 도와 가장의 역할을 하였다.

## 2. 생계를 유지하기 위해 살던 어린 시절

그녀는 고향에서 7살까지 살다가 학교 들어갈 때쯤 갑사포라는 해안마을로 이사를 하였다. 그녀의 학창 시절은 여전히 생활고에 시달렸다. 낮에 학교를 갔다 오면 살림을 위해 무슨 일이든 닥치는 대로 했다. 탄광촌이라 탄을 싣고 다니는 차가 많았는데 그 차들이 지나가면서 떨어뜨린 탄을 주워 불을 때고 슈퍼 같은 곳에서 나오는 나무상자를 구해 그걸로 불을 때기도 하였다. 먹을 것이 없어 학교에서 돌아오면 나물을 뜯기도 하고, 강 건너가 열매를 따오기도 했다. 또한 해안마을이라 조개를 잡거나 배가 들어오면 부두에 가서 가자미 같은 것을 얻어 끼니를 해결하기도 하였다. 그 당시에는 물이 빠지면 연어를 주워서 짊어지고 돌아오는 등 학교 갔다가 집에 와서 시간이 있으면 매일 끼니를 해결하기 위해 일을 하느라 논 적이 별로 없었다. 특히 당시에는 조선인에 대한 차별이 심해 바닷가가 멀리 있는데도 불구하고 버스를 못 타고 몇십 리씩 짐을 지고 걸어 다녔다. 이렇게 그녀의 학창 시절은 어려운 살림을 거들며 사느라 매우 힘들었다.

"저한테는 조금할 때 낮에는 학교 갔다 오면 차량들이 댕기면 탄을 싣고 가는 차량이 많아요. 그럼 탄이 떨어지잖아요. 그러면 그거를 주워야 하고 불을 때고 탄 주워서 불을 때고 그다음에 이제는 지금은 슈퍼가 상자가 나오잖아요. 그것도 또 때리가지고 나무를 가져와서 불을 때고 그다음에 이제 원래 일요일 때면 학교를 안 가니까 나물을 뜯어야 돼요. 먹고 살아야 하고 맨날 산나물만 뜯어 먹고 그다음에 우리 거기는 바닷가이어서 고기 같은 것이 많이 나와요. 고기를 잡고 조개를 캐고 서로 사람들이 잡아가지고 그때 등에다 짊어지고 그때는 얼마나 조선 사람이라고 괄시받았는가 하면 버스도 못 타고 가요. 얼마나 괄시를 하는지 그 우리가 한 몇십 리 되는 데를 걸어 댕겼어요. 그거를 짊어지고 그때는 왜 그렇게 조개 같은 거 캐면 싸가지고 오잖아요. 그때는 짊어지고 그거 짊어지고 강을 건너가면 열매가 조금 있어요. 그 열매를 뜯고 와서 그 끼니를 이기고 그다음에 또 가서 그 일하고 했죠."

그 시절 대부분의 학생들은 전기가 없으니까 저녁이면 사발에 기름을 넣고 심지에 불을 붙여 공부를 하였다. 그러나 아버지가 없는 그녀는 10살 때부터 시장에서 무엇이든 팔며 공부를 했다. 그러다가 그다음에는 어머니와 술장사를 시작했다. 어머니는 술장사를 하니 매일 술 먹고 서로 싸움을 하니 시끄럽기도 하고 아이의 교육에도 안 좋아서 장사를 접었다. 그다음에는 엿 장사를 시작하였다. 엿 장사를 하려면 매일 엿을 만들어야 했다. 엿 만드는 것은 쉽지 않았다. 이렇게 돈을 벌어올 아버지가 없는 그녀는 온갖 고생을 다 하면서 학교를 다녔다.

그녀가 학교를 다닐 때는 조선학교가 7년제만 있었는데 그녀가 졸업할 즈음에 8년제가 새로 생겨 그녀는 10년제를 졸업하게 되었다. 그 당시 사할린 사람들이 배운 한국어는 주로 북한말이었다. 왜냐하면 조선 사람들이 쓰는 교재가 거의 다 북한에서 왔으며 그것으로 가르쳤기 때문이다. 그러나 그 당시 영어는 가르치지 않았다. 해방 직후라 일본 사람들의 잔재가 많이 남아 있어 많은 사람들이 일본어를 많이 사용하였다. 특히 박순자는 오빠가 일본 사람과 결혼하였기 때문에 일본어를 많이 사용할 수밖에 없었다. 그러나 학교에서는 일본어를 쓰면 혼내기도 하고 다른 사람들한테 욕을 얻어먹기도 하였다. 그러다 보니 일본말을 안 쓰게 되었고 자연스럽게 잊어버리게 되었다.

사할린 한인들은 대부분 조선학교를 다녔다. 조선학교 교사들은 질이 낮은 편이었다. 사할린 학교의 교사들은 대부분 대학도 아니고 사범학교 나와서 연수를 받은 사람들이 하였다. 그녀의 자식들은 러시아어를 유치원부터 배우는 것과 달리 그녀는 3학년 때 러시아어를 배우기 시작했다. 그러다 보니 한국 사람들이 러시아학교를 들어가려면 러시아어가 부족하여 저학년으로 다시 가는 경우가 많았다.

또한 한국인은 차별도 많이 받았다. 일본 사람들은 조선 사람이라고 버스를 못타게 하거나 심지어 '카레이스키'라고 놀리기도 하고 '촌사람, 김치, 김치' 하면서 조롱하기도 하였다. 일본 사람이 사는 곳에 가면 '조선 나빠'라고 일본말로 괄시하기도 하고 소련 정부가 들어선 후에는 무국적자로 되어 주민등록을 받아주지 않고 외국인증명서를 받아 생활하게 되었다.

"근데 우리가 무국민이니까 아무것도 없어요. 받아도 안 받아도 그만 그걸 받아 가지고 하다가 그다음에 외국 증명서 그걸 또 받았어요. 그거는 육 개월에 한 번씩 출입국에 가서 체크를 해야 돼요. 그래야 다른 데를 가요. 어디를 가든 내가 여길 좀 비자 내는 것처럼 우리가 막 저기 서울로 가고 있으면 꼭 받아가야 하니 하는 도중에 붙잡히면 벌금도 물고 못 가요."

외국인증명서를 받은 조선 사람들은 6개월에 한 번씩 출입국에 가서 체크를 받거나 멀리 큰 땅에 가려면 비자를 내는 것처럼 확인을 받은 후 다닐 수가 있었다. 사할린에 사는 조선 사람들은 러시아 국적도 아주 늦게 받을 수 있었다. 박순자 역시 1980년도가 넘어서 러시아 국적을 받았다고 하였다. 그녀의 기억에는 1945년생 이전에 태어난 사람들은 출생증명서가 없었으며 1942년에 태어난 그녀 역시 출생증명서는 지금까지도 없다. 외국인증명서는 미국 국민들도 없고 소련 국민들도 없었다. 특히 아들을 가진 부모들은 외국인증명서를 내지 못한다. 군대에 데려간다고 해서 받지 못했다.

또한 그녀의 학창 시절 역시 어려운 살림을 거들며 사느라 매우 힘들었다. 힘든 생활이 길어지면서 그녀가 8학년 정도 되었을 때 오빠가 장애가 있는 언니를 시집 보내자고 하였다. 그러나 박순자는 언니가 결혼을 하면 아이가 생길 것이 당연하며 장애가 있는 언니는 아이를 돌볼 수 없기 때문에 적극적으로 반대하였다. 그러나 오빠는 우리가 살아야 하는데 생활이 너무 어려우니 언니라도 시집을 보내는 것이 좋다고 하였다. 오빠는 동생과 어머니가 부담스러웠으며 장애가 있는 동생만이라도 시집보내려고 하였다. 할 수 없이 그녀의 어머니는 언니를 시집보내기로 마음먹었다. 그 당시만 해도 강제모집으로 한국 남자들이 1천 명 정도 들어왔으나 전쟁이 끝나고 혼자 살아가는 홀아비 등이 많았고 여자는 부족한 상황이었다. 그러다 보니 장애가 있는 언니라도 시집가는 것은 어렵지 않았다.

언니는 나이 차이가 많은 남자와 결혼을 하였고 결혼을 하니 아이가 바로 생겼다. 언니가 결혼한 후 박순자와 어머니는 지능이 떨어진 언니로 인해 형부와 한집에 살았다. 바보가 된 언니는 아이들을 건사하지 못하였고 아이들을 키우는 것은 어머니와 박순자의 몫이 되었다. 그녀는 학교를 갔다 온 후 언니를 대신하여 조카들을 키우느라 고생이 많았다.

# 3. 재봉사가 된 그녀

박순자는 어려운 상황에서도 10년제 학교까지 졸업하였다. 그 시절에는 10년제를 마친 사람들은 다 대학을 갔다. 사할린에 사범대학이 있어 많은 사람이 사범대학에 가거나 북한에 있는 대학에 추천서를 받아 갔다. 사할린에 주재한 조선인민공화국 영사관에 있는 사람들이 나와서 대학을 추천해주어 많은 사람들이 북한에 있는 김일성 종합대학과 의학대학에 갔다. 그녀의 기억에 60년도 7월 13일과 16일 큰 배로 두 번이나 학생들을 데리고 갔다. 박순자도 이때 추천을 받고 북한에 있는 의학대학에 합격했다는 통보를 받았다. 유학을 가려면 사 가지고 가야 할 물건들도 많았는데 너무 가난해서 도저히 그 비용을 감당할 수가 없었다. 그녀는 합격을 했는데도 경제적인 이유로 형부가 대학을 못 가게 하였고 심지어 어머니는 그녀가 이북으로 학교를 간다면 자살하여 죽겠다는 말까지 하였다. 그 이유는 언니가 낳은 조카들을 어머니 혼자서 도저히 키울 수가 없다는 것이다. 할 수 없이 그녀는 모든 것을 포기하고 일하기 시작했다.

"그때는 전문학교를 많이 갔어요. 전문학교 가기도 하고 10년제 마친 사람들은 사범전문학교에 많이 갔어요. 사범 전문학교 거기를 가서 많이 공부하고 10년제 마쳐도 어디 가지 못하니까 이북에서 추천해서 이북으로 많이 나가고 그렇게 됐어요. 내도 북한에 있는 의과대학교에 가려고 공부를 해서 시험을 쳐서 붙었는데 내가 우리 형부하고 살았거든요. 근데 안 된다고 해서 그만두고 일을 하러 갔죠. 돈 없다고 근데 60년도에는 많이 이북으로 갔어요. 그때 내도 간다고 했지만 언니와 엄마 때문에 안 갔지요. 어머니랑 단둘이 살았는데 어머니가 너 가면 자살해서 죽는다고 못 가게. 그렇게 해가지고 결국에는 더 공부를 못 하고 재봉사로 일하게 되었지요."

그녀의 첫 직업은 재봉사였다. 주로 남자 옷을 만들었으며 항상 4시부터 12시까지 일하고 집으로 퇴근하였다. 그녀가 퇴근하고 집에 오면 조카들 우유 먹이고 키우고 고생이 말이 아니었다. 늦게 퇴근하여 들어오는 그녀는 새벽에 우유를 찾는 조카들 때문에 하루 일과가 너무나 고되었다. 그 시절 러시아에는 우유와 맥주를 만드는 공장이 많아 장애인에게 나누어주기도 하였다. 언니가 장애인이라 그걸 접수하여 받아서 조카를 키우고 했다. 그러던 중 언니는 둘째 아이까지 낳았다. 박순자는 재봉사로 일을 하고 어머니와 형부, 조카가 함께 살았다. 그녀의 언니가 아이를 키울 수 없기 때문에 함께 살 수밖에 없었다. 함께 사니 조카들을 당연히 박순자가 키워야 했다.

박순자의 친구들은 모두가 시집을 갔는데 26살이 되도록 그녀는 결혼은커녕 연애도 못 해보았다. 시집을 가야 하는데 조카들을 어찌해야 할지 몰라 할 수 없이 아이들을 고아원으로 보냈다. 고아원에 조카들을 보내고 오는데 그녀의 발이 차마

[사진 8-2] 박순자와 동료들      [사진 8-3] 친구들과 함께 즐거운 시간을 보내고 있는 박순자

떨어지지 않았다. 조카를 보내고 너무 가슴이 아파 한동안 아무 일도 손에 잡히지 않았다. 자신이 조카를 끝까지 돌보지 못했다는 죄책감에 힘든 시간을 보냈다.

## 4. 생의 반려자를 만나 결혼

조카를 보내고 슬픔에 가득 차 있을 때 친구가 남자 사진을 보여주면서 마카오로 놀러오라고 하였다. 친한 친구가 마카오에서 결혼하여 살고 있었다. 그녀는 마카오에 가서 친구를 만났고 친구의 소개로 지금의 남편을 만났다. 남편은 그녀를 소개받은 후 계속 연락을 하였고 가끔 만나기는 했으나 자신만 의지하고 있는 어머니를 두고 멀리까지 시집가고 싶지 않았다. 그런 마음도 모른 채 남편이 지속적으로 연락을 하였고 연애기간을 조금 가진 후 1966년 남편과 결혼을 하였다. 그들의 결혼식은 면사포를 쓰고 서양식으로 올렸다.

그녀의 남편은 전기 기술자로 자상하고 따뜻한 사람이었다. 결혼을 한 그녀는 어머니를 혼자 두고 남편을 따라 멀리 갈 수 없어 결혼하고도 3년 동안 친정에서 살

[사진 8-4] 박순자의 결혼사진

았다. 그런 그녀를 시부모들은 매우 싫어했다. 그 당시만 해도 여자가 시집을 가면 시집에 가서 사는 것이 보통의 풍습이었다. 그녀는 결혼하였지만 남편이 쉴 때 그녀를 만나러 올 수 있었기 때문에 부부사이는 언제나 서먹했다. 그러던 중 첫아이가 태어났다. 아이를 낳을 때도 남편이 옆에 있어야 하는데 남편과 멀리 떨어져 살다 보니 여러 가지 섭섭한 마음이 앞섰으며 아이에게도 미안했다. 그녀도 남편을 따라 시댁에서 살고 싶었지만 혼자 계신 어머니 때문에 모든 것을 감수해야만 했다. 그렇게 결혼생활을 하는 동생이 안쓰러웠는지 오빠 부부가 어머니를 모시고 시골로 들어갔다. 그녀는 그제야 남편을 따라 시댁으로 가서 살았다.

"내는 시집을 가도 3년 친정어머니하고 살았어요. 내 66년도에 시집을 가 가지고 내 한 아이 낳을 때까지 70년은 그 3년까지는 친정에 왔다 갔다 했지만 남편은 그냥 거기 있고 주말부부 같이 가끔씩 만나니까 누가 좋다고 하겠어요. 그래서 시어머니한테도 욕도 많이 먹었어요. 시집을 가면 시집에 가서 살아야 하잖아요. 근데 내 첫아이도 갑사포라고 내가 공부한 거기서 낳았고. 그래서 남편하고 그렇게 사이가 안 좋았어요. 아이는 남편 옆에서 낳아야 하는데 멀리 떨어져 낳아서 그렇게 왔다 갔다 하니 정이 뭐 있겠어요. 근데 내는 어머니 때문에 그렇게 했잖아요. 그렇게 하니까 오빠가 안 되겠다 싶었나 봐요. 오빠가 가족을 데리고 어떤 촌구석으로 들어갔어요. 거기 들어가서 자기들끼리 산다고 들어갔어요. 그래 우리 오빠도 조카 키우느라 많이 아팠어요. 우리 어머니가 할 수 없어 오빠네 집에 가 가지고 거기 가서 일 년도 못 살았어요. 어머니가 74년도에 돌아가셨으니까."

또한 어머니와 바보 언니, 형부와 같이 살던 중에 갑자기 형부가 돌아가시는 일이 생겼다. 형부는 나이도 많았지만 병으로 돌아가셨다. 그 후 어머니는 너무 연로하여 언니를 돌볼 수 없어서 그녀를 요양원으로 보낼 수밖에 없었다. 언니는 그때부터 돌아가실 때까지 요양원에서 살다가 가셨다.

어머니가 오빠를 따라 시골에 들어가면서 박순자는 남편이 있는 시댁으로 갔다. 남편의 집안은 대가족이 사할린에 와서 살고 있었다. 남편의 할아버지가 먼저 사할린에 돈 벌러 들어왔다가 자식들을 데리고 한국으로 나갔다. 아버지를 따라 한국에 나갔던 시아버지는 시어머니를 만나 사할린 광부 모집을 보고 다시 사할린으로 들어오셨다. 사할린을 일본을 거쳐 들어가야 하기 때문에 며칠씩 걸렸다. 시아버지의 본가는 강원도이며 시댁 식구들은 강원도 사람들이어서인지 대부분 유순한 편이었다.

"우리 시어머니 시아버지는 집안이 할아버지가 먼저 사할린으로 돈벌이하러 들어와 가지고 일하고 있었대요. 그렇게 하고 있다가 할아버지가 한국으로 나갔던 모양이에요. 그때 사할린에 대한 이야기를 듣고 어떻게 해서 우리 시아버지가 강제모집으로 공개 동원되어왔고 다시 들어왔대요. 그때 시어머니가 막내 시동생을 임신하고 있었던 것 같아요. 시집을 가니 시댁은 우리 집보다 사는 게 좀 나았어요. 제가 갑사포 있을 때 우리는 된장이라는 것을 한 번도 못 먹어 봤어요. 우리 친정어머니가 시집가서 임신했을 때 된장이 먹기 싫었기 때문에 된장을 거의 담가 먹지 않았어요. 그렇게 된장을 안 먹었는데 마카오로 가니까 우리 시집이 강원도 사람들이라 사람들이 좋아요. 그런데 시어머니가 된장을 잘해요. 내가 시어머니한테 많이 배웠어요. 살림을 많이 배워서 시어머니가 가르쳐주고 가르쳐주면 잘하니까 시어머니가 또 가르쳐주고 그래서 제가 살림을 배웠어요. 우리 그전에 큰일 하면 일주일씩 만들잖아요. 찹쌀도 식혜도 많이 만들었어요. 음식을 일주일씩 걸리고 그렇게 했는데 시어머니 시아버지 환갑 진갑 다했죠. 뭐 일이 많잖아요."

시댁 식구들은 사할린에 많은 식구들이 뿌리를 내리고 살고 있어 친척과 가족이 많았다. 친척이 많아서인지 시어머니는 한국음식을 아주 잘하였다. 웬만한 한국음식을 모두 만들어 드셨고 음식 솜씨도 좋으셨다. 평소 된장을 먹지 않던 그녀도 시어머니가 만든 된장찌개는 너무 맛있었다. 그녀는 어려서부터 홀어머니 밑에서 커서 한국음식이나 살림은 그리 잘하지 않았다. 매일 하루하루 살기가 바빠서 음식 만드는 데 많은 시간을 내지 못하였다. 그녀는 시어머니와 함께 살면서 살림을 많이 배웠다. 가르쳐주면 잘 따라 하는 며느리가 예쁜지 시어머니는 살림살이하는 것을 잘 가르쳐주셨다. 된장과 고추장을 비롯하여 한국 음식의 대부분을 만들어 먹었다. 남편의 형제도 6남매이지만 시할아버지와 시할머니, 또 시아버지의 사촌들이 많아 시댁에는 큰일이 끊이지 않았다. 명절 때마다 모든 음식들 만들어 먹는 것은 보통이었다. 시어머니 환갑과 진갑, 시동생과 시누이들 결혼 등 그녀에게 큰일은 아주 많았다.

"우리 시어머니가 중풍에 걸려서 누웠을 때 내가 다 간호를 했더니 그러니까 내가 맘에 들은 모양이에요. 우리 시누이가 북조선에 있었어요. 시어머니가 그 북조선에 뭘 보내려고 할 때도 나한테 물어보러 와요. 뭐를 보내야 할지 내가 아파서 병원에 누워 있어도 저한테 찾아와요. 어머님한테 집에 형님한테 물어보라고 하면 갸는 말을 모른다고 하니까 그럼 어떻게 해요. 그럼 내가 다 준비해서 보내고 그런데 하나도 우리 시누가 못 받았대요."

박순자는 5년 동안 시집살이를 하였지만 시어머니와는 항상 사이가 좋았다. 그녀는 시어머니가 아무리 잔소리를 하고 구박을 해도 한 번도 시어머니에게 말대꾸를 하지 않았다. 다른 사람들은 시어머니와의 갈등에 대해 말해도 그녀는 항상 시어머니께 순종하였고 다투지 않았다. 이런 그녀를 시어머니는 많이 믿었고 그녀를 많

[사진 8-5] 박순자의 시아버지
환갑 사진

이 좋아했다. 남편은 6남매에 둘째 아들이었다. 그러므로 첫째 며느리도 있고 셋째 며느리도 있었다. 그럼에도 불구하고 그녀의 시어머니는 박순자와 함께 살기를 원했다. 그런 시어머니를 5년 동안 모시고 살았다. 이러한 그녀의 성품 탓인지 그녀는 시어머니의 병간호도 많이 해냈다.

## 5. 알토란 같은 자식들

박순자는 결혼한 후 27살에 첫아들을 낳고 둘째 아들을 30살에 낳았다. 아이를 낳고도 열심히 일하며 살았다. 첫아이를 낳았을 때 그녀는 크게 좋지 않았다. 자신이 너무 어렵게 조카 둘을 3년이나 키웠던 기억이 앞섰기 때문이다. 그래서 처음 아들을 얻었을 때 자식들에 대해 정보다는 어떻게 하면 아이들을 잘 키울 수 있을까라는 책임감이 더 컸다. 아이들은 바쁜 엄마의 걱정에도 불구하고 잘 자라주었다. 항상 아이들을 데리고 들어와 밥과 반찬을 축내기도 하고 친구들에게 집에 있는 것을 가져다주기도 하지만 그녀는 풍족하지 않은 살림에 건강하게 자라주는 아들들에게 항상 고마웠다.

"내는 크게 좋은 것도 몰랐어요. 조카 둘이를 삼 년을 키웠잖아요. 내 아이가 생겼으니까 그게 아이한테는 큰 정이 없었어요. 얼마나 고생을 했는지… 우리 집에는 남자애들 둘이니까 동무들을 많이 끌고 오죠. 아침에 반찬 해놓으면 저녁때 가면 애들이 다 먹고 하나도 없어요. 새로 또 반찬 해야 하고 그때마다 반찬 깍두기나 그런 것이나 하고. 옛날에는 어린이들 귤 같은 것 사는 것도 가서 한두 키로 사이로 못 사요. 돈 있어도 못 사먹는 세월이잖아요. 바빠서 해준 것도 없고 미안함도 있었지만 아이들이 말해요. 엄마처럼 그렇게 하는 사람 어디 있냐고 해요."

그녀는 자녀들에게 항상 고맙다. 어렵게 살림을 꾸려가고 무던한 그런 어머니를 자녀들은 더 감사하고 존경했다. 아들 둘을 키우면서 그녀는 놀란 적도 많고 힘든 적도 많았다. 그러던 중 그녀가 몸이 아프면서 셋째 아이를 다시 갖게 되었다. 그녀 나이 서른여섯 살로 그 당시에 많이 늦은 나이에 출산이었다. 큰아이와 셋째 아이가 열 살 차이가 났다. 산부인과 쪽으로 문제가 있어 아이를 낳는 것이 좋겠다는 의사의 권유에 따라 아이를 낳았다. 이런 그녀에게 주위 사람들은 좋은 소리를 하지 않았다. 다른 사람들은 늦은 나이에 아이를 또 낳는 것이 이해가 되지 않는다고 하였다. 다행히 셋째 아이는 딸이었다. 아들만 둘 키우다 보니 많이 힘들었는데 딸은 순하고 예쁘기만 했다. 지금도 생각하면 그때 딸 낳은 것이 너무도 잘한 것 같다.

"산부인과 가니까 몸이 좀 안 좋았다고 하면서 아이를 낳으라고 하더라고요. 큰아이하고 작은 아이하고 열 살 차이에요. 스물일곱에 첫아이를 낳고 두 번째를 서른에 낳고 그래서 안 놓으려고 한 것을 십 년 있으니까 그게 산부인과 가니까 아이를 낳아야 그것이 자궁이 좀 아프다 하더라고요, 잘못됐다 하더라고요. 아이를 놓으라고 해서 그럼 낳아보자 서른여섯 살쯤에 낳았어요. 근데 제가 아이를 낳으니까 사람들이 막 욕했어요. 내보고 나이 들어 아이 낳는다고 사람들이 욕하고 우리 남편이 또 그래요. 인제 낳았는데 왜 자꾸 말을 그렇게 하는 거냐고 애가 참 순했죠. 두 남자애 키울 때는 손발 다 들어서 딸내미 낳으니까 아이가 있는지 없는지도 모르잖아요. 그다음에 보니까 딸은 되게 고왔어요."

자녀들이 커갈수록 그녀를 더 많이 이해해주고 고마워한다. 키울 때는 힘들었지만 그녀에게 가장 큰 버팀목이 되어주는 그녀의 자식들은 그녀에게 살아가는 희망이다.


## 6. 다시 장사를 시작함


그녀는 시집살이 5년을 끝내고 자식들과 분가해서 살았다. 분가해서 그녀는 재봉사 일을 하고 남편은 공장에서 전기 일을 하면서 아이들을 기르면서 살았다. 그러던 중 남편의 공장이 없어지게 되고 자신이 다니던 재봉사 일도 다른 곳으로 넘어가면서 일할 곳이 없어졌다. 갑자기 일할 곳이 없어진 그녀는 아이들은 키우고 공부를 시켜야 해서 장사를 시작하기로 했다. 그녀는 자신이 이전에 친정어머니와 장사를 해본 경험이 있어 장사를 하는 것이 가장 쉽고 빠를 것 같았다. 그러나 장사가 쉽지는 않았다. 처음 장사를 할 때 사고팔고 하는 것을 잘 몰라서 빚을 많이 지기도 하고 집을 옮기면서 빚을 지기도 하였다.

"마카오에서 일했는데 남편이 일하던 공장이 넘어가서 없어졌어요. 그리고 내가 일하던 봉제공장도 없어져서 일할 데가 없어졌어요. 아이들 공부는 시켜야 하는데 돈이 없어서 조금씩 장사를 하다가 98년도에 인제 마카오에서 도시로 내려왔어요. 그래가지고 거기서 장사를 십 년 동안 했어요. 그때만 해도 사고팔고 하는 그런 거 하고, 그때는 장사하는 걸 몰라서 빚을 많이 져서 내려왔거든요. 집을 산다고 빚지고, 개인 집을 사서 밭에 농사를 짓기 시작했어요. 농사지어 팔면서 겨울에도 하루도 안 놀았어요. 그 눈보라 치는 날도 그거 구루마 끌고 다니면서 팔고, 다른 것 떼 가지고 팔고. 큰아들한테 가게를 주고 왔단 말이에요. 아들 젊었으니까 먼저 가서 자리를 잡으면 내가 내려갈 테니 먼저 내려가라. 집도 좋은 거 마련해서 먼저 내려 보냈어요. 그런데 12월 30날. 새해맞이 한다고 부모한테 온다고 왔는데 그때가 새해였어요. 근데 집에 불이 나 집이 홀딱 다 탔어요. 그래서 할 수 없이 우리가 내려와서 농사를 짓고 다시 돈을 벌어서 집을 하나 또 샀지요."

그녀는 하루도 쉬는 날이 없이 열심히 장사를 했다. 장사를 하기 위해 농사를 짓고 그것을 갖다 팔기도 했다. 추운 겨울에도 쉬지 않고 장사를 했다. 농사를 지어서 팔기도 하고 다른 데서 물건을 떼어 팔기도 하였다. 10년 정도 장사를 하여 어느 정도 자리도 잡고 집도 샀다. 그는 사업을 확장하여 마카오의 장사는 아들에게 맡기고 자신은 사할린으로 와서 다시 장사를 시작했다. 마카오에 있던 아들의 가게가 불이 나면서 다시 어려움이 닥쳤다. 그럼에도 불구하고 그녀는 억척같이 장사를 했다. 그녀는 다시 아들의 집을 사주고 살아갈 수 있도록 기반을 마련해주고 나서야 마음을 놓을 수 있었다.

"내가 자식들한테 해준 것도 없는데 자식들은 엄마가 존경스럽다고 해요. 단지 내가 해준 것은 집 한 채씩 사준 거밖에 없어요. 막내딸이 미용을 하고 싶다고 했는데 남편이 돈도 없는데 무슨 미용이냐고 마지막 내가 산 집은 오 층 집을 사라고 해서 샀단 말이에요. 그것을 사서 하루도 못 살고 한국으로 왔거든요. 그걸 안 사고 딸 미용실 차려주었더라면 좋았을 텐데. 그게 좀 징하고 후회가 돼요. 남편 말 안 듣고 내가 그냥 해주었으면 좋았을 텐데. 근데 지금도 안 늦다고 집을 팔고 미용실을 차리라고 하니까 아 이제는 괜찮대요."

그녀는 장사를 하여 자식들에게 자신이 해주고 싶은 것을 다 해주었다. 먼저 자식들이 배울 수 있도록 해주었다. 또한 아들이 장사를 하고 싶다고 해서 장사를 할 수 있도록 마련해주었다. 그러나 지금도 생각하면 미안한 것이 딸이 미용을 배우겠다고 했는데 학비며 전셋집 같은 것을 마련하는 것이 힘들어 못 가르쳐준 것이다. 남편도 그걸 탐탁지 않게 생각하여 안 가르쳤는데 지금도 그것이 미안하고 후회스럽다. 이렇게 잘 키운 아들들은 모두 결혼하여 지금은 잘 살고 있다. 그녀의 큰아들은 한국 사람과 결혼하여 러시아 영사관에서 일한다. 둘째 아들도 한국 사람과 결혼하고 건축부에서 일한다. 막내딸도 한국 사람과 결혼하고 영사관에서 일했었는데 한 영사관에 같은 형제가 일을 할 수 없다고 해서 딸이 영사관을 그만두고 한국에서 통역사 일을 주로 한다.

> "큰아들은 영사관에서 일해요. 한국 영사관, 러시아 영사관, 러시아에 있는 한국 영사관에서요. 한국 사람이랑 결혼했어요. 둘째 아들은 마흔일곱 살인데 건축부에서 일을 해요. 건축 하다가 또 기사 하다가 그렇게 하고 있어요. 딸도 영사관에서 일해요. 영사관에서 통역도 하고. 그런데 한 회사에서 둘이 형제간이 일을 못한대요. 그게 법이라네요. 그래 동생이 나왔죠. 오빠를 놔두고 나와 가지고 한국에 와서 한국 글을 많이 배웠어요. 서울에서 한국어를 또 잘 쓰고 잘해요. 그래서 이제는 부산에서 조금 일했죠. 그 일본 사람들이 오면 통역하는 통역사 일 하고 있어요."

그녀는 아들과 딸 모두 결혼한다고 할 때 반대하지 않았다. 아이들이 선택한 것에 존중하였고 잘 살기만을 빌었다. 자녀들은 그녀가 강요하지 않아도 한국 사람과 결혼을 하였고 그녀의 기대를 저버리거나 실망시키지 않았다. 그래서 그녀는 자식들에게 항상 고맙다. 자신 역시 자식들에게 어떠한 짐도 되고 싶지 않은 것이 그녀의 마음이다.

## 7. 늘 설레게 하는 한국 생활

그녀가 처음부터 한국으로 영주귀국 하려는 마음은 없었다. 안산지역에 영주귀국이 들어갔어도 그녀는 크게 관심을 갖지 않았다. 또한 영주귀국에 대한 심사도 많이 까다로워 심사기준에 맞는지 확인조차 안 했었다. 그러던 중 동네 많은 사람들이 들어가서야 그녀도 영주귀국자에 해당하는지 살펴보았다. 그녀 부부도 영주귀국자의 연도에는 맞아 신청을 하고 한국으로 들어오게 되었다. 한국으로 들어오기로 마음먹고 이산가족 접수처에서 필요한 서류를 준비하였다.

> "그전에 한국에 올려고 꿈도 안 꿨죠. 제일 처음에 안산부터 모집했잖아요. 그때만 해도 쓰는 사람들이 어떻게 시끄러운지 부부간의 나이가 맞아야 영주귀국 했어요. 이런 것을 이산가족 접수처에서 받아가지고 왔어요. 짝이 맞아야 오거든요. 우리 남편도 38년생 내가 42년생 짝은 맞아요. 그때도 그래가지고 많이 왔어요."

한국에서의 생활은 그리 힘들지 않았다. 단지 사할린에 두고 온 아이들이 항상 마음에 걸렸다. 영주귀국자들은 한국에서 내어준 임대아파트에 같이 살면서 서로에게 힘이 되곤 하였다. 언제든지 서로에게 무슨 일이 있으면 찾아가서 도와주고 아픈 사람이 있으면 병원에 데리고 가주면서 함께 살아간다. 그녀는 서로 분쟁이 있는 사람들에게 해결사 같은 역할을 해서 사람들이 많이 좋아한다. 모든 것은 대화를 통해 서로 이해하고 조금씩 양보하면 해결되지 않는 것이 없다고 그녀는 생각한다. 그래서 그녀는 싸움을 해본 적이 없다. 이런 성격은 시어머니와의 관계, 남편과의 관계에서 이미 드러난 것 같이 그녀는 따뜻하고 편안한 사람이다.

> "내는 원래 어렵게 살아서 그런지 누구나 많이 도와줄 마음이 있어요. 그랬으니까 아무리 바빠도 내게 전화하면 내는 싫다고는 안 하지요. 어떤 사람은 뭐하러 해

[사진 8-6] 박순자 남편의 칠순

주는가 싶지만 어떻게 자기도 아프면 다 한가지지. 내는 본래 누가 말하면 참고 저 사람 말하면 왜 그렇게 하냐고 둘이 다 좋아하면 서로 풀고 잘못하면 잘못했다 하고 그렇게 대화를 하지 왜 그렇게 하냐고. 어떤 사람은 내하고 인사도 안 받고 갈 수 있잖아요. 그럼 불러요. 내하고 무슨 안 좋은 일이 있는가? 왜 내한테 그러냐고. 그러면 아니요. 제가 어디가 아프다 하든가 그래서 아파도 인사하고 대화해야 하는 거 아니야? 내가 잘못하면 내가 빌게. 빌어서 무엇이 잘못되었나 이해를 하자. 내 다른 사람들에게도 그렇게 말해요. 그렇게 하면은 화합이 된다."

성격이 좋은 그녀는 모든 사람들의 소통의 창구이다. 그녀는 자신이 어렵게 살아서 항상 누구든 도와주고 싶은 마음이 많다. 그런 그녀에게 항상 마음속에 간직하고 있는 가슴 아픈 일이 있다. 어릴 적 고아원으로 보낸 언니의 자식인 조카이다. 고아원으로 보낸 조카들이 항상 마음에 걸렸던 박순자는 자신이 결혼을 하고 아이를 낳고 살다 보니 조카들의 생각이 자꾸 났다. 수소문 끝에 찾은 조카들은 성인이 되어 러시아에서 군 복무를 하였다. 자신이 키울 때부터 신장이 나빴던 조카는 군 복무를 하면서 더욱 아팠다.

"근데 아이들이 거기서 커서 성인이 돼서 내가 전화를 맨날 하고 있는데 군대를 가야 할 나이가 되니까 대륙으로 보냈어요. 거기 아이들 가서 군대를 복무하고 작년에 큰조카한테 있는 사람한테 전화했는데 걔가 신장이 나빴던 모양이에요. 신장

이 나빠서 아프다 하는 소리를 들어 한번 내 갔다 왔거든요. 작년에 갸가 죽었다 하
더라고요. 조금만 조카 하나 영식이라고 남았어요. 조카가 남자가 둘인데 하나 남
았고 그렇게 하나는 잃었어요."

그러던 어느 날 그녀는 군 복무를 하던 조카가 죽었다는 소식을 접했다. 그녀는
조카의 죽음이 자신의 잘못 같아 가슴이 너무 아팠다. 그녀는 인터뷰 내내 눈물을
감추지 못했다. 그녀의 두 조카 중 1명의 조카는 아직 러시아에 살고 있다. 가끔 연
락이 되긴 하지만 큰조카가 그렇게 죽고 그녀는 조카 생각만 하면 힘들다. 그녀에게
조카는 그 어린 시절 자신이 기른 자식이었기 때문이다.

## 8. 남편을 떠나보냄

2014년 그녀는 남편을 하늘나라로 보냈다. 남편은 평소 당뇨라는 지병을 가지
고 있었으나 걱정할 정도는 아니었다. 남편이 하늘나라로 가던 그해의 6월에 아들
이 사할린에 집을 짓는다고 해서 남편이 사할린을 다녀왔다. 한국 생활에 적응이 잘
되어서인지 남편은 사할린만 다녀오면 항상 몸이 조금씩 아팠다. 딸은 남편이 사할
린을 다녀오면 아픈 것 같으니 아버지만 보내지 말라고 항상 그랬다. 평소 당뇨가
있는 남편은 항상 당뇨 약을 먹기 때문에 다른 곳에 크게 신경을 쓰지 않았다. 남편
이 돌아가시기 전날 박근혜 대통령이 세계모임에 온다고 많은 사람들이 그 모임에
참여했다. 남편 역시 박 대통령을 보고 싶다고 그 모임에 참여하고 돌아왔는데 그날
밤 심장마비가 와서 하늘나라로 가셨다.

"남편은 14년도에 사할린 갔다 왔거든요. 6월 달에. 아들이 집을 짓는다고 해서

[사진 8-7] 남편이 돌아가시기 전 함께한 박순자

가보고 왔어요. 그 사람 당뇨가 많았고 또 사할린을 다녀오면 항상 아팠어요. 그 당뇨가 많아서 심장 나쁘다고 병원에서 말을 안 했으니 심장에는 신경을 안 썼어요. 그래 14일에 많이 아파서 병원에 갔다 왔는데 세계모임이 있었어요. 서울에서 그날 박근혜 대통령이 온다고 했거든요. 그래 남편이 박근혜 한번 봤으면 했어요. 내는 몸이 아픈데 가지 말자고 그러니까 보고 싶다고 해서 갔지요. 갔다 오다가 식당에서 식사를 시켰어요. 그때 삼계탕인지 그거를 먹고 오는데 이상하더라고요. 그래 8일 날 갔다 와서 10일 날 길병원 진료 가야 하는데 8일 날 돌아가셨어요. 자다가 심장마비로. 그래서 막 119를 부르고 심폐소생술 하고 했는데 잘 안 되었어요."

그녀가 한국 들어올 때 남편과 한국에 와서 10년만 잘 살았으면 하는 것이 바람이었다. 그러나 그녀의 바람과 다르게 남편은 한국 와서 7년을 살고 76세의 나이로 생을 마감했다. 그녀는 지금도 남편과 결혼생활에 크게 불만도 없으며 남편과 크게 부부싸움도 안 했다. 그래서인지 그렇게 보낸 남편만 생각하면 더 속상하고 섭섭하다. 남편의 유해는 화장을 하여 연안부두에 뿌렸다. 그것은 평소 남편이 원하는 것이었고, 그녀도 자식들도 남편이 원하는 대로 따랐다.

"남편은 그전에부터 자기가 죽으면 화장해서 연안부두에다 뿌리라고 했고요. 큰아들이 아버지 제사를 자기가 가져간다고 하는데 제가 제사는 가져갈 필요는 없다고 했어요. 내가 죽으면 연안부두에 같이 던지면 너는 아무것도 안 해도 된다고 했어요. 마카오에는 우리 시어머니, 시아버지의 묘가 있거든요. 거기 사할린이 마카오에서 멀어요. 거기는 내가 일 년에 한 번씩은 꼭 가요. 내는 8월 15일 보름 될 때 한 번 갔다 오기는 갔다 오는데 아이들도 거기 사니까."

남편을 그렇게 떠나보낸 그녀에게 아들이 사할린 가서 같이 살자고 했다. 또 제사도 자신이 모셔 가겠다고 하였다. 큰아들은 지금 사할린에 살고 있다. 그런 아들에게 제사를 모시게 하고 싶지 않았다. 제사가 아니어도 마카오에 있는 시어머니, 시아버지 산소에 아들은 성묘를 다닌다. 마카오는 사할린에서 상당히 떨어져 있기 때문에 아들이 마카오까지 오가는 것도 그녀는 힘들다고 생각했다. 그녀는 성묘 다니는 것도 힘든데 큰아들에게 자신까지 부담을 주기 싫었다. 큰아들로서 어깨도 무거운데 자신까지 아들을 힘들게 하고 싶지 않았다. 그래서 그녀는 아들에게 자신은 한국에서 이대로 살고 싶다고 했다. 또한 그리고 자신도 죽으면 남편같이 연안부두에 뿌려달라고 아들에게 말하곤 한다.

"할아버지 제사는 제가 지내요. 교회를 다녀서 물어보니까 제사를 해도 절만 안하면 된다고 하더라고요. 그러면 그러라고 그 뭐한다고 아들한테 그걸 주겠어요. 내가 한다고 어떤 사람은 아들도 안 주고 안 한다 하던데 너무 안 하면 섭섭하잖아요."

남편을 보낸 후에 그녀의 그리움은 오랫동안 지속되었다. 남편의 제사는 자신이 지낸다. 그녀는 한국에 와서부터 교회를 다닌다. 교회에서는 제사를 지내지 말라고 하지만 남편의 제사를 지내지 않으면 너무 섭섭해서 견딜 수가 없다. 그녀는 제사에 상만 차리고 절은 하지 않는다. 교회에서 절만 하지 않으면 된다고 하는 말을 듣고 제사상을 차려 놓고 절은 하지 않는 것이 그녀가 유일하게 제사를 지내는 방법이다.

## 9. 봉사하며 사는 남은 삶

그녀의 요즘 생활은 매우 바쁘다. 남편을 보내고 난 후 더 바삐 움직인다. 그녀의 일주일은 매우 바쁘게 돌아간다. 남동사할린센터에는 다양한 프로그램을 운영하고 있다. 외부의 협조를 통해 이루어지기도 하고 자신이 좋아하는 것을 배우기도한다. 영주귀국 노인들은 사할린 경로당을 통해 정보를 교환하기도 하고 취미를 즐기기도 한다. 그녀 역시 사할린 경로당을 거점으로 다양한 활동을 하고 있다.

"난 놀 새가 없어요. 우리 여기 집에 댕기죠. 원예 교실에서 꽃 같은 거 만드는 거 다니죠. 또 역사 교실이 있어요. 정치도 배우고, 우리는 옛날에 신라 그런 거 모르잖아요. 백제 그런 거에 대해서도 가르쳐주고 있어요. 그걸 배워야 조선 문화를 안다고 그걸 배우고 있고 수요일은 외부 문화센터라는 데가 있어요. 거기를 우리가 아침 10시에 가면 2시까지 거기서 공부하고 그렇죠. 또 성경공부 교회에 하지만 뭐 이런 사람들 다 모여서 외국 선교사들이 처음에 설교를 하고 그다음에 그 선생님 있어요. 그 선생님이 모르는 말 있으면 물어보면 대답을 하고 직원도 우리한테 많이 하죠. 아프면 데려다주고 목요일 날은 조금 쉬고 일요일 날은 큰 장로교회에 있어요. 처음부터 거기 다녔거든요. 주안 장로교회 거기를 이제 아침에 가면 10시에 가면 2시 반되면 여기로 와요. 그럼 일주일 다 지나가잖아요."

그녀의 한 주는 월요일부터 바쁘다. 원예교실을 통해 꽃도 만들고, 역사교실을 통해 한국의 역사를 배우기도 한다. 특히 한국의 역사를 안 배운 사할린 사람들에게 삼국시대나 고려시대, 조선시대들에 대해 배울 뿐만 아니라 현재 한국의 정치에 대해서도 배운다. 또 수요일에는 교회 문화센터를 통해 성경공부를 하기도 하고, 선교사들의 설교를 듣기도 한다. 목요일에는 특별하게 배우는 것이 없지만 일요일에는 교회에 가서 예배를 드린다. 이렇게 빡빡한 일정을 소화하며 하루를 바쁘게 움직인다. 또한 그녀는 사할린 영주귀국자 임대아파트의 반장이다. 반장으로서 동네의 여러 가지 일을 한다.

"내가 우리 511동 반장이거든요. 반장은 무슨 일이 있잖아요. 나들이 간다. 어디 간다. 몇 명만 갈 수 있다. 그러면 내가 뽑아야 돼요. 뽑아야 되고. 금요일 되면 내가 요양병원에서 식사를 줘요. 도시락을 주면 아침에 11시 반에 나가서 도시락을 다 받아서 갖다주고 그 모여 가지고 아침에 갖다주고 그리고 우리 환자들이 많아요. 오늘도 동무가 많이 아픈데 도와줄 사람이 없어요. 아침에 사랑내과로 일찍 데리고 가고 왔다가 근데 그 사람이 신경과를 댕긴다는 오늘 보니까 자꾸 헛소리를 하네요. 우울증이 있었어요. 근데 알고 보니까 신장에 무슨 문제가 있다고 하더라고요. 초음파를 찍었어요. 초음파를 찍고 내일인가 모랜가 CT 찍으러 가요. 그 방광 거기에 옆에 줄이 있는데 담도에 뭐가 있다고 하더라고요. CT를 찍어봐야 안다고 내일 CT 찍으러 가요."

현재 반장인 그녀가 주로 하는 일은 사할린 귀국자들이 나들이를 간다면 명단을 제출하기도 하고 요양병원에서 주는 식사들을 받아서 나누어주기도 한다. 인터뷰한 날도 친구가 아파 도와줄 사람이 없어 병원을 데리고 갔다 왔다. 이렇게 반장으로서 그녀는 영주귀국해서 사는 사람들을 도와주는 즐거움으로 친구이자 가족 역할을 한다. 그녀는 이렇게 봉사하는 것이 하나도 힘들지 않다. 그러나 이렇게 바쁘게 사는데도 불구하고 그녀는 밤에 외롭다.

"외로워요. 낮에는 왔다 갔다 하는데 저녁에는 외로워요. 그래도 동무들이 많이 있어서 11시 12시까지 놀다가요. 다 그러니까 덜 외롭지만 허전할 때가 있어요."

그녀가 이렇게 외로워할 때 아들이 같이 살자고 하면 마음이 가끔 흔들릴 때가 있다. 그러나 냉정하게 아들을 생각하면 한국에 혼자 사는 것이 맞다는 생각이 든다. 자식들도 자신이 건강할 때는 괜찮겠지만 아프면 짐이 될 것 같다는 생각 때문이다. 요양원이 잘 되어 있는 한국에서 죽어도 괜찮다는 생각까지 한다. 주위의 영주귀국 한 친구들은 아프면 자식 곁으로 간다는 사람이 많다. 그러나 한국에서 죽으면 자식들이 한국으로 와야 하는 불편은 있지만 자식으로서 그것을 해줄 수 있다는 생각이다.

"지금도 아들이 같이 살고 싶어 해요. 지금 그 문제로 싸웠잖아요. 자식이 누구든 사할린 가서 살기로… 이제는 들어가야 몇 년 걸리겠어요. 아들의 말은 고맙지만 너희들은 같이 살고 싶어 하지만 며느리는 자기도 안 그렇다 하지만 성할 때 가서 살 수 있지만 아프다고 누워 있으면 누가 좋다고 하겠어요. 내가 아이들한테 그러죠. 한국은 얼마나 시설이 좋은가 하고, 요양소도 가면 되고, 러시아 가면 너희들도 왔다 갔다 해야. 여기 있는 다른 사람들은 더 늙고 아프게 되면 간다 하는 사람 많아요. 죽으면 자식 옆에 가서 죽으면 되는데 내가 여기서 아파서 죽으면 자식이 또 와야 하잖아요. 그렇게 생각한다고, 내는 자식이 엄마 상 한번 못 치뤄주겠어요? 나도 남편 따라 연안부두에 뿌리라고 해요. 바다에 떠나보내라고요."

그래서 그녀는 한국을 떠나고 싶지 않다. 이렇게 한국에서 봉사활동 하고 영주귀국자들과 함께 의지하며 살아가고픈 것이 그녀의 소망이다. 그녀가 교회에 가서 기도하는 것이 있다면 자녀들 건강하고 자신도 건강하게 살다가 가는 것이다. 이러한 바람이 꼭 이루어지길 기대해본다.

# 9장
# 용기와 열정, 교사에서 통역사로: 최화자의 이야기

최화자는 1944년 11월 30일 사할린에서 출생하였다. 최화자의 아버지는 일제 강점기에 사할린의 탄광으로 왔다. 당시 일본의 영토였던 사할린은 극심한 추위로 사람이 살기 힘든 곳이었지만 석탄이나 목재가 풍부했다. 최화자의 아버지는 이들 자원 채취를 위해 일제에 의해 강제징용 되었다. 1943년 최화자의 어머니는 오빠와 언니를 데리고 아버지가 있는 사할린으로 이주해왔다. 최화자와 남동생은 그 이후 사할린에서 태어났다.

이주 초기, 아버지는 탄광에서 일을 하다 몸을 크게 다치셨고, 몸이 회복된 이후에도 별다른 기술이 없어 막노동으로 가족을 부양했다. 최화자의 가정은 늘 궁핍했다. 그러나 그 당시 사할린의 많은 징용된 한인들이 가족들을 고향에 두고 떠나와 홀로 지내며 외로움과 가난에 시달렸던 것에 비하면 최화자의 가정은 가족이 함께 있어 비록 형편은 어려웠지만 그래도 나았다.

최화자는 사할린의 주도인 유즈노사할린스크에서 어린 시절을 보냈다. 1~7학년은 사할린의 한인 자녀들이 다니던 조선학교를 다녔다. 이후 4년 과정인 사범학교 조선어과로 진학하였다. 그러나 최화자는 자신이 사범학교를 졸업하고도 교사가 될 수 없는 처지라는 것을 알게 된다. 당시 무국적이던 부모님을 따라 최화자 역시 무국적 상태였기 때문이다. 고심 끝에 만 18세가 되던 1962년에 최화자는 국적을 소련(이하 러시아)으로 변경하였다. 하지만 최화자의 부모님은 여러 가지 불편이나 불이익에도 불구하고 어느 때라도 다시 돌아가게 될 조국을 생각하며 끝끝내 무국적으로 지내셨다.

러시아 국적 취득 후, 최화자는 1963년부터 3년간 조선학교에 교원으로 근무했다. 1963년 당시 러시아는 모든 학교에서 러시아어로만 수업을 하도록 지시했다. 조선학교는 학생이나 교사가 모두 한국인이었지만 어쩔 수 없이 러시아어로 수업을 했다. 이후 최화자는 러시아학교로 근무지를 옮겼다. 그곳에서는 1년간 학생들을 가르쳤다.

1968년에 최화자는 보수나 여건이 좀 더 나은 물자공급기관으로 직장을 옮겼다. 1969년에는 하바롭스크에 있는 야간 전문학교에 진학하여 1년간 경제학을 공부했다. 물자공급기관에서의 업무를 잘 수행하기 위해 공부가 더 필요하기도 했고 전문성을 높이고 싶다는 열의가 불타올랐기 때문이다. 물자공급기관에서 최화자는 근속 모범직원에게 수여되는 표창을 받는 등 꾸준히 성실하게 근무하다 1994년에 50세가 되어 은퇴하고 연금수령 대상자가 되었다.

한편, 1988년 서울올림픽을 계기로 러시아와 한국 사이의 국교 정상화의 분위기가 잡혀 갔다. 사할린의 한인들 대부분이 러시아와 한국이 사실상의 교류 없이 지내던 1945년 이후의 기간 중에는 대한민국의 존재조차 거의 인식하지 못했다. 그러다 서울올림픽이 사할린의 한인들에게 대한민국의 실상을 알렸고 좀 더 알고자 하는 관심을 불러일으켰다. 한국어를 배우고자 하는 사람들도 생겨났다. 사범학교에서 조선어를 전공한 최화자는 한국어를 배우고자 하는 사람들에게 물자공급기관에서의 근무 이후 저녁시간에 주 1~2회 한국어를 가르쳤다. 하지만 최화자 자신이 오랜 세월 한국어를 사용하지 않았고 또 사할린 한인들이 사용하는 표현이나 발음이 남한의 한국어와는 차이가 있었다. 그러던 중 당시 러시아 선교를 위해 러시아에 온 한국인 목사가 자신의 자녀들에게 러시아어를 가르쳐 달라는 부탁을 해왔다. 러시아어를 가르치는 과정에 최화자는 러시아어를 지도하기도 했지만 아이들을 통해 자연스러운 한국어 발음이나 표현을 익힐 수 있었다.

88서울올림픽 이후 한국인들의 러시아 여행이 붐을 이루게 되었다. 러시아를 방문하는 한국인이 많아졌고 그러한 한국인을 대상으로 하는 여행사 등의 업체들이 생겼다. 1994년 물자공급기관을 은퇴하고 나서 한국어 통역을 필요로 한다는 공고로 인해 일자리를 찾아 모스크바에 갔던 최화자는 당시 러시아의 수도인 모스크바와 제2도시인 상트페테르부르크에 생긴 한국식당의 지배인으로 특채되었다. 한국식당에서의 지배인 역할은 처음 해보는 일이기도 하고 낯설어 제안을 받았을 때 처음에는 망설여졌지만 한국식당 사장의 적극적 권유로 시작하게 되었다. 식당 지배인으로 3년간 일하는 동안 다양한 한국인들과 교류할 수 있었다. 1996년 사마라로 이주한 최화자는 한인협회를 통해 한글학교, 한국 문화 알리기, 통역 등 다양한 활동을 했고 그러한 활동은 영주귀국으로 2007년 한국에 오기 전까지 이어졌다. 현재 최화자는 '남동사할린센터'의 총무로 영주귀국 한인들을 위한 다양한 활동을 돕고 있다.

## 1. 어머니의 찬송가 그리고 편지

최화자는 성장 과정이나 그 이후의 삶에 어머니의 영향을 많이 받았다. 어머니처럼 최화자는 자신에게 주어진 상황들을 긍정적으로 개척해왔고 늘 새로운 것을 배우려 노력했다.

러시아 이전 소련에서는 레닌의 영향으로 종교가 법으로 금지되어 있었다. 최화자의 어머니는 비록 교회를 다니거나 드러내어 기도를 하거나 찬송가를 부르거나 하지는 못해도 자신의 믿음을 굳건히 지켰다. 그녀는 늘 자식들에게 신앙을 가지

[사진 9-1] 최화자의 가족사진
어머니, 오빠, 언니와 함께한 모습이다. 어머니
품에 안겨 있는 아기가 최화자이고 남동생은
아직 태어나지 않았다.

도록 가르쳤고 생활 속에서 실천하여 보여주었다.

"기도도 못했어요. 소련도 17년도까지는 혁명… 레닌이 다 뭐 붕괴시켰습니다.
안 믿는 사람을 뭐라 합니까. 무신론자… 네 그렇게 했습니다. 신앙생활 못 하게 했
습니다. 몇몇 분들은 어딘가 모여서 예배를 드리기도 했다고… 우리 어머니는 다
니지는 않았습니다. 어머니는 그저 뭐랄까 마음으로만 믿고 살아가셨습니다. 어머
니가 돌아가시기 전에 제가 테이프에….'

최화자가 틀어준 녹음기에서 최화자의 어머니가 부르는 찬송가가 울려 나왔
다. "예수 사랑 하심은 거룩하신 말일세. 우리들은 약하나 예수 권세 많도다. 날 사
랑하심, 날 사랑하심 날 사랑하심, 성경에 써 있네. 날 사랑하심 날 사랑하심 날 사랑
하심 성경에 써 있네….'

교회도 없고, 성경도 없고, 목사도 없었지만 어머니는 늘 가슴 깊은 곳에 신앙
을 간직하고 계셨다. 어머니가 돌아가시기 3~4년 전쯤, 최화자가 녹음한 테이프 속
에서 최화자의 어머니는 50년 세월이 무색하게 찬송가의 가사와 곡조를 또렷하게
기억하며 노래로 부르고 있었다. 최화자는 녹음기를 통해 들려오는 어머니의 음성
을 들을 때마다 눈물을 흘렸다. 고향을 떠난 지 근 50년 세월을 지내면서 어머니의

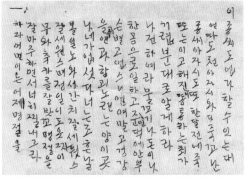

[사진 9-2] 최화자 어머니의 편지

최화자는 지금도 어머니께서 보내주신 이 편지를 늘 가지고 다닌다.

편지를 펼쳐 볼 때마다 어머니를 대하듯 여겨진다.

마음속에 기억 속에 계속 머물러 있던 곡조들, 기억들… 어머니의 삶의 편린들이 늘 최화자의 눈시울을 촉촉하게 했다.

최화자의 기억 속의 어머니는 이따금씩 애국가도 불렀다. 비록 곡조는 최화자가 한국에 와서 듣게 된 애국가와는 달랐지만 또박또박 노래하는 어머니의 목소리는 최화자의 가슴에 와 박혔다. 먼 이국땅 사할린에 살면서 한국에 있는 가족과 조국의 기억 속에서 그녀에 대한 기억은 설령 희미해졌을지언정 최화자의 어머니는 수십 년 동안 찬송가와 애국가를 가슴속과 기억 속에 늘 간직하며 조국을 그리고 고향과 그 고향의 사람들을 그리워했다.

어머니는 항상 자상했으며 따뜻한 성품을 가졌다. 최화자가 공급기관에 근무하던 중 전문학교에 진학하여 하바롭스크에서 공부할 때 어머니는 가끔 편지를 보내시곤 했다. 꽤 여러 통의 편지를 얇은 습자지에 써서 보내시곤 했는데 얇은 습자지에 써서 보내신 편지들은 현재 사라지고 없다.

지금 최화자에게 남아 있는 편지는 달랑 두 장뿐으로 수십 년이 지난 지금도 최화자가 언제나 고이 접어 품에 넣어 가지고 다닌다. 가끔 어머니의 편지를 꺼내 읽으면 어머니와의 추억이 마치 어제 일처럼 선명하게 다가온다. 편지 속에서 어머니는 명절을 보낸 이야기며 오빠랑 집안 이야기, 이웃 사람 이야기 등의 사연과 자식 걱정의 마음을 소상하게 적어 보내셨다.


## 2. 아버지, 그리고 아버지의 선물들


최화자의 아버지는 경상남도 군위군 사람으로 사할린의 탄광으로 강제징용 되어 오셨다. 아버지가 떠나가신 이후 한국에 떨어져 있던 어머니는 어린 오빠와 언니를 데리고 아버지가 있는 사할린으로 이주해왔다. 이후 최화자와 남동생이 사할린에서 태어났다. 아버지는 탄광에서 일하시다 몸을 크게 다쳐 한동안 불편한 몸으로 생활하셨다. 아버지는 몸이 조금 회복되신 이후에는 보일러에 동력을 공급하는 일을 하셨다. 막노동으로 생계를 이어가자니 가정 형편은 늘 곽곽했다. 하지만 아버지는 가장으로서 자신의 책임을 다하고자 힘쓰셨다. 그런 아버지가 안타까워 당시 이웃의 여인네들처럼 어머니가 바깥일로 생계를 돕고자 했지만 아버지는 그런 어머니를 극구 만류하셨다. 안타까운 마음에 어머니는 들이나 산에서 나물을 캐서 찬거리로 하시고 남는 것은 시장에 내다 팔기도 하여 살림에 보태셨다.


"아버지가. 텃밭도 없었지 아무것도 없었지 고생 많이 했어요. 그러니까. 고생 많으면서 다른 어머니들은 함께 일을 해서 돈을 벌기도 했지만 아버지는 어머니가 바깥일을 못하게 하셨어요. 어머니는 들에 나가서 뭐라 하나 나물을 뜯어서 팔기도 하고 먹기도 하고 그냥 그렇게 했어요."


최화자의 기억 속 아버지는 무덤덤한 성품이지만 자상하셨다. 배움에 대한 열정도 많으셨던 것 같다. 어린 시절 최화자는 아버지의 직장에 도시락을 가져다 드리곤 했는데 아버지가 난롯가에서 심청전이나 춘향전을 필사하고 계시던 모습이 떠오른다. 최화자가 사범학교에 입학했을 때는 시험을 잘 봤다고 칭찬하시며 손목시계를 선물로 사주셨다. 당시만 해도 손목시계는 최고의 선물이었고 어려운 가정 형편에 큰맘 먹고 장만해주신 것이었다. 그 선물을 받고 몹시 기뻐했던 기억이 난다.

아버지는 어머니에게도 자상했다. 최화자가 7~8세쯤 되던 어느 해의 기억이다. 세계여성의 날인 '3·8명절'에 아버지는 네 자녀에게 골고루 돈을 나누어주고 각자 나가서 여성의 날을 맞으신 어머니를 위해 선물을 사오라고 시키셨다. 최화자는 어머니의 선물로 무엇을 사야 할지 몰라 고심하다 오빠와 언니가 사는 과일 통조림을 자신도 샀다. 결국 오빠와 언니, 최화자와 남동생까지 네 자녀가 똑같이 어머니께 과일 통조림을 선물로 드렸다. 당시 아이들의 눈에는 달콤한 맛이 나던 중국산 통조림이 최고로 좋은 선물로 여겨졌던 듯싶다.

"뭐 그때는 다 비슷했을 거예요. 뭐 알콩달콩했다고 하긴 뭐해도 내 어렸을 때 학교 내가 다닐 때인가 그때가 3·8명절이었어. 그런 거 보면 어머니를 많이 위했던 것 같아. 아버지가 우리들한테 돈을 다 주셨어요. 한 뭐 일고여덟 살 때 우리들한테 돈을 주며 어머니 선물을 사라. 뭐 많은 돈은 아니고 또 뭘 사드려야 할지 몰랐고 그래 위에 언니 사는 거 오빠 사는 거 나도 똑같이 사겠다. 그래 뭐랄까 주스 아니 주스 아니고 응 통조림… 과일 통조림 간수메, 그래 일본말로 간수메. 옛날에는 중국에서 들어온 것 맛있는 거 중국제… 넷이 다 똑같은 거 그거 샀어요. 하하하…."

아버지는 늘 고향을 그리워하셨고 그 그리움을 노래로 달래곤 하셨다. 당시 사할린에서 최씨 성을 가진 사람들끼리 일종의 문중 모임이 있었는데 아버지는 그 모임 때마다 늘 고향을 그리는 노래를 부르셨다. 노래를 부르며 눈물을 흘리시던 아버지의 모습과 아버지의 노래는 여전히 최화자의 기억 속에 또렷하다. 아버지의 고향에 대한 절절한 그리움은 노랫말과 함께 눈물이 되어 흐르곤 했다.

"타향살이 몇 해던가 손꼽아 헤어보니 고향 떠난 십여 년에 청춘만 늙고 부평 같
은 내 신세가 혼자도 기막혀서 창문 열고 바라보니 하늘은 저쪽 고향 앞에 버드나
무 올봄도 푸르련만 버들피리 꺾어 불던 그때가 옛날"

## 3. 어린 시절, 그리고 불탔던 학구열

최화자는 사할린의 주도인 유즈노사할린스크에서 어린 시절을 보냈다. 8살이
되어 최화자가 조선학교에 입학한 것은 1952년이었다. 어린 시절, 최화자는 학교생
활에서 탁월한 학생은 아니었다. 하지만 공부를 그럭저럭 잘했고 성적은 늘 우등에
속해 있었다. 최화자는 7학년까지 조선학교를 다녔다.

최화자는 7학년을 마치고 나서 4년 과정인 사범학교로 진학하여 학업을 지속
했다. 사범학교에서는 조선어를 전공하였다.

사범학교 조선어과를 마치고 나서 최화자는 조선학교에서 교원으로 3년 정도
학생들을 가르쳤다. 1963년부터 러시아 정부는 러시아에 있는 모든 학교에서 러시

[사진 9-3] 사범학교 시절 합창단으로 활동한 최화자
한복과 아코디언이 인상적이다.

[사진 9-4] 최화자와 학생들의 여름 캠핑
1962년 교생실습 여름 캠핑을 가서 학생들과
함께 찍은 사진이다.

[사진 9-5] 조선학교 교사 시절 학생들과 함께한 최화자

[사진 9-6] '10월 혁명' 축제 퍼레이드에 참가한 최화자

아어로 수업을 하도록 지시했다. 최화자가 근무하던 조선학교는 교사나 학생들이 모두 한국인들이었지만 그러한 이유로 1963년 이후에는 모든 수업을 러시아어로 해야 했다.

이어 러시아학교에서 1년 더 학생들을 가르치다 최화자는 보수나 근무여건이 좀 더 나은 공급기관으로 직장을 옮겼다. 공급기관에 다니는 동안 최화자는 러시아의 하바롭스크라는 도시에 있는 야간전문학교로 진학하여 1년간 경제학을 공부하였다.

## 4. 직장 생활, 그리고 뿌리 찾기

최화자는 1968년부터 사할린의 물자공급기관에서 일했다. 1969년에는 자신이 하는 일을 더 잘하고자 하는 업무상의 필요와 학업에 대한 열망으로 하바롭스크에 있는 야간 전문학교를 다니며 1년간 경제학을 공부했다. 물자공급기관에서는 1994년 만 50세가 되어 연금수령 대상자가 될 때까지 성실하고 꾸준하게 일했다. 공급기

[사진 9-7] 최화자가 공급기관 근무
시절에 받은 표창장

공급기관에 근무할 당시 근속
모범직원에게 수여되는 표창을 받았다.
사진은 그 증서이다.

[사진 9-8] 최화자가 공급기관에 근무할 당시
동료들과 함께

공급기관에서는 1994년까지 일했다.

관에 근무하는 동안 최화자는 근속 모범직원으로 표창을 받기도 했다.

그러던 중 89년과 90년경 한국에서 사할린으로 선교활동을 하러 온 목사님의 자녀들에게 러시아어를 가르쳐 달라는 부탁을 받게 되었다. 사범학교에서 조선어를 전공했지만 긴 세월 한국어를 사용하지 않았던 탓도 있고 한국에서 사용하는 말과 사할린의 한인들이 사용하는 말에는 발음이나 표현에 차이가 있었다. 따라서 한국에서 온 선교사 자녀들에게 러시아어를 가르친 기간은 최화자에게는 오히려 한국어를 배우는 기회가 되었다. 1년 후 다른 선교사가 부임해 오고 역시 그분의 자녀들에게도 러시아어를 가르쳤다. 2년 정도 이어진 과정을 통해 최화자의 한국어 실력이 많이 향상되었다.

최화자의 모국에 대한 관심은 지속적인 것이었다. 최화자의 부모님은 북한 국적을 취득할 수 있는 기회가 늘 있었지만 북한은 고향이 아니라며 평생 무국적으로 지내셨다. 당시 사할린의 한국인들은 무국적이거나 북한 국적 혹은 러시아 국적을 가지고 있었다. 최화자는 교원이 되기 위해 가족 중 유일하게 18살에 먼저 러시아 국적을 취득하였다. 사할린의 한인들 중 북한 국적을 취득한 사람들도 있었으나

[사진 9-9] 북한 판문점을 방문한
최화자(1990)

그들의 불편함은 매우 심한 것이었다. 여행이나 이주 등에 늘 북한의 허가를 받아야 했다. 그들 중 더러는 다시 무국적을 선택하거나 러시아 국적을 가진 한인과 결혼하여 러시아 국적을 취득하거나 했다.

최화자는 비록 사할린에서 태어나 러시아 국적으로 살아가고 있지만 부모님께 끊임없이 들어온 모국에 한 번쯤은 꼭 가보고 싶었다. 당시만 해도 대한민국에 대해서는 잘 알지 못했고 북한 땅이라도 한번쯤 밟아보고 싶다는 소망이 있었다.

엄격하게 제한된 북한관광에 두 번 신청했지만 번번이 탈락했다. 세 번째 신청한 1990년 마침내 북한관광이 성사되어 러시아 국적을 가진 한인 20명이 한 팀이되어 기차를 타고 북한으로 갔다. 최화자는 그 관광단의 단장 신분이었다. 북한에는 20일간 머물며 안내원의 안내에 따라 이곳저곳을 다니며 환대를 받고 관광할 수 있었다. 한편 당시 들른 판문점은 최화자에게는 충격이었다. 북한 쪽에서 바라본 남한 쪽 판문점에는 남한 병사의 모습은 볼 수 없었고 미군의 모습만 보였다. 불과 몇 발자국 너머에 부모님의 수십 년 한이 서린 고향 땅이 있지만 건널 수 없다는 것이 너무도 가슴 아팠다.

## 5. 한국식당 지배인, 그리고 사마라 한인협회의 다양한 활동

1994년에 만 50세가 되어 연금수령 대상자가 되어 물자공급기관에서 은퇴하였다. 1994년 은퇴 후에 모스크바로 갔다. 올림픽 이후 관광 붐이 일어 한국인들의 러시아 관광이 크게 늘어나 관광가이드를 필요로 한다는 이야기를 전해 들었기 때문이다. 그러나 모스크바에 갔을 때 한국식당에서 지배인으로 일을 해 달라는 부탁을 해왔다. 모스크바를 방문한 한국인들의 수가 많아지자 새로이 한국식당이 문을 열었다. 한국식당에서는 한국어와 러시아어를 잘하면서 러시아인 종업원들을 관리할 현지인을 필요로 했던 탓이다. 모스크바에 먼저 생긴 한국식당은 러시아의 제2 도시인 상트페테르부르크 까지 영업장을 확장하였다. 최화자는 모스크바와 상트페테르부르크 두 곳에서 지배인으로 총 3년간 근무했다.

식당에서 일하는 동안 다양한 사람들을 만나게 되었다. 한국에서 온 관광객들과 러시아에 거주하고 있는 한인들, 대사관에 근무하는 직원들, 기업체에 파견되어 있는 회사원들 등 많은 사람들이 식당에 들러 모임을 갖고 식사를 하곤 하였다. 최소한 한인들은 다 이 한국식당을 들렀다고 해도 과언이 아닐 것이다. 교원으로 일해

[사진 9-10] 상트페테르부르크의 한국식당에서 지배인으로 일하던 최화자

[사진 9-11] 모스크바 주재 한국대사관 통역원 최화자
최화자가 근무하던 한국식당에서 열린 한국대사관 직원들의 회식 모습이다.

[사진 9-12] 최화자가 한국식당 지배인 시절
함께 일하던 직원들과 함께

[사진 9-13] 상트페테르부르크 한인협회
안내 브로슈어에 실린 최화자

브로슈어에는 최화자의 활동에 대한 내용이 실려 있다.

보았고, 공급회사의 직원으로 평생 일을 해봤지만 이처럼 다양한 사람을 만나고 직원을 관리하는 지배인 일은 처음 해보는지라 어려웠다. 식당 종업원인 러시아인들과의 의견 차이도 있고 낯선 업무에 익숙해지는 과정에 울기도 하는 등 우여곡절이 많았지만 그래도 즐겁게 일했던 기억이다.

1996년 최화자는 사마라 지역으로 이주하였다. 사라마 지역에는 1991년 결성된 한인협회가 있다. 협회는 사마라지역에서 활발하게 활동하고 있는 한국인 학자, 기업가, 예술인 등을 회원으로 하고 있다. 회원들은 한민족의 문화와 전통을 널리 알리기 위해 여러 가지 활동을 해오고 있다. 역사 교육은 물론 1년에 한 번 열리는 다민족 축제에서 한국의 전통문화를 알리기 위해 노력해오고 있다.

최화자는 1997년 조직된 '한글재생학교'에서 상임지도자로 활동하기도 했다. 또한 주말에는 한인 후세들에게 한글을 가르쳤다.《사마라의 한인들》이라는 제목의 신문 편집은 물론, 당시 발음이 잘못 기재되어 있는 한글 교재의 모음과 자음의 정확한 발음을 표로 만들어 잘못된 부분은 수정하였다. 신문에 "한국어를 배웁시다! 통신학교"라는 제목으로 한국어 발음과 표기법을 꾸준히 실었다.

최화자는 통역으로서도 활발하게 활동했다. 사마라에서의 통역은 대우회사를

[사진 9-14] 한글학교에서 봉사활동하는 최화자

한인 2~3세들에게 우리말을 가르치고 문화를
이어가게 하는 일은 매우 보람 있는 일이었다.

[사진 9-15] 러시아 전기통신회사의 통역원 최화자

[사진 9-16] 2005 세계군인농구대회에서
한국 장교들의 통역을 맡은 최화자

2005년 세계군인농구대회에서 한국 장교의
러시아어 통역을 도왔다.

[사진 9-17] 사할린에서 외화벌이를 하는
북한 한의사들과 최화자

1998~2007년 영주귀국 전까지 사할린 북한
한의사들의 러시아어 통역을 하였다.

위한 통역을 시작으로 다양한 행사나 사람들을 위한 것이었다. 대표적으로 전기통
신회사의 통역, 2005년 세계군인농구대회에서 한국 장교의 통역을 맡아 했던 일도
기억에 남는다. 북한에서 사할린으로 외화벌이를 온 한의사들의 러시아어 통역도
10년 정도 했다. 처음에는 의학용어가 낯설어 힘들었지만 일을 하는 동안 그 분야의
다양한 용어와 지식을 얻게 된 것이 보람 있었다. 이 일은 2007년 영주귀국 하기 전
까지 계속했다.

## 6. 고향, 그리고 대를 이은 죄책감

최화자의 부모님에게 고향은 절절한 그리움이었다. 가슴에 품은 한이었고 죄책감이었다. 최화자에게 고향은 부모님의 유산이었다. 마쳐야 할 숙제 같은 것이었다. 그러나 자식들을 고향이 아닌 사할린에 두고 세상을 떠나시면서 부모님이 그러하셨듯이 영주귀국을 통해 자식을 사할린에 두고 떠나온 최화자는 깊은 죄책감을 느낀다.

최화자의 이름은 자신의 의사와는 상관없이 주변 국가의 정세와 놓인 처지에 따라 여러 번 바뀌었다. 최화자는 일본 치하에 있던 1945년까지는 하나코 혹은 하루꼬로 불렸다. 전쟁이 끝나자 러시아식 이름으로 따지아나 올레고브나 혹은 친한 친구들 사이에선 따냐로 불렸다. 영주귀국으로 최화자는 비로소 한국인 최화자라는 이름으로 불리게 되었다.

국적도 그랬다. 일본 치하에 강제징용을 떠났던 아버지를 따라 일본인이었던 최화자는 전쟁이 끝나자 그 어느 나라 사람도 아닌 무국적으로 남았다. 결국 필요에 의해 이후 최화자는 러시아 국적을 선택했다. 그리고 영주귀국으로 이제 최화자는 한국 국적으로 살아가고 있다.

1945년 전쟁이 끝나고 이후 사할린의 한인들은 국적과 관련하여 많은 갈등을 겪었다. 일본은 배를 보내 자신의 국민들을 모두 찾아서 데려갔다. 그러나 강제징용이나 돈을 벌러 사할린으로 온 많은 한인들은 고향으로 돌아갈 방법이 없어 속수무책으로 낯선 땅에 남겨졌다. 어느 나라 사람도 아닌 무국적이라는 신분으로….

당시 자신의 조국 한국을 생각하며 끝까지 무국적 상태로 남은 많은 사람들이 있었고 최화자의 부모님도 끝까지 무국적으로 사셨다. 그러나 무국적으로 지내면 여러 불이익이 있었다. 대학 진학이나, 좋은 직장으로의 취직, 다른 지역으로의 여행에 제약이 따르는 등 여러 불편이 따랐다. 최화자는 자신이 러시아 국적을 취득한 것을 후회하진 않는다. 하지만 무국적으로 조국에 대한 애정을 끝까지 지키신 자신의 부모님 같은 분들을 존경하고 그 정신을 높이 평가한다. 최화자의 부모는 주변의 여러 유혹에도 불구하고 북한 국적도 러시아 국적도 취득하지 않은 채 무국적 상태로 한국으로 돌아갈 날만 기다리셨다.

최화자가 처음으로 한국을 방문한 것은 1992년 11월이었다. 모국 방문 순서에 의해 최화자의 언니가 그해 2월에 최화자보다 먼저 한국을 방문하여 인터넷이나 텔레비전을 통해 백방으로 친척들을 찾았지만 찾지 못했다. 이후 최화자가 11월에 한국에 와서 먼저는 서울 적십자사를 통해 이어서 대구 적십자사의 도움으로 아버지의 고향마을에서 가장 오래 사신 분을 찾았다. 그분이 아버지의 이름을 듣고 큰아버지 가족을 연결해주었고 마침내 사촌 언니를 만날 수 있었다. 비록 큰아버지와 큰어머니는 돌아가시고 계시지 않았지만 사촌 언니를 통해 그분들에 대해 들었다. 그리고 징용으로 사할린에 가시기 이전의 아버지와 어머니와의 일도 들을 수 있었다. 여러 조각으로 떨어져 있던 퍼즐이 딱 들어맞는 것 같은 환희를 맛보는 순간이었다.

사촌 언니는 어머니와의 일을 들려주었다. 아버지가 먼저 강제징용으로 사할린으로 가시고 어머니가 뒤이어 아버지가 계신 사할린으로 떠나실 때, 당시 어머니는 곧 돌아올 것으로 여기셨다고 한다. 어머니는 돌아와서 다시 사용하게 될 자신의 성경책들을 사촌 언니에게 맡기고 잘 보관해 달라고 부탁했다. 사촌 언니는 그녀에겐 작은어머니인 최화자의 어머니가 돌아오면 돌려주려고 그 책들을 잘 간직하고 있었다. 그러던 중 1950년 전쟁이 일어났고 급기야 큰댁 식구들도 모두 피난길에 오르게 되었다. 가재도구와 양식은 물론 꼭 필요한 생필품을 제외하곤 다 두고 떠나야 하는 상황이라 어머니의 성경책도 두고 떠날 수밖에 없었다고 한다. 사촌 언니와 가족들은 어머니의 성경책을 전쟁이 끝나고 돌아오면 사용할 양식이나 물건들과 함께 마루 밑에 구덩이를 파고 항아리에 담아 소중하게 숨겨 두었다. 그러나 전쟁이 끝나고 돌아왔을 때, 전쟁 중에 미군의 임시 병원으로 사용되었다던 집은 폭격으로 불타 버리고 없었다. 집 마루 밑에 보관해 두었던 항아리도 누군가 파내어 그 속의 양식이나 귀중품은 물론이고 어머니의 성경책마저 사라지고 없었다. 사촌 언니는 그 점을 너무나 안타까워했다. 최화자는 사촌 언니와 만났을 때 언니의 육성을 녹음

하여 보관했다. 최화자가 들려준 사촌 언니의 말은 이랬다.

"숙모가 지극정성으로 교회에 다녔단다. 아버지도 숙모를 좋아해서 옷이랑 숙모의 성경을 정성껏 싸서 마루 밑에 항아리에 담아 파묻고 갔다. 돌아와 보니 집은 폭격으로 불타고 항아리에 있던 곡식은 누군가 다 파가고 성경이랑 옷도 없어졌더라."

그리고 곧이어 외가댁 친척들도 만날 수 있었다. 어머니를 오래도록 그리워하셨다는 외삼촌은 안타깝게도 그해 5월 돌아가셔서 뵙진 못했다. 당시 사할린 이주 한인 1세대 분들의 모국 방문이 먼저 이루어졌으니 부모님이 살아계셨다면 1989년 모국 방문을 하셨을 테고 살아계신 외삼촌을 만날 수 있었을 거라 생각하니 너무나 안타까웠다.

외숙모의 말씀에 따르면, 외삼촌은 평생 사할린에 있는 누나의 소식을 듣지 못해 애를 태웠고 먼 타국에서 고생하고 있을 누나로 인해 마음 아파했다고 한다. 외삼촌은 한약방을 운영하여 돈을 부댓자루에 담아 보관할 정도로 크게 버셨다고 한다. 생전에 외삼촌은 큰 부댓자루에 담긴 돈을 가리키며 '이 돈은 누나의 몫'이라고 늘 말씀하시곤 했다고 한다. 비록 최화자의 어머니를 위해 남겨 두었던 돈은 남아

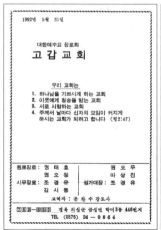

[사진 9-18] 최화자의 외삼촌이 다니던 교회의 소식지

최화자는 1992년 모국 방문 때 외삼촌이 다니시던 교회를 방문하였다.

있지 않았지만 누나를 그리워하고 아끼던 외삼촌의 이야기는 따뜻했다. 최화자는 사할린으로 돌아갈 때 외삼촌의 사진과 외가댁 어른들과 함께 찍은 사진을 가져가 어머니의 묘소 앞에 놓아 드렸다. 두 남매는 사진으로나마 긴 세월을 뛰어넘어 반갑게 만날 수 있었다.

외삼촌은 시골 교회의 장로로 지내시다 돌아가셨다. 평생 누나를 위해 기도하며 살았고 교회에서 풍금을 연주하던 앳된 모습의 누나 이야기를 자주 했다고 한다. 누나의 굴곡진 삶에 대한 안타까움을 담아서 말이다. 1992년 모국 방문 때, 최화자는 외삼촌이 다니던 교회를 방문하였다.

최화자의 어머니는 자신이 결국 고향에 돌아가지 못한 것, 그리고 먼 사할린까지 자식들을 이끌고 와서 고향이 아닌 사할린에 두고 돌아가시게 된 것을 너무도 안타까워하셨다. 최화자의 어머니는 돌아가시기 한 달 전쯤, 유언처럼 자식들에게 말씀하셨다.

"내 죄는… 내 죄는 너희들을 여기에 두고 가는 것이 내 죄다."

어머니는 자식들을 끝끝내 고향으로 데려가지 못하고 사할린에 두고 떠나는 자신을 '죄인'으로 여기셨다. 어머니가 1987년 돌아가시고 1988년에 서울에서 올림픽이 열렸다. 어머니가 살아계셔서 고국의 소식을 들으셨더라면, 그리고 그 이후 모국 방문의 길이 열려 그 연배의 분들이 고향땅을 밟으셨는데 어머니가 살아 계셨다면 얼마나 기뻐하셨을까 생각할 때마다 최화자는 너무도 안타깝다.

어머니의 그런 마음은 오빠에게도 그대로 전달되었던 듯싶다. 최화자나 언니에 앞서 모국 방문을 했던 오빠는 친척들이 건네는 많은 선물을 마다하고 두 가지만을 원하셨다. 그것은 어머니의 묘소 주변을 벌초할 '낫'과 부모님 고향의 '흙 한 줌'이었다. 오빠는 사할린 동포 영주귀국사업이 시작되기 이전에 돌아가셔서 영주귀국 대상에는 포함되지 못하셨다.

어머니의 망향에 대한 절절함은 사할린에 아버지의 묘소를 만들지 않은 것에도 잘 나타나 있다. 아버지가 1963년 53세의 나이로 사망하셨을 때 러시아의 풍습에 따라 화장 처리를 하였다. 그러나 어머니는 아버지를 매장하지 않고 유골함을 그대로 간직하셨다. 언제고 고향으로 모셔가려 하신 듯하다. 그러다 몇 년 후 최씨 문중에서 다른 분이 돌아가시고 그분의 골분을 고향으로 가라며 문중에서 바다로 띄워 보낼 때 아버지의 골분도 함께 바다에 띄우셨다. 그렇게라도 아버지가 고향에 가 닿기를 바란 어머니의 절절한 마음이었다. 최화자가 경제학을 공부하느라 집을 떠나 있던 1969년의 일이다.

가끔 최화자는 기억 속의 어머니에게서 자신의 모습을 본다. 영주귀국 대상자는 1945년 이전 출생자로 제한되어 있어 최화자는 영주귀국을 선택하여 올 때 아들을 러시아 땅에 두고 올 수 밖에 없었다. 결혼하여 가족을 이루고 살고 있는 아들에게 러시아는 고향이자 모국인 탓도 있지만 한국에서 영주귀국 대상을 태어난 연도로 제한한 탓도 있었다. 어쩔 수 없이 최화자가 러시아 땅에 아들을 두고 영주귀국을 선택하여 올 때, 그리고 그렇게 이산 아닌 이산의 형태로 살고 있는 지금, 자신의 어머니가 그랬던 것처럼 최화자는 깊은 죄책감을 느낀다.

"아들을 러시아 땅에 두고 온 것이 내 죄다."


## 7. 영주귀국, 그리고 살아가야 할 시간


최화자는 2007년 한국으로 영주귀국 했다. 사할린에서의 모든 것을 접고 한국으로 오는 것이 쉬운 선택은 아니었지만 남편의 적극적인 권유가 있었기에 가능한 일이었다. 남편의 영주귀국 선택은 긴 세월 사할린에서 지낸 탓에 비록 그 역할을 하진 못했지만 자신이 집안의 종손이라는 책임감도 있었다. 남편의 할아버지는 3.1

[사진 9-19] 최화자 남편의 조부가 계신 현충원

[사진 9-20] 독립유공자인 남편의 조부를 소개하는 최화자
사할린 한인 3세 초·중학생들이 여름방학을 이용해 방문했을 때 독립유공자인 남편의 조부에 관해 소개하는 시간을 가졌다.

운동 독립유공자로 애족장을 받으신 분이시다. 남편은 그런 할아버지를 몹시 자랑스러워했다. 영주귀국을 하고 남편의 조부가 계신 대전국립현충원에 남편과 함께 다녀오기도 했다.

한편 귀국한 지 3년이 지난 2010년 인천 논현동에 사할린한인센터가 설립되었다. 여름방학 기간에 러시아에 있는 이주민 3세들이 한국을 방문하면 최화자는 학생들에게 한국의 전통문화와 애국심에 대해 강의하기도 한다.

최화자는 현재 '영주귀국 사할린한인센터'의 총무를 맡아 영주귀국 한인들의 여권갱신이나 복지 향상을 위해 서류 처리 등을 하며 꾸준히 일을 돕고 있다. 올해에는 인사동 유적지를 방문한 한인 3세 초등학교 중학교 학생들에게 남편의 조부가 했던 애국활동을 소개하는 시간을 갖기도 했다.

한국에서의 시간은 느린 듯 빠르게 흘러가고 있다. 물 흐르듯 흐르는 시간 속에서 마음이 편하지만은 않다. 러시아에 있는 아들과 그 가족, 그리고 친척들에 대한 그리움과 죄책감이 여전히 짊어져야 할 또 다른 짐으로 남아 있기 때문이다.

# 10장
## 가구공장의 살림꾼: 김월년의 이야기

김월년은 1944년에 사할린 아니바에서 1남 2녀 중 장녀로 태어났다. 김월년의 아버지는 김월년이 4살 되었을 때 돌아가셨다. 어머니는 6년 동안 홀로 두 딸을 키우다가 김월년이 10살 되던 해에 같은 동네에 살던 홀아비와 재혼을 하고 새아버지와 어머니, 그리고 여동생과 같이 코르사코프로 이사를 했다. 코르사코프에 이사를 해서 조선학교 3학년에 들어갔는데, 양아버지는 딸이 학교를 다니니 나도 배워야 한다면서 러시아 국적을 받고 야간 러시아학교에 입학하여 10년제 학교를 졸업하였다.

그녀는 1956년에 7학년을 마치고 유즈노사할린스크에 있는 사범학교에 갔다. 사범학교에서 공부하는 것도 즐거웠지만 주말이면 운동실에서 음악을 틀어 놓고 춤을 추고 노는 것도 즐거웠다. 하루는 춤을 추러 갔다가 7학년 때 모스크바에서 만난 적이 있는 키가 큰 남학생을 만났다. 그날의 만남이 인연이 되어 두 사람은 사랑의 싹을 틔웠다. 그녀는 사범학교를 졸업하고 코르사코프 중학교로 3년 동안 의무교사로 갔다가, 1964년에 결혼을 하고 유즈노사할린스크의 시댁으로 들어가 28년 동안 시부모를 모시고 살았다.

시어머니의 시집살이는 혹독했다. 김월년은 자녀 둘을 낳고 다시 러시아 대학에 들어가 경제학을 전공했다. 그리고 셋째 딸을 낳고 목재회사의 경리로 취직했다. 당시 아이 셋을 키우면서 시어머니가 일하는 시장에 도시락을 가져다주고 출근을 했다. 시아버지가 돌아가셨는데 집에서 삼일장으로 지냈다. 그리고 3년 동안 빈소를 만들어 초하루와 보름날에는 상식을 올렸다. 하루가 너무 힘든 그녀는 틈만 나면 졸기 일쑤였다. 그런 덕분에 그녀는 '졸음쟁이'라는 별명을 얻었다.

아이들은 건강하게 잘 자라 큰딸은 사할린 사범대학을 나와 유즈노사할린스크에 있는 대학에서 컴퓨터를 가르치고, 아들은 러시아에 있는 대학을 나와 사할린에서 사업을 한다. 그리고 막내딸은 호주의 남성과 결혼하여 호주에서 살고 있다.

김월년은 2007년에 영주귀국 하였다. 사실 남편은 영주귀국을 반대하였다. 양아버지도 한국에서 돌아가시고 특히 자녀들과 헤어져 지내는 것이 마음에 걸렸기 때문이다. 그러나 그녀의 마음은 고향으로 달렸다. 그녀의 영주귀국은 고향에 대한 본능적인 그리움이다. 현재 그녀의 하루는 매우 바쁘다. 논현동 14단지 사할린 경로당의 회장을 맡고 있다. 한자를 배우고, 노래도 부르며 회원들을 위해 봉사를 하며 즐겁게 살고 있다. 자식들이 호주에 미국에 러시아로 세계 각지에 흩어져 살고 있어 자주 만날 수 없지만 이렇게 친구들과 늙어가는 것도 나쁘지 않다고 생각한다. 다만 자녀들이 건강하고 행복하게 살기를 기원할 따름이다.

## 1. 이 세상에 둘도 없는 존경하는 양아버지

김월년에게 가장 큰 영향을 미친 사람은 다름 아닌 양아버지이다. 양아버지는 늘 성실하고 근면함을 몸소 실천하시고 사랑을 주신 분이기 때문에 김월년 또한 다른 사람에게 사랑을 줄 줄 아는 사람으로 성장했다. 김월년은 양아버지 같으신 분은

이 세상에 둘도 없다고 생각하고 있다.

"내는 아니바에서 1942년도에 1남 2녀 중 장녀로 태어났어요. 내 원래 친아버지 고향은 경상도 합천이고 우리 엄마는 경상도 대구예요. 아버지는 1940년도에 돈 벌러 갔다가 내가 네 살 때 우리 아버지가 돌아가셨어요. 아버지가 돌아가셨을 때 나를 곱게 입혀가지고 이렇게 나는 산으로 다니면서 뛰어놀고. 빈소 해가지고 울고불고 하는 거 생각나고. 그거밖에 생각 안 나요."

김월년의 고향은 사할린의 아니바(Aniva)이다. 그녀는 장녀로 태어났다. 하지만 너무 어려서 아버지가 돌아가셨기 때문에 친아버지에 대한 기억은 많지 않다. 단지 어느 날 어른들이 그녀에게 예쁜 옷으로 갈아입히고 산으로 데리고 갔고 김월년은 너무 기분이 좋아서 산에서 이리저리 뛰어다니면서 놀았다. 그런데 사람들이 많이 울었던 것으로 기억하고 있다. 그것이 친아버지에 대한 기억의 전부이다.

"우리 엄마는 한 육 년 혼자 계시다가 개가했어요. 우리 양아버지는 총각은 아니고 홀애비였어요. 양아버지는 경기도 파주 사람인데 형님을 대신해서 1944년도에 모집으로 갔대요. 결혼했지만 혼자 갔대요. 우리 양아버지 같은 사람 없어요. 그때만 해도 인테리셨어요. 경기도 말도 예쁘게 했어요. 나도 양아버지를 보고 자랐지. 아니바에서 내가 삼 학년 때 우리 엄마가 개가했어요. 그리고 내가 열 살 때 코르사코프로 이사를 갔어요. 이사 가서 삼 학년이 됐으니까, 그런데 내 자식이 아니니까 교양을 옳게 하고 하려면 내가 공부해야 된다 그래서 아버지가 소련 국적을 받고 야간 삼 학년 들어가서 우리 아버지는 십년제를 졸업했어요. 우리 학부형 총회가 있다고 하면 우리 아버지는 언제든지 이렇게 나가서 말도 잘하시고 그랬어요."

김월년이 10살 되던 해에 어머니가 혼자 된 지 6년 만에 동네에 살던 조선 남자와 재혼을 하셨다. 양아버지는 이미 결혼을 했지만 가족과 오지 않고 혼자 와 있었다. 양아버지는 경기도 파주 사람으로 1944년에 형님을 대신하여 모집으로 왔다.

[사진 10-1] 김월년의 어머니와 남동생    [사진 10-2] 김월년과 여동생

1945년 해방이 되어 조선으로 돌아갈 수 없게 되어 혼자 살고 있었다. 김월년도 어려서부터 양아버지를 보고 자랐다. 어머니가 재혼을 하고 바로 코르사코프로 이사를 갔다. 양아버지는 김월년을 코르사코프 조선학교 3학년에 보내고, 자신도 딸이 생겼으니 교양을 쌓아야 한다면서 소련 국적을 받고 러시아학교에 입학하여 10년제 학교를 졸업하셨다. 양아버지는 김월년의 학교에서 학부모 회의가 있으면 빠지지 않고 참석하여 인사말도 하고 매우 학식이 높고 덕망 있는 사람이었다.

"이제 칠 학년 때 공부를 좀 괜찮게 했다 해서 학교에서 모스코바로 견학을 보냈어요. 그것도 우리 양아버지가 차비는 댔는데. 다른 사람 같으면 양아들한테 그렇게 안 하지요. 그렇게 갔는데 이분은(남편) 또 사할린에서 이거(넥타이) 빨간 거 하고 한 그거도 뭐라 하노? 거기 왔더라고. 그래서 거기서 만났지. 남편은 손재간이 좋아가지고 그거 뭡니까 비행기, 거기서 잘 해가지고 왔어요. 그때는 만나서 말도 잘 안 하고, 이 사람하고 상대도 안 하고 각자 집으로 갔지요. 나는 십년제를 졸업하고 사범학교에 입학했어요."

[사진 10-3] 김월년의 코르사코프 7학년 졸업 사진

아래에서 두 번째 줄 가운데 여학생이 김월년이다.

김월년은 양아버지 덕분에 손에 물도 안 묻히고 학교에 다니면서 공부만 했다. 그녀는 7학년 때 공부를 잘해서 학교 대표로 한 달 동안 모스크바에서 열리는 학생 수련회에 참석하게 되었다. 당시 먹고 자는 것은 학교에서 지원해주었지만 모스크 바까지 가는 차비는 개인이 부담해야 했다. 그 소식을 들은 양아버지는 두말도 하지 않고 딸의 교통비를 지원해주었다.

김월년은 거기에서 현재의 남편과 인연이 되었다. 김월년은 공부를 잘해서 참석했지만 남편은 모형 비행기를 잘 만들어 뽑혀서 참석하게 되었다. 둘은 서로 말은 하지 않고 아, 저런 사람이 있구나 하는 정도였다. 1개월의 연수를 마치고 각자 집으로 돌아갔다. 김월년은 7학년을 졸업하고 사범학교에 입학했다.

## 2. 나를 으쓱하게 만든 사범학교

김월년의 기억에는 사범학교가 향수로 자리하고 있다. 그녀는 양아버지 덕분에 고생하지 않고 공부만 할 수 있었다. 학생들을 가르치는 것도 적성에 맞았고, 여름이 되면 농촌으로 봉사활동을 가는 것도 재미있었다. 하지만 무엇보다도 재미있는 것은 남자친구와 만나 춤을 추고 데이트를 하는 것이었다. 김월년은 사범학교에 대한 추억을 다음과 같이 이야기한다.

"사범학교에서는 재미있었어요. 왜냐하면 사범학교 다니면 우리는 조금 으쓱하는 게 있었단 말이에요. 코르사코프에는 사범학교가 없었어요. 지금으로 말하면 유학이지요. 그래서 그때는 사범전문학교가 조금 날렸어요. 우리 사범학교 댕기면서 소학교에 가서 실습했잖아요. 그것도 재미있었고. 그다음에 또 토요일 일요일 되면 야유회 하잖아요. 그러면 이 남자들이 와요. 사범학교는 여자밖에 없으니까. 그래서 같이 춤도 추고, 그것도 재미있었고. 이 사람이 사범전문학교로 왔드라고요. 그때부터 교제가 있었던 거 같아요."

김월년은 코르사코프에서 10학년을 졸업하고 유즈노사할린스크에 있는 사범학교에 입학하였다. 기숙사에서 살았는데 사실 학비는 면제이지만 먹고 자는 것은

[사진 10-4] 1957년 광복절에 사범학교
친구들과 함께
왼쪽에서 두 번째가 김월년이다.

[사진 10-5] 남편과의 연애 시절
김월년의 모습(1959)

개인이 부담하는 것이라 가난한 집에서는 다닐 수 없었다. 그러나 김월년은 양아버지 덕분에 고생하지 않고 사범학교에 다닐 수 있었다. 사범학교에 다니면서 가장 재미있었던 것은 실습을 하러 근처에 있는 소학교에 가서 학생들을 가르치는 것이었다. 그리고 주말이면 주위에 있는 학교의 남학생들이 사범학교에 와서 같이 놀았다. 체육실에서 음악을 틀어 놓고 춤을 추기도 하였다. 특히 김월년은 주말을 기다렸다. 남자친구가 찾아오기 때문이다. 남자친구는 7학년 때 모스크바에서 만난 키가 180이나 되는 남학생이었다. 그들의 연애는 사범학교에서 시작되었다.

"나는 사범학교를 졸업하고 코르사코프 중학교에서 삼 년 동안 학생들 가르치게 됐죠. 그런데 이 사람이 자꾸 오더라고. 연애도 뭐 둘이서 딱 안 했어요. 이 사람 친구들이 다 같이 오고 하니까. 좋은 감정 있었죠. 사람이 너무 고정하고 뭐 마음도 예쁘고 하니까. 부모한테도 효자고 형제간들한테도 정말 잘해줘요. 광복절 날 코르사코프에 왔다 갔어요. 이 사람 친구들하고 식당 가서 다 먹고 회계를 할라고 하니까 돈이 엄청 나왔더라고. 그런데 혼자서 다 내더라고 그 돈을. 그때 정말 감동했어요. 난 차비도 없는 줄 알았더니 차비는 놔뒀더라고. 그리고 뭐 외모도 좋지요. 키도 막 백팔십 이렇게 크시고 반짝반짝 빛나니까 내도 좋아했고. 내도 젊었을 때 괜찮았지요. 하하하."

김월년은 사범학교를 졸업하고 고향이나 다름없는 코르사코프 중학교에 배정을 받아 3년 동안 아이들을 가르쳤다. 아이들을 가르치면서 아이들과 함께 소풍을 가고 교사 연수회 등을 다니며 바쁜 생활을 했다. 그중에서도 남자친구와의 추억이 향기롭다. 그녀는 7학년 때 모스크바에서 만난 남자친구와 사귀었다. 남자친구는

[사진 10-6] 코르사코프에서 친구들과 함께
세 번째가 김월년, 맨 오른쪽이 지금의 남편이다.

[사진 10-7] 코르사코프시 교사 수련회에서(1961)
맨 뒷줄 왼쪽에서 세 번째가 김월년이다.

180cm나 되는 큰 키에 성품이 착하여 부모에게 효도하고 친구들에게도 인기가 많았다. 주말이면 남자친구가 자기 친구들과 같이 코르사코프로 찾아왔다. 식당에서 밥을 먹고, 둘이 손을 잡고 여기저기 돌아다니다가 헤어지곤 했다. 그런데 1964년도에 코르사코프 조선학교가 폐교가 되어 이제는 교사를 그만두어야 했다. 그래서 결혼을 하게 되었다.

## 3. 결혼과 함께 시작된 28년의 시집살이

김월년은 1964년에 8년 동안 사귀던 남자친구와 결혼을 했다. 그녀에게 결혼은 달콤한 신혼이 아닌 곧 시집살이의 시작이었다. 그녀는 28년 동안의 시집살이 한(恨)을 풀어놓기 시작했다.

"63년 후에는 이제 한국학교가 조선학교가 폐교돼서 64년도에 결혼했어요. 스물두 살 때. 우리는 동갑이지요. 결혼하자는 거는 이 집에서 먼저 쳐들어왔잖아요.

[사진 10-8] 김월년의 결혼식
사진(1964)

시어머님이 가서 사주를 보셨는 모양이에요. 궁합은 뭐 연애해가지고 자기들이 좋다고 하는데 궁합 봐서 뭐하겠어요. 아버지가 그때 정신이 없었어요. 치매기가 조금 있었어요. 그러니까 지금 안 하면, 아버지 살아계실 적에 며느리 밥 한 번이라도 얻어 잡숫고 돌아가셔야 된다고 해서요. 우리가 맏아들이거든요. 위로 넷이 다 딸이고. 그래서 64년도에 결혼했어요."

김월년의 남자친구는 맏아들이다. 위로 누님이 네 분이나 계셨다. 남자친구 집에서는 아들이 여자친구가 있다는 것을 안 부모님은 결혼을 서둘렀다. 시어머니는 아들과 며느리의 궁합이 맞는지, 맞지 않는지는 중요하지 않았다. 아들이 장남인 데다가 남편이 치매에 걸려서 아버지의 기억이 더 사라지기 전에 결혼식을 올려 남편을 편안하게 보내드리는 것이 효도라고 생각했기 때문이다. 딸이 남자친구가 있다는 것을 안 친정어머니도 딸의 결혼을 반대하지 않았다. 사위 될 사람의 인간 됨됨이를 익히 알고 있었기 때문이다. 마을에 사주나 관상을 봐주는 어르신에게 손 없는 날을 잡았다. 김월년이 유즈노사할린스크 대도시에 있는 남자와 결혼한다는 소식이 동네에 퍼지자 동네에서는 부잣집으로 시집을 간다고 부러워했다. 그래서 1964년도에 축복 속에 결혼식을 올리고 시집으로 들어갔다.

"시집살이 시집살이 말도 말아요. 우리 시어머니 같은 사람 하늘 밑에 없어요. 이십팔 년 동안 같이 살았어요. 그러니까 내 머리 다 빠졌잖아. 처음에는 괜찮았는데 내가 오 분이라도 앉아 있으면 그 꼴을 못 봐요. 뭘 시켜도 시켜야 되고, 시집살이하고 그러면서 일터에서 내한테 별명이 있어요. 자꾸 이렇게 한다고(존다고). 우리 시아버지 돌아가신 다음에 삼 년 동안 문상하는 거 있잖아요. 그러면 또 아침에 밥을 해놓고 가고 했으니까 많이 고단했죠. 그리고 우리 시어머니는 이 장에 가서 채소 팔잖아요. 그렇게 하면 꼭 내가 집에서 밥을 해다 아침에 갖다줘야 된다 말입니다. 우리 시어머니는 뭐라 하냐면은 니가 며느리 얻었으니까 나는 사서는 못 먹는다. 집 밥을 먹어야 된다. 꼭 가져오라고 했어요. 그리고 우리 시어머니는 또 밥 잡술 때에 술 한 잔씩은 내가 마셔야 된다. 그때 술값이 비싸면 비쌌지 헐지는 않았거든요. 그리고 요거트 같은 거 꼭 그거는 내는 마셔야 한다. 상점에 가면 없을 때도 있잖아요. 그러면 이 가게 쫓아댕기고 저 가게 쫓아댕기고 그거 살라고. 그렇게 비유 맞추면서 살았어요. 우리 친구들도 니처럼 그렇게 했으면 상을 받아야 된다고 했어요. 남편이 좋았으니까 살았지. 남편이 그거 내 말한 걸로 갔다가 시어머니한테 안 옮기고 시어머니가 한 말 내한테 전달하지 않았으니까 살았지 안 그랬으면 못 살았을 거예요. 내가 언젠가 말했어요. 내 며느리만 얻게 되면 내 시어머니한테 받은 거만치 시집살이 시키겠다고 하니까 이분이(남편) 이렇게 하면 죽인다고 했어요."


김월년은 1964년에 결혼하여 28년 동안 시어머니를 모시고 살면서 시집살이를 했다. 김월년이 결혼할 당시 부잣집으로 시집간다고 주위에서는 다 부러워했다. 그러나 시집에 들어가 보니 소문과는 달랐다. 시아버지는 치매에 걸려 힘들게 했고, 시어머니는 집에서 키운 채소를 시장에 내다 파느라 집안일은 김월년이 해야 했다. 게다가 며느리가 들어온 이상 며느리 밥을 먹어야 된다고 생각하는 시어머니를 위해 아침마다 따뜻한 밥을 지어 시장에다 가져다 드리고 출근을 해야 했다. 그리고 어머니는 밥을 먹을 때마다 술을 드셨다. 남편도 공무원이고 김월년도 공무원이지만 당시에는 술값이 매우 비싸 힘들었다. 그리고 매일 요거트를 마셔야 하는데 어느

[사진 10-9] 김월년의 시아버지
환갑잔치

날 요거트를 사러 마트에 갔는데 요거트가 없었다. 그러면 요거트를 사기 위해 이 마트 저 마트를 돌아다니면서 사야 했다. 이처럼 고된 시집살이로 틈만 나면 졸기 일쑤여서 그녀에게는 별명이 생길 정도였다.

명절이 되면 친정에 가고 싶었다. 하지만 시어머니는 네가 며느리인데 시누이들이 올 텐데 어딜 가냐고 허락하지 않아서 명절날에 친정에 가본 적이 없다. 사실 김월년은 양아버지 덕분에 일도 하지 않고 공부만 하면서 자란 그녀에게는 너무 힘든 일이었다. 사실 시집살이가 매우 심해서 친정으로 가고 싶었으나 남편의 사람 됨됨이가 너무 좋아 참을 수 있었다. 김월년은 속상할 때마다 만약에 며느리가 생기면 며느리한테 똑같이 시어머니한테 받은 시집살이를 시키겠다고 할 정도였다. 그래서 친구들은 늘 시집살이를 하는 김월년을 가여워했다.

"시아버지 환갑 땐데 이때는 나는 아직 결혼 안 했으니까 잘 모르는데 환갑 때 그렇게 크게 했다고 이야기하더라고요. 친척들이 많으니까 그때 음식을 다른 환갑보다도 특별히 해줬다고 그러더라고요. 시아버지는 71년도에 돌아가셨는데 삼일장 치르고 삼 년 탈상하고 집에서 했고 매장했죠. 그때는 화장 같은 거 없었으니까. 그렇게 하니까 집에서 했어요. 지가 시아버지 돌아가셔서 곡 안 한다고 우리 사촌 시누이한테 혼났어요. 곡도 할 줄 몰랐어요. 그리고 딸들도 다 안 하는데 내가 왜 해요. 제사는 내가 일 년에 네 번 지내요. 시어머니, 시아버지, 추석 때, 구정 때,

어떤 사람들은 뭐 안 지내고 한다 해도 아직까지 내가 할 만하니까 내가 할 수 있을 때까지 해야지요."

김월년 시아버지의 환갑 때 찍은 사진이다. 당시에 김월년은 이 집 사람이 아니었다. 시아버지 환갑에는 각지에 흩어져 살던 고향 사람들이 모여서 크게 잔치했다는 이야기를 결혼 후에 시어머니한테서 들었다. 치매에 걸려 어린아이처럼 굴던 시아버지는 1971년도에 돌아가셨다. 시아버지가 돌아가셨을 때 집에서 상을 치루었다. 삼일장으로 지냈는데 곡을 할 줄 모른다고 혼까지 났다. 시아버지는 사할린 공동묘지에 매장을 한 후에 3년 탈상을 했다. 집에 영정을 모시고 3년 동안 끼니때마다 상식을 올렸다. 특히 초하루와 보름날에는 특별한 상식을 올리고 시어머니한테 도시락을 가져다드리고 출근했다. 김월년은 지금도 1년에 두 번, 시아버지와 시어머니의 제사를 지내고, 설과 추석에는 명절 차례를 지낸다. 김월년은 당신이 살아있을 동안에는 제사를 지내야 한다고 생각한다.

## 4. 곱디고운 내 새끼들

김월년은 1964년에 결혼하여 1남 2녀를 두었다. 시집살이에다 직장 생활을 더해 힘들게 아이들을 양육한 이야기가 숨이 차다 못해 슬프다.

"첫딸 낳을 때에 금방 났을 때는 정말 눈이 똥그란 게 참 예뻤어요. 시어머니는 애가 우리 친정 닮았다고. 친정 닮았다고 갸를 갖다가 그렇게 구박했어요. 딸 났다고 그렇게 구박했는데 산후조리를 누가 해줘요. 안 해줬어요. 그래서 내가 이렇게 아프고 손발이 시리고 그러잖아요. 우리 엄마는 자식이라면 이렇게 하는 사람인

[사진 10-10] 김월년의 첫딸
돌 사진(1967)

[사진 10-11] 김월년의 막내딸 돌 사진(1979)

데. 그런데 그렇게 우리 엄마한테 가서 있겠다고 말 못하겠더라고. 이 사람(남편)이 휴가 받았어요. 한 달인가 두 달인가. 그러니까 야를 갖다가 안고 키웠어요. 돌잔치라고 하기는 했지요. 그렇게 크게는 안 하고요. 우리 시어머니는 딸네 집에 돌잔치고 뭐하고 하면 외손자는 언제고 언제고 하는데 우리 집에 아이들 이렇게 하는 거는 내일이라도 오늘 말 안 해요. 자기 딸들 생일 같으면 벌써 며칠 전에 말하고 하는데 내 생일도 내일이래도 말 안 해요. 그래도 내가 다 해줬지요. 우리 애들 말해요. 엄마는 정말로 큰 아도 작은 아도 생일이라 하면 친구들 오라고 해서 내가 꼭 대접하고 했어요."

김월년은 그런 시집살이 속에서도 자신을 닮은 눈이 동그란 딸을 낳았다. 시어머니는 딸을 낳았다고 미워하는 것이 아니라 친정 식구를 닮은 손녀를 낳았다고 며느리를 미워했다. 그리고 친정 식구를 닮은 딸을 낳았다는 이유로 산후조리도 해주지 않았다. 그래서 김월년은 아기를 낳고 바로 밥을 해서 시어머니에게 드리고 차가운 물로 빨래를 했다. 그런데 남편은 아기를 낳자 한 달 동안 휴가를 받아 아기를 봐주었다.

김월년은 딸의 돌이 되자 돌잔치를 하고 싶었다. 그런데 외손자, 외손녀의 돌을 챙기는 시어머니는 정작 친손녀의 돌은 신경을 안 쓰셨다. 그래서 할 수 없이 김월년이 간단하게 돌상을 차려주었다. 돌잡이를 했지만 무엇을 잡았는지는 분명하지 않다. 단지 시어머니에 대한 서운함이 크다. 그리고 시어머니는 시집간 딸의 생일은 며칠 전부터 신경을 쓰는데 같이 사는 며느리의 생일은 말도 꺼내지 않아서 한이 되었다. 그게 한이 된 김월년은 아이들의 생일에는 꼭 아이들의 친구들을 불러서 잔치를 해주었다.

"그런데 아들 낳으니까 아들은 좀 이렇게 눈도 좀 작고 찢어지고 그렇게 하니까 아들은 좋아하더라고. 이 집 식구 닮았다고. 그런데 내가 공부하면서 또 갸를 뱄단 말입니다. 갸를 배서 두 달밖에 안 됐지요. 내가 아이를 지울라 했어요. 그런데 우리 시어머니가 니 병원에 가기만 하면 가만히 안 놔둔다고 하더라고요. 그래서 우리 아들을 건졌잖아요. 우리 시어머니한테 그거는 고마워요. 그래서 시어머니는 좋은 것도 있고 나쁜 것도 있고. 진짜 시집살이해서 그런가 일간(일터)에 가면 더 좋았어요. 밥만 해놓고 가면 뭐. 퇴근하고는 집에 와서 설거지하고 밥하고. 그렇지만도 이분(남편)이 우리 부모들한테 너무 잘했어요. 그렇게 하니까 다 괜찮아지더라고요."

김월년은 사범대학교에 다니면서 둘째를 임신했다. 그녀는 시집살이가 너무 버거워서 임신 2개월이 되었을 때 병원에 가서 지우려고 했다. 그 소식을 들은 시어머니는 만약 아기를 지우면 내가 너를 죽이겠다고 협박을 하셨다. 그래서 아기를 지우지 않고 아들을 낳았다. 아들은 꼭 시어머니의 눈을 닮았다. 그래서 그런지 시어머니는 아들을 많이 예뻐하셨다. 지금 생각하면 시어머니 때문에 아들을 낳을 수 있었다. 그것에 대해서는 매우 감사하게 생각한다. 그렇게 생각하면 시어머니가 마냥 나쁜 것은 아니다. 늘 시집살이를 하는 그녀로서는 회사에 가는 것이 가장 큰 휴식이자 즐거움이었다. 남편은 아이들을 탁아소에 데려다주고 데려오고, 김월년은 아침밥을 해놓고 회사에 가면 하루 종일 즐겁게 지낼 수 있었기 때문이다.

"우리 큰딸은 정말로 뭐라 하면 좋을까? 태몽을 꿨는데 그때 내가 그랬었는데 찜찜했어요. 아홉 달까지 찜찜했어요. 그 물고기가 바다에서 이렇게 하는데 깨끗한 물이어야 되잖습니까. 그런데 물이 막 흐렸어요. 그러니까 찜찜했어요. 그래서 그런지 육체적으로 참 건강하지 못했어요. 하지만 공부를 너무 잘했어. 너무 잘해서 그 금메달도 받을 낀데 약하니까 체조도 못 하게 했어요. 스키 타는 것도 못 하게 했어요. 그런데 너무 영리하고 공부를 잘해서 일 학년 선생님이 안 오잖아요. 아파서 못 오고 하면 야를 보내가지고 가르치게 했어요. 그리고 대학에 가서도 그렇게 공부를 잘했고. 유즈노사할린스크 대학에서 컴퓨터 가르치다가 나이가 많아서 그만두었는데 얼마 전에 내 사위가 죽어서 딸이 혼자 됐어요. 가슴 아프지요."

김월년은 얼마 전에 맏사위를 먼저 보냈다. 김월년이 큰딸을 임신했을 때 태몽을 꾸었는데 흐린 물에서 노는 물고기 꿈이었다. 그래서 아홉 달 내내 마음이 편하지 않았다. 그래서 그런지 딸을 낳았는데 건강이 매우 좋지 않았다. 너무 허약하여 체육 시간에 활동을 하지 못했다. 그러나 영리하고 공부를 잘하여 어쩌다 선생님이 결근하게 되면 선생님을 대신하여 학생들을 가르칠 정도였다. 그래도 건강하게 자라 대학에서 컴퓨터를 전공하고 조선 남성을 만나 결혼을 하여 아들, 딸을 낳고 행복하게 살았다. 큰딸은 유즈노사할린스크의 대학에서 컴퓨터를 가르치다가 정년퇴임을 했는데 남편이 암으로 먼저 떠났다. 김월년은 이제 혼자가 된 딸 때문에 가슴이 아프다.

"며느리가 조선 사람인데 큰 땅 사람이에요. 우리 아들이 노보시비르스크 대학에서 공부할 때 만났어요. 야(아들)가 좀 영리하단 말입니다. 그리고 부모 공경할 줄 알고요. 그런데 큰 땅 사람을 만났어요. 만나는 사람들마다 아들이 그럴 줄 몰랐다고 했어요. 그 말이 얼마나 듣기 싫었는가 몰라요. 그런데 큰 땅 사람들이 자기 남편한테 얼마나 잘해주는지 압니까? 이거 먹고 싶다 하면 바로 해주고. 자식들도 하나는 호주에 있고, 하나 미국에서 있어요. 그렇게 됐는데 자식들도 엄마 아빠밖에 모르고 이렇게 하니까 정말로 잘됐어요. 그리고 야도(며느리) 풍부하게 커서 그런가 아버지가 비행사였었어요. 아버지한테 이런 거 아버지한테 옷이라도 한 개 사야

[사진 10-12] 김월년의 큰딸 결혼식 사진(1988)　　　　[사진 10-13] 김월년의 아들 결혼식 사진(1991)

된다 하면 며느리는 뭐 두말도 안 하고 가서 이런 거 한 개씩 안 사고 좋은 거 이렇게 두 개씩 사오고 해요. 성질은 좀 있어도 성질 없는 사람이 어디 있겠어요. 정말로 둘이 잘 사는 거 보고 하니까 그거보다 더 좋은 거 없다고 생각합니다. 지금 생각하면 장가 잘 갔다고 생각해요."

김월년의 아들은 공부도 잘하고 효심이 강해서 주위로부터 부러움을 샀다. 아들은 노보시비르스크(Новосибирский НЭТИ.) 전기대학을 다녔다. 아들이 대학에 다닐 때 여자친구가 생겼다. 그 여자친구는 큰 땅 사람이다. 아들이 큰 땅 사람과 결혼한다고 했을 때 김월년은 반대를 하였다. 당시에는 사할린 한인에게 큰 땅(러시아)의 사람과 결혼한다는 것을 부끄럽게 생각하는 경향이 있어 하늘이 무너지는 것 같았다. 그러나 아들이 좋아하니 어쩔 수 없이 결혼을 시켰다. 그런데 문제는 주위 사람들이었다. 평소에 아들을 본 사람들은 아들만큼은 엄마를 실망시키지 않을 거라고 믿었기 때문에 아들이 큰 땅 사람하고 결혼하는 것을 보고 한마디씩 했다. 그런 소리를 들을 때마다 너무 속상했다. 그러나 시간이 흐르고 며느리를 가까이에서 보니 지금은 오히려 큰 땅 사람하고 결혼한 것을 잘했다고 생각한다. 며느리는 있는 집에서 자라서 그런지 마음 씀씀이도 크고 특히 남편한테 잘하고 아이들 교육도 잘 시켰다. 큰손자는 캐나다에서 유학 중이고, 작은 손녀는 미국에서 회사에 다니고 있다. 지금은 자녀를 훌륭하게 키우고 남편한테 잘하는 며느리가 자랑스럽다.

## 5. 가구공장의 살림꾼

김월년은 사범대학을 졸업하고 1969년에 가구공장에 입사하여 2000년, 56세에 정년퇴임했다. 그녀는 31년 동안 한 회사의 살림을 맡아 최고 자리까지 올라갔다.

"내가 가구공장에 들어가서 예산을 담당했어요. 내년에는 무엇무엇을 해야 하니까 얼마 얼마가 필요하고, 이것을 하려면 어떻게 해야 한다. 이번에는 가구 몇 개를 만들어야 한다 등등 일 년 계획을 세우고, 그거에 따라서 예산을 집행하고 했어요. 좋았지요. 시집살이가 심하니까 일간에 가는 것이 얼마나 재미있고 좋은지 어려운 일은 없었어요. 그리고 러시아 사람들이 통이 커요. 조선 사람처럼 꽁하고 있지 않아요. 러시아는 명절이 많아요. 명절날이면 보너스도 받고 회식도 하고 좋지요."

김월년은 사범대학을 졸업하고 학교로 가는 것은 전망이 없다고 생각했다. 그래서 가구 회사에 들어갔다. 가구공장에서 예산을 담당하여 1년 계획을 수립하고 예산을 편성하면서 집행하는 일을 했다. 집에서 아이 키우고 시집살이를 하던 김월년은 회사 생활이 너무 재미있었다. 가구공장에서 일하는 사람들은 대부분 러시아 사람들이었는데 일을 하다 보면 마음이 안 맞거나 일로 갈등이 생기기도 했는데 서로 솔직하게 이야기하면 다 해결되어 좋았다. 회사는 열심히 일한 사람에게는 정당한 대가도 지급하고 승진도 시켜주었다.

"사할린은 나라에서 운영하는 국영집단농장이 있어요. 우리는 공무원이니까 일년에 몇 번 국영집단농장에 가서 몇 헥타르의 감자를 캐라, 혹은 몇 톤의 풀 베기

[사진 10-14] 가구공장 시절
농촌 봉사활동 중 휴식시간을
즐기는 김월년

등이 주어져요. 공장에서 가구 만드는 사람들은 목표가 있으니까 갈 수 없으니까
우리 공무원들을 보내요. 아침 아홉 시부터 오후 여섯 시까지 감자를 캐고 풀을 베
는데 오전에 일하고 점심을 먹고 풀밭에 누워서 잠도 자고, 책도 읽고, 얘기도 하고
그 시간이 정말 좋았어요."

회사에서는 여름철이 되면 집단농장으로 봉사활동을 가야 한다. 농활은 회사
근무의 연장이다. 가구를 만드는 사람들은 1년 목표가 있어서 시간을 낼 수 없어 사
무실에서 일하는 공무원이 가서 감자를 캐고 풀을 베야 했다. 집단농장에 가기 위
해서는 버스를 타고 40분 정도 가야 했다. 버스를 타고 가는 40분 동안 꿀잠을 잘 수
있어서 좋았다. 오전 작업이 끝나면 준비해간 도시락을 먹었다. 점심을 먹고 나면
풀밭에 누워 회사에서 못 나눈 이야기도 하고, 책도 읽으면서 쉬고 다시 오후 작업
을 하곤 했다. 김월년은 이 시간이 가장 행복한 시간이었다.

"회사에서는 사원의 역량강화를 위해 우수사원을 뽑아서 연수를 보내요. 한번
은 내가 우수사원으로 뽑혀서 사마라주 상트페테르부르크로 40일 동안 연수를 간
적이 있어요. 평일에는 교육을 받고 연수 온 사람들과 교제를 하지만 주말에는 근
처에 있는 곳으로 문화체험을 가요. 한 번도 가보지 못한 곳으로 문화체험을 가니

얼마나 설레요. 상트페테르부르크는 얼마나 아름다운지 잊지 못하지요. 일 잘한다고 훈장도 많이 받고 메달도 많이 받았어요."

김월년은 회사에서 우수사원으로 뽑혀 공로상도 많이 받았다. 회사는 사원들의 역량을 강화하기 위해 연수를 보낸다. 한번은 김월년이 우수사원으로 뽑혀 사마라주에 있는 상트페테르부르크로 40일 동안 연수를 간 적이 있다. 연수기간 동안 교육을 받고 각 도시에서 온 사람들과 어울리며 지냈다. 특히 주말이면 근처의 명승유적지를 찾아 문화체험을 했다. 상트페테르부르크는 러시아의 북서쪽에 있는 연방시로 미술관, 박물관 등이 많아 문화의 도시로 불린다. 그녀는 상트페테르부르크의 박물관에서 사할린에서는 느끼지 못한 에너지를 받으며 즐거운 시간을 보냈다.

## 6. 산 넘고 바다 건너 온 그리운 고향 방문

김월년은 부모님을 대신하여 1998년 고향을 방문하였다. 그녀는 말로만 듣던, 부모님으로부터 전수받은 고향을 찾아 나섰다.

"한국에 처음 왔을 때의 감정은 이루 말도 못 하지 뭐. 공항에 내리니까 화장실부터 정말 감동했어요. 우리가 대구 뭐 타고 갔던가? 생각도 안 난다. 우리 외숙모가 와서 우리를 데리고 갔는데 외숙모 사는 곳도 좋았고 집도 좋았고. 뭐든지 보면 하 아 하 아 그랬었지요. 그런데 우리 같으면 조카가 왔다 그러면 자식들도 불러가지고 식사라도 한번 하고 할 낀데 안 그렇데요. 그때는 친척 방문하려면 여기서 초청장이 있어야 되는데 잘 안 줬어요. 그렇게 하니까 좀 서운하데요. 우리 외삼촌은 우리 엄마보다 밑인데 똑똑하고 학교에서 선생질 했답디다. 그다음에 은퇴해가지고 양봉했다고 하데요. 우리 아버지 영주귀국 한 다음에 외삼촌 자식들이 왔다 갔

[사진 10-15] 경주 불국사에서
찍은 고향방문단 기념사진(1998)

다 합디다. 그런데 와봤자 말이 통하지 않잖아요. 그러니까 뭐 앉았다가 가고. 양아
버지는 여기 오셔가지고 2000년도에 돌아가셨어요. 안산에서요. 지금은 천안 현충
원(현충사)에 계시고요. 아버님이 살아계실 때 그렇게 한국을 그리워하셨어요. 결국
한국으로 돌아오기는 했지만 암으로 몇 달 살지도 못하셨지. 그래도 알리지도 않
았어요. 외삼촌은 물론 안 계실 거고 그러니까 뭐 굳이 그렇게 할 필요도 없고. 그
렇지만도 사촌이라도 만나고 그렇게 하면 좋겠는데.”

김월년은 외삼촌의 초청을 받아 어머니를 대신하여 1998년에 모국 방문길에
올랐다. 88서울올림픽 때 텔레비전에서 보기만 하던 한국에 직접 와보고 놀랐다. 공
항에 내려서 화장실에 갔다가 감동을 받았다. 너무 크고 깨끗했기 때문이다. 그러나
외삼촌한테 실망했다. 당시 한국에 오기 위해서는 반드시 친척이 초청장을 보내야
했다. 그러나 외삼촌은 초청장을 빨리 보내준 것도 아니고, 모국 방문 때 외삼촌 집
에 갔는데 별로 반가워하는 기색이 없었기 때문이다. 그렇게 외삼촌 집에서 일주일
을 보내다가 사할린으로 돌아갔다. 그 뒤로 한국의 친척들과는 서로 연락하지 않고
지낸다.

김월년의 양아버지는 틈만 나면 고향 타령을 하셨다. 그래서 2000년에 아버지
의 꿈이 현실로 되어 고향이 아닌 안산으로 영주귀국 하셨다. 하지만 아버지는 암으

로 몇 개월 사시지도 못하고 돌아가셔서 천안의 현충사에 모셨다. 사할린에 사는 남동생이 한국으로 출장을 나오면 같이 아버지를 만나러 가곤 한다. 김월년은 지금도 양아버지를 생각하면 어릴 적 추억이 생각나 가슴이 먹먹해진다. 그리고 사무치게 그립다.

## 7. 시간이 흘리고 간 그리움의 조각들

김월년의 기억에 자리한 남편의 환갑에 대한 추억, 그리고 호주에 사는 막내딸과 손녀들, 잊지 못할 사범학교의 친구들은 시간이 흘리고 간 그리움의 조각들로 남아 있다.

"우리 남편 환갑 때요. 딸은 호주에 있어서 못 왔어요. 우리는 절도 하고 하지만 러시아 사람들은 환갑이라고 없습니다. 그래서 뭐 이런 식당에서 레스토랑에서 했으니까 마이크도 들고 다 이렇게 축하하고 그다음에 또 가라오케 있고 춤도 추고. 지금은 이렇게 건강이 안 좋아요. 2010년에 대장암을 수술했어요. 이 사람은 원래 조선학교 졸업하고 또 전문학교 졸업하고 또 하바롭스크 종합대학 러시아 종합대학을 졸업하고. 그 큰 회사에 전기로 제일 높은 사람이었어요."

[사진 10-16]은 김월년 남편의 환갑잔치 사진이다. 사할린에 사는 한인들은 대부분 한국식으로 환갑잔치를 한다. 자식들은 환갑을 맞은 부모님한테 절도 하고 술도 올린다. 그러나 러시아 사람들은 환갑이 무엇을 하는지 모르고 그저 생일이라고만 이해한다. 김월년은 남편의 환갑 때 레스토랑을 빌려서 파티를 했다. 이렇게 건강한 남편은 2010년에 대장암을 수술을 받고 투병 중이다. 남편은 사할린에서 대

[사진 10-16] 김월년 남편의 환갑잔치(2002)

학을 졸업하고, 다시 하바롭스크에 있는 러시아 대학을 졸업하고 회사에 들어가 전기 업무를 담당하는 부서의 높은 사람으로 정년퇴임을 하였다. 남편은 가정적이고 성실하여 자녀들에게 존경을 받는 아버지였다. 남편은 자상하여 자녀들의 교육에 남다른 관심을 보이고, 학교생활은 물론 교우관계에도 조언을 아끼지 않았다. 특히 양가의 부모님에 대한 효심이 강할 뿐만 아니라 집안일도 서슴없이 도와주곤 했다. 주말이면 아이들을 데리고 캠핑을 즐기고, 평일에는 퇴근 후 부엌일도 많이 도와주었다. 그래서 지금도 자녀들의 기억에는 최고의 아버지로 자리하고 있어 더욱 슬프게 한다.

[사진 10-17] 김월년의 막내딸 부부와 손자

[사진 10-18] 호주 여행을 즐기는 김월년과 가족들(2008)

"이거는 이제 2008년도에 호주에 가서 삼 개월 있었어요. 사위가 러시아 사람이니까 잘 통하지요. 사위네는 호주에 가서 산 지 오래됐답니다. 이 사람들은 할머니가 러시아 분이고 할아버지가 중국 사람이라고 해요. 사위는 애들한테 러시아말 하라고 분위기 잡데요. 근데 애들은 러시아말보다는 영어가 먼저 나오고 하니까 러시아말을 못해요. 우리가 2008년, 2010년 두 번 갔다가 왔어요. 이 사람(남편)이 안 아프면 자주 놀러 가는데 이제는 갈 수도 없어요. 딸네 식구가 넷이나 되니까 차비만도 얼맙니까? 그러니까 자주 오지도 못하지요."

김월년은 남편과 같이 두 번이나 호주 막내딸 집에 가서 3개월을 지내다가 왔다. 막내딸은 호주로 일하러 갔다가 거기에서 러시아 남성을 만나 결혼을 하였다. 막내 사위는 일찍이 호주로 이주하여 호주 시민권자라 한다. 그의 할머니는 러시아 사람이고, 그의 할아버지는 중국 사람이라고 한다. 그래서 사위는 러시아말을 잘하기 때문에 사위와 소통하는 것은 어렵지 않았다. 사위는 자녀들에게 러시아 사람이니까 러시아말을 해야 한다고 하지만 아이들은 러시아말보다는 영어를 사용한다. 그래도 사위는 러시아어를 포기할 수 없다.

김월년은 자녀들과 호주에서 보낸 3개월을 잊을 수 없다. 그래서 자주 가고 싶다. 그런데 이제는 갈 수도 없다. 남편이 투병 중에 있기 때문이다. 그리고 막내딸도 경제적인 부담 때문에 한국에 자주 오지도 못한다. 서운하지만 인생이 다 그런 거라고 생각하며 영상통화로 아쉬움을 달래고 있다.

## 8. 영주귀국, 고향을 향한 본능적인 그리움

김월년은 2007년에 영주귀국 하였다. 사실 남편은 영주귀국을 반대하였다. 2000년에 영주귀국 하신 양아버지도 돌아가시고 특히 자녀들과 떨어져 지낼 수 없

기 때문이다. 그러나 그녀는 영주귀국을 선택하였고, 그녀의 영주귀국 선택은 고향
에 대한 본능적인 그리움이다.

"나는 사할린에서 태어났지만 부모님 덕분인지 본능적인 그리움으로 한국으로
올 수 있었어요. 남편은 영주귀국을 반대했어요. 양아버지도 돌아가시고 무엇보다
도 어떻게 자식들을 두고 가냐면서 싫다고 했어요. 그런데 친척들도 친구들도 모
두 한국으로 가서 살면서 살 만하니 오라고 하더라고요. 그래서 영주귀국을 선택
하게 되었어요. 이 사진은 영주귀국 하던 날 사할린 공항에서 찍은 사진이에요. 우
리 가족 다 나와서 전송해주었어요. 야가 우리 아들, 그리고 손자. 야가 제 남동생
이에요. 남동생은 지금 사할린 국립대학교의 교수이고, 그 옆에가 손녀, 그리고 동
생 부인, 야가 내 하나밖에 없는 여동생, 그리고 딸, 손자예요. 다 보고 싶지요. 그치
만도 매일 영상 통화 하니까 나쁘지 않아요."

[사진 10-19]는 김월년의 형제자매들이다. 김월년에게 영주귀국은 하나의 모
험이었다. 영주귀국을 반대하는 남편을 설득하는 것도 어려웠지만 자녀들도 부모
님만 보내는 것을 불안해하였다. 특히 자녀들을 끔찍이도 살피는 남편은 자식들과
떨어져 어떻게 살 수 있냐고 영주귀국 하자고 설득하는 김월년을 역으로 설득하였
다. 그러나 그녀가 선택한 영주귀국은 선택이 아니라 본능이었다. 연어가 산란을 위
해 고향을 찾듯 김월년 또한 발길이 이끄는 대로 고향으로 돌아왔다.

[사진 10-19] 김월년이 영주귀국
하던 날 사할린 공항에서 가족과의
이별(2008. 10.)

Ⅲ. 사할린 한인 여성으로 살아온 삶

[사진 10-20] 사범학교 동창생들과 함께(1962)     [사진 10-21] 다시 만난 사범학교 동창생들(2015)
오른쪽 두 번째가 김월년이다.     뒷줄 맨 왼쪽이 김월년이다.

"사범전문학교 동창들이에요. 이것은 1962년에 우리가 코르사코프 중학교 선생 시절에 찍은 것이고, 이것은 2015년도에 여기 한국에서 찍은 것이고, 우리가 만난 지 육십여 년이 되었지. 정말 사범전문학교 다니면서 재미있는 일이 많았어요. 낙엽이 굴러가도 재미있을 땐데 기숙사에서 열 명이 한 방에 살았으니까 얼마나 재미있는 일이 많았겠어요. 자주는 안 만나지만은 가끔 만나요. 이 사람은 오산에 살고, 이 사람 부산에 있고, 이 사람은 안산에 있고, 이 사람은 인천에 있고, 한데 우리 사위가 이번에 이렇게(사망) 됐다고 해서 다 왔다 갔어요. 그래 내가 오지 말라고 했지. 내 집에 없으니까 경로당까지 왔다 갔어요. 그렇게 좋은 일로 온 게 아니라. 와서 차 마시고 갔어요."

김월년은 어느 이른 가을날의 해맑은 동심으로 만났던 사범학교의 동창생들과 가끔 만나 사할린에 대한 그리움을 나눈다. 친구들은 모두 바쁘게 달려온 세월만큼 서너 개의 주름도 가지고 있다. 하지만 그 주름도 곱게만 느껴지는 친구들이다. 사범학교에 입학하여 처음 만난 친구와는 벌써 60여 년이나 되었다. 그녀들은 서글픈 역사 속에서도 희망을 안고 추억을 만들었던 친구들이다. 김월년은 사범전문학교 동창들의 사진을 보면서 60여 년 전의 시간을 불러왔다. 사범학교에서 만나 사범대학에서 같이 공부하고, 코르사코프 중학교에서 또 만나 같이 근무하던 친구들이다. 그래서 같이 지낸 시간만큼 추억도 많다. 이제는 세월의 그림자가 드리웠지만 그래

[사진 10-22] 친구들과 캠핑을 즐기고
있는 김월년

왼쪽 세 번째가 김월년이다.

도 만나면 여전히 18세 소녀로 돌아간다. 영주귀국 한 후 이웃하여 지내는 친구도
있지만 대부분 멀리 떨어져 지내고 각자 삶이 바빠 자주 만날 수는 없지만 그래도
무슨 일이 있으면 서로 위로해주면서 지낸다. 지난해에 큰사위가 사망했을 때도 친
구들이 한걸음에 달려와 위로해주었다.

> "지금 나는 여기 경로당 회장이니까 바빠요. 여기 온 사람들한테 뭐라도 해주려
> 고 하면 여기저기 쫓아댕겨야 하니까요. 하지만 이렇게 사는 것도 괜찮아요. 이거
> 는 우리 사할린 경로당에서 2015년도에 7080 노래 콘서트에 나갔었어요. 발표해
> 서 상도 받았어요. 상도 뭐 그거 뭐라 하나. 상품권 삼십만 원 줬고, 안 그러면 경로
> 당으로 쌀 한 포씩 보내주고. 그런데 상보다도 준비하는 과정이 재미있어요. 일주
> 일에 한 번씩 모여서 노래 부르고, 옷도 이렇게 입자고 약속했지."

김월년은 현재 인천 논현동 14단지 사할린 경로당의 회장이다. 논현동 5단지
에는 380여 명의 사할린 한인이 거주하지만 14단지에는 40여 명이 거주하고 있다.
2007년 처음에 영주귀국 할 때는 5단지에 500여 명, 14단지에는 60여 명이 입주를
하였다. 그러나 서글프게도 10년이라는 세월이 지나면서 그들의 숫자가 눈에 띄기
줄어들었다. 그리고 남은 어르신들은 모두 고령에 신체적으로 무리가 있어 대부분

[사진 10-23] 사할린 경로당
7080 콘서트에 참가한 김월년

경로당을 이용하지 않고 무료하게 시간을 보냈다. 그래서 남동구에서는 14단지의
사할린 어르신을 위해 아파트 상가에 경로당을 열어주었다. 그 후 김월년은 5단지
경로당을 이용하지 않고 14단지 경로당의 회장이 되었다. 어르신들과 같이 노래도
배우고, 체조도 하면서 한자 공부에 한국어 공부도 하고 있다. 매년 열리는 경로당
발표회에도 참여한다. 특히 2015년도에는 경로당 발표회에서 상금을 탔다. 그녀는
이렇게 친구들과 늙어가는 것도 나쁘지 않다고 생각한다.

　"우리 가족들이 러시아에 모두 있어서 외롭기는 하지만 일 년에 한 번은 오가고
매일 영상통화도 해요. 내가 소망이 있다면 앞으로 우리 둘이 건강하게 오래오래
같이 사는 거예요. 해외에 있는 우리 아이들 지금 다 흩어져 지구상 방방곡곡에 있
는데 걔들이 어떻게 해서든지 건강하고 행복했으면 좋겠습니다. 건강과 행복 행운
이 같이 있다면 더 이상 바랄 게 없지요. 자식들하고 떨어져 살지만 어쩌겠어요. 나
는 지금의 상황을 나쁘게만 보지 않아요. 지금 많은 사람들이 해외로 살러 가잖아
요. 건강하게 잘 살면 되지요."

　김월년의 소원은 가족이 모두 건강하고 행복한 것이다. 그녀의 자녀들은 호주
에 미국에 러시아에 세계 각지에 흩어져 살고 있다. 하지만 그녀는 그것을 불행이라

고만 생각하지 않는다. 요즘은 자신의 미래를 위해 세계 각지에 나가서 국가 간의 경계를 넘나들며 지내는 일이 보편화가 되었기 때문이다. 단지 해외에 거주하는 가족들이 건강하게 잘 살기를 바랄 뿐이다.

# 부록: 사할린 한인 연표[1]

| 1860년 | | 러시아, 중국에게서 연해주를 이양받음. |
|---|---|---|
| 1873년 | | 블라디보스토크 군항 건설. |
| | | 이 시기를 전후하여 블라디보스토크에 한인이 집단 거주 시작(개척리). |
| 1875년 | | 러·일 '상트페테르부르크 조약' 조인. |
| | | 사할린은 러시아 영토로 됨. |
| | | 쿠릴(치시마)열도는 일본령으로 됨. |
| 1876년 | 2월 26일 | 러·일 전쟁 종결로 '포츠머스 조약' 체결. |
| | | 조·일 수호조약(강화도조약). |
| 1905년 | 9월 5일 | 일본은 북위 50도 이남의 남사할린을 할양받음. |
| | 11월 17일 | '을사늑약' 강제조인. |
| 1906년 | 2월 1일 | 일본, 조선에 통감부 설립. |
| | | 한국의 외교권 박탈, 초대 통감 이토 히로부미. |
| 1907년 | 3월 30일 | 가라후토토청 발족. |
| 1909년 | 10월 26일 | 안중근, 하얼빈 역에서 이토 히로부미 사살. |
| 1910년 | 8월 22일 | '한일병합조약' 조인, 조선총독부 설치. |

---

1) 사할린 《새고려신문》, 사할린한인 역사회복 희망프로젝트, 세계한민족여성재단, 재외동포재단(2016), 지구촌동포연대(2016), 최상구(2015), 한국이민사박물관(2015), Kuzin Anatolii(2014) 등을 참고하여 재구성하였음.

| | | |
|---|---|---|
| 1910~1918년 | | 일본이 조선에 토지조사사업 실시(조선부동산등기령, 조선민사령, 토지조사령, 지세령, 토지대장규칙, 조선임야령 공포).<br>이로 인하여 토지와 재산을 잃은 농민들이 중국, 러시아 극동지방으로 대량 이주. |
| 1917년 | | 러시아, 10월 혁명. |
| 1920~1933년 | | 일본, 산미증산계획 추진, 한반도를 일본 본토의 식량공급 기지화.<br>일본으로 도항하는 사람 증가. |
| 1922년 | | '소비에트사회주의공화국연방 결성조약' 체결, 소련 성립. |
| 1923년 | | 일제 '조선호적령' 실시, 일본인 호적과 조선인 호적을 구분. |
| 1924년 | 10월 29일 | 소련 '연방국적규정' 제정.<br>소련 영토 내에 거주하는 모든 사람은 그가 외국인임을 입증하지 않으면 소련 공민으로 간주. |
| 1926년 | | 캄차트카주 700명, 사할린주 4,500명의 한인 거주(조선총독부 경무국 통계). |
| 1934년 | 10월 30일 | 일제 '조선인 이주대책 요목'을 결정.<br>조선인의 일본 도항을 감소시키고 만주와 북조선지역으로 이주 배분조치를 강구할 것을 결정. |
| 1937년 | 7월 7일 | 일본, 중일전쟁 발발. |
| | 10월 1일 | 조선총독부 '황국신민의 선서' 제정. |
| | 12월 13일 | 일본군 난징 점령, 난징대학살사건 발발. |
| 1938년 | 2월 | 육군특별지원병령 공포. |
| | 3월 | 일본 정부 '국가총동원법' 제정 공포. |
| | 4월 1일 | 일본, '국가총동원법(법률 제55호)' 제정. |
| | 4월 3일 | 조선에서 육군특별지원 실시. |
| | 5월 4일 | 일본 '국가총동원법을 조선, 대만 및 가라후토(사할린)에 시행하는 건' 제정. |
| | 5월 5일 | 일본 '국가총동원법을 조선, 대만 및 가라후토에 시행 건' 시행. |
| | 6월 | '근로보국대 실시요강' 발표. |
| | 8월 19일 | 소련 '국적법' 개정. 소련 영토 내에 거주하는 모든 사람은 그가 외국인임을 입증하지 않으면 무국적자로 간주하는 것으로 개정(이에 따라 1945년 8월 사할린 한인들은 모두 무국적자로 간주). |
| 1939년 | 1월 | '국민능력신고령' 공포. |

| | | |
|---|---|---|
| | 5월 | 일본의 석탄광업연합회가 후생성과 상공성 등에 조선인 노동자집단 이입에 대한 진정. |
| | 6월 | 재일조선인의 통제 강화를 위해 '중앙협화회' 설립.<br>'국민등록제' 실시. |
| | 7월 | '조선인 노무자 내지 이주에 관한 건' 발령. |
| | 7월 8일 | '국민징용령' 공포. |
| | 9월 | 일본, '조선노무자 모집요강' 제정.<br>1942년 2월까지 모집에 의한 강제동원. |
| | 10월 | 첫 강제연행 조선인 노동자 북탄석장광업소에 들어감. |
| | 11월 10일 | 조선총독부, '조선인의 성명에 관한 건' 공포.<br>1940년 2월부터 창씨개명 강요. |
| 1940년 | 1월 20일 | 조선총독부, '조선 직업소개령' 공포.<br>서울 대구 등 6개소에 직업소개소 설치. |
| | 10월 | '국민징용령', '국민직업능력 신고령' 개정 공포. |
| 1941년 | 6월 | '조선노무협회' 설립. |
| | 11월 | '국민근로보국령' 공포. |
| | 12월 2일 | 후생, 내무 양 차관이 '노문동원 실시 계획에 따른 조선인 노무자 일본 본토이입에 관한 건' 통첩. |
| | 12월 8일 | 하와이 공습, 말레이반도 상륙 개시.<br>천황 선전포고로 태평양전쟁 발발. |
| 1942년 | 2월 | 일본, '조선인 노동자 활용에 관한 방책' 결정. |
| | 2월 20일 | 조선총독부, '신인 내지이입 알선요강'을 제정.<br>1944년 9월까지 '관 알선'에 의한 강제동원. |
| | 3월 | 조선노무협회, 석탄광산철광 등 통제회, 동아여행사 3자 일체로 조선인 노동자의 강제수용 실시. |
| | 5월 | '징병제' 공포.<br>조선총독부 남방 군속 모집. |
| | 7월 | 국민징용령 개정에 따라 조선인 일반 징용 적용.<br>일반 징용자를 군속으로 차출, 군수공장 및 전선 배치근거 마련. |
| | 8월 | 개정 병역법 시행(징병제 시행).<br>강제연행 된 한인 노동자의 자유이동 방지를 위해 '협화회'가 노무수첩 배포. |

| | 10월 | '육군특별지원병 임시채용규칙' 개정. |
| | | '조선인 학도지원병제도' 실시. |
| 1943년 | 4월 | 일본, '조선인 노동자 활용에 관한 명령' 결정 |
| | | → 사할린 한인 각 작업장에서 강제 근로기간 연장(현지 징용). |
| | 8월 1일 | 조선에서 '징병제' 실시. |
| | | '여자근로정신근무령' 공포. |
| | 10월 | '학도근로령' 공포. |
| | 11월 27일 | '카이로 선언' 발표. |
| 1944년 | 8월 11일 | '화태(사할린) 및 쿠시로(홋가이도에 위치) 탄광 근로자, 자재 등의 급속 전화에 관한 건' 시행. 사할린으로 강제연행 한 한인노동자 일본 내지 탄광으로 재징용(이중징용). |
| | 8월 | 일본 '여자정신근로령' 공포. |
| | 9월 | 일본 '징용령' 시행 → 1945년 8월 종전 시까지 강제징용에 의한 강제동원. |
| 1945년 | 2월 4일 | 미·소·영, '얄타 비밀협정' 체결(1946. 2. 11. 공개). |
| | | 소련의 대일 참전 대가로 남사할린을 소련에 귀속하기로 약속. |
| | 3월 6일 | '국민근로동원령' 공포. |
| | 5월 7일 | 독일 무조건 항복. |
| | 7월 26일 | '포츠담 선언' 발표, 일본의 항복조건 예정. |
| | 8월 | 사할린 일본인 소형 선박으로 밀항탈출. |
| | | 1946년 3월까지 약 2만 4천 명 밀항탈출. |
| | 8월 6일 | 히로시마에 원폭 투하. |
| | 8월 9일 | 나가사키에 원폭 투하. 소련, 대일 선전포고. |
| | 8월 13일 | 가라후토청 긴급 소개책 실시 → 1945년 8월 23일 소련의 출국금지 조치 시까지 약 7만 6천 명 긴급소개(소련군의 감시를 피해 밀항탈출하는 사람 속출). |
| | 8월 15일 | 일본, 항복 선언 → 당시 사할린 한인 4만 7천 명(홋카이도 신문). |
| | 8월 17일 | 레오니도보(가미시스카) 촌에서 일본 경찰이 한인 18명 학살. |
| | 8월 20일 | 소련군 홈스크에 상륙. |
| | | 포자르스코예(미즈호) 촌에서 일본인들이 촌에 거주한 27명의 조선인(6명은 아이들) 학살. |

| | | |
|---|---|---|
| | 8월 23일 | 남사할린 일본군 무장해제.<br>소련, 남사할린의 일본인(한인 포함) 출국금지 조치. |
| | 8월 24일 | 코르사코프에 소련군 상륙, 유즈노사할린스크(도요하라) 진입. |
| | 9월 2일 | 일본 정부 항복문서에 조인. |
| | 10월 15일 | 재일조선인연맹 결성. |
| 1946~1949년 | | 사할린 수산업 북조선노동자 모집(파견노무자 2만 6천 명). |
| 1946년 | 2월 3일 | 소련, 남사할린을 소련에 편입하는 행정조치 실시(남사할린의 소련 귀속을 1945년 9월 2일부로 소급). |
| | 2월 17일 | 연합군사령부(GHQ), 재일조선인 귀국희망자 등록을 일본 정부에 지시. |
| | 3월 16일 | 소련, '송환에 관한 기본지령' 발표.<br>GHQ, '철수에 관한 기본적 지령' 발표. |
| | 3월 18일 | 일본 정부, 재일조선인 총 64만 7,600명 가운데 귀국희망자 51만 4,060명(북한 지역 9,701명). 1945년 8월~1946년 3월까지 남한으로 귀환한 사람은 94만 438명. |
| | 4월 | 센사키, 하카타항에서 재일조선인의 계획적 수송 시작(연말까지 8만 2,900명 귀국). |
| | 5월 3일 | 극동국제군사재판(도쿄재판) 개정. |
| | 8월 | 소련군의 북한 점령 후 소련과의 노동계약으로 북한 지역 한인 약 3천 명이 사할린 또는 캄차트카로 이주(1948년까지). |
| | 9월 1일 | 사할린 도시에 조선학교 개교. |
| | 10월 3일 | 재일조선거류민단 결성. |
| | 11월 3일 | 일본국 헌법 공포. |
| | 11월 27일 | 미·소, '소련지국 송환 미·소 잠정협정' 체결. |
| | 12월 5일 | 일본인 송환사업 시작 → 1945년 12월 5일~1949년 7월 22일까지 총 29만 2,590명의 일본인이 송환. |
| | 12월 9일 | 미·소 '소련지구 송환 미·소 장정협정'을 정식협정으로 체결. |
| 1946~1949년 | | 사할린 수산업 북한 노동자 모집(파견노무자 2만 6천 명). |
| 1947년 | 10월 | 소련공산당 사할린주위원회 제1서기 D. 멜리니크 취임. |
| | 10월 26일 | 서울에서 '사할린 한인 귀환 조기실현협회' 결성.<br>협회는 연합군 총사령부에 민원 제기. |

| 1948년 | 5월 8일 | 소련공산당 중앙위원회, 사할린 한인들 사이에 정치·교양 사업 강화 목적으로 주, 시, 구역 당위원회에 선전·선동 담당 강사, 회사 및 기업소에는 정치부장, 국가안전기관에는 한인 담당자를 배치하기로 결정. |
|---|---|---|
| | 6월 25일 | 사할린주 행정부, 한인들이 일본인들 속에 포함되어 일본으로 가지 못하도록 감시 강화 지시. |
| | 8월 15일 | 대한민국 수립. |
| | 9월 9일 | 조선민주주의인민공화국 수립. |
| | 10월 27일 | 사할린주 행정부, 한인들의 자유이동 금지 결정. |
| | 12월 20일 | 한국, '국적법' 제정, 사할린 한인 V함 대한민국 정부 수립 이전에 국외로 이주한 자에 대한 한국 국적 보유 여부에 대한 규정(최초의 한국 국민의 범위에 대한 규정)이 결여된 채 사실상 한국 정부는 이들을 외국인으로 간주. |
| 1949년 | 2월 | 한국, 대일배상조사심의회 설치. |
| | 4월 | 최고재판소, 재일조선인 강화조약 체결까지 일본 국적을 가진 자로 처리해야 한다는 견해 발표. |
| | 6월 1일 | 한글신문 《조선로동자》 1호 발간(하바롭스크). |
| | 9월 8일 | 일본, 재일조선인연맹 해산 명령. |
| | 9월 23일 | 일본, 사할린에 1,900명의 일본인이 남아 있는 것으로 발표. 사할린, 일본인이 떠난 농촌에 한인이 들어가서 농사 시작. |
| 1949~1962년 | | 북조선 파견노무자 다수 귀국. |
| 1950년 | 4월 22일 | 소련, 사할린 인본인은 이미 모두 귀환하였다고 보도. |
| | 6월 9일 | 소련, 일본인 귀환 거듭 보도 → 일본, 난민기구, 잔류자 가족 즉각 반발. |
| | 6월 25일 | 한국전쟁 발발. |
| 1951년 | 8월 | 《조선로동자》 신문사 유즈노사할린스크로 이주. |
| | 9월 8일 | 연합국–일본, '센프란시스코 강화조약' 체결(1952. 4. 28.). 사할린주위원회 제1서기 체플라코브 취임. |
| 1952년 | 2월 15일 | 1차 한일회담. |
| | 4월 19일 | 일본 법무성 민사국장, '민사갑 통달 438호' 발표 → 조선 호적에 입적되어 있던 자의 일본 국적을 일방적으로 박탈. |
| | 4월 28일 | '센프란시스코 강화조약' 발효, 남사할린과 쿠릴열도 일본 영토에서 분리. |

| | | |
|---|---|---|
| | 4월 30일 | '전상병자, 전물자, 유족 등에 대한 원호법' 공포. 수급자는 일본 국적을 가진 자에 한하고 약 36만 명의 조선인 군역 복무자를 비롯 구 식민지의 군인·군속은 제외. |
| | 7월 27일 | 한국전쟁 휴전협정 조약. |
| | 9월 1일 | 사할린 조선사범전문학교 개교. |
| | 10월 | 사할린에서 북조선, 또는 소련 국적 취득 시작 → 무국적자인 한인에게 북한 또는 소련 국적 취득을 권유(1980년대 전반까지). |
| 1953년 | 3월 5일 | 스탈린 사망. |
| | 10월 12일 | 일·소 양국 적십자사, 소련은 1,274명의 일본인 죄수를 석방하고, 별도로 1,047명의 일본인 죄수도 형을 마친 후 석방할 것을 발표 → 그러나 이때 일본으로 송환된 사람은 없었음. |
| 1954년 | 9월 1일 | 사할린 교육대학 설립. |
| 1955년 | 5월 25일 | 재일조선인총연합회(총련) 결성. |
| 1955~1962년 | | 사할린 한민족 청년남녀 대량 북조선으로 이주. |
| 1956년 | 6월 29일 | 서독, '연방보상법' 공포. |
| | 10월 1일 | 사할린에서 조선말 라디오방송 시작. |
| | 10월 19일 | 일·소, '일·소 공동선언' 발표. 양국 국교 회복 → 소련 내에서 유죄 판결을 받은 일본인은 공동선언 발효와 함께 석방되어 일본으로 송환하기로 함. |
| 1957년 | | 1957. 8. 1.~1959. 9. 28 기간 동안 7차에 걸쳐 일본인 766명, 일본인 여자와 결혼한 한인 남자 및 그 가족 1,541명 귀환. |
| 1958년 | 1월 14일 | 박노학과 그의 가족 5명, 사할린에서 일본으로 이주. |
| | 1월 25일 | 박노학, 연락선 안에서 쓴 한국 이승만 대통령에게 보내는 사할린 동포 귀환 탄원서를 재일대한민국 대표부 공사 최규하를 찾아가서 전달. |
| | 2월 6일 | '화태억류귀환자동맹본부' 결성, 후에 '화태귀환재일한국인회'로 개칭. |
| | 2월 28일 | 박노학, 일본 국회 중의원 및 참의원 의장과 면회, 사할린 동포 귀환에 대한 진정서 전달. |
| | 8월 7일 | 박노학, 일본적십자사, 외무성, 법무성, 후생성, 국제적십자사, 대한적십자사, 한국외무성, 법무성 각 장관에게 사할린 동포 귀환진성서 발송. |
| 1959년 | 2월 12일 | 박노학, 회원 42명을 동원하여 후지야마 외무상 대면. |
| | 9월 8일 | 박노학, 일본에 온 국제적십자사의 쥬노 부위원장과 면회하여 사할린 한인의 귀환문제 해결 촉구. |

| 1960년 | 7월 27일 | 사할린에서 텔레비전 방송 시작. |
|---|---|---|
| 1961년 | | 흐루시초프 소련 공산당 총서기로 취임. |
| 1962년 | 2월 15일 | 박노학, 사할린 동포 귀환에 대한 진정서를 흐루시초프 소련 공산당 총서기에게 발송. |
| | 11월 12일 | 김종필, 오히라 청구권 유상무상 5억 달러에 합의. |
| | 11월 28일 | 귀국운동을 하고 있는 토마리시 허조 씨 주내무국에서 일본이 입국 허가하면 소련 출국을 허가하겠다고 회답을 받음. 그러나 일본 정부는 '국적상실'이라는 이유로 여권 발급을 거절. 또한 영주 목적으로 하는 일본으로의 도항을 인정하지 않는다고 발표. |
| 1963년 | 7월 | 주내 조선학교 폐교, 주행정부 결정. |
| | 10월 9일 | 북한 '국적법' 제정. 조선민주주의인민공화국 창건 이전에 조선의 국적을 소유하였던 조선인과 그의 자녀로서 본 법 공포일까지 그 국적을 포기하지 않은 자를 북한 공민으로 간주(제1조)하여 사할린 한인도 북한 공민으로 포섭. |
| 1964년 | 4월 20일 | 박노학, 박정희 대통령에게 진정서 제출. |
| | 8월 | 조선사범전문학교 폐교, 주행정부 결정 .<br>소련 공산당 사할린주위원회, 일본 군국주의로부터 사할린 한인 해방 기념행사 중지. |
| | 10월 14일 | 브레즈네프, 소련 공산당 총서기로 취임. |
| 1965년 | 1월 4일 | 코르사코프시의 김영배 씨, 사할린주 내무국으로부터 일본이 입국 허가를 하면 소련 출국을 허가하겠다는 회답을 받음. 이 회답이 사할린 전역에 퍼지고, 일본으로의 귀환희망자의 편지가 일본의 '재일한국인회'로 도착. |
| | 6월 22일 | 한 · 일 기본조약. '한일 법적지위협정' 체결, 국교정상화. |
| | 10월 4일 | 일본 정부, 사할린 한인의 일본인 처 2인에 대해 철수를 위한 '미귀환 일본인 증명서' 발급. |
| | 12월 25일 | 손종운의 가족 5명이 체홉으로부터 귀환(일본인 처 2인에 대해 철수를 위한 '미귀환 일본인 증명서' 발급. |
| 1966년 | 1월 17일 | '한일 법적지위협정' 발효.<br>'화태귀환 재일한국인회' 사할린 한인 귀국희망자 명부 작성(총계: 6,924명/1,744세대). |
| 1967년 | | 소련, 주 5일 근무제 실시. |
| | 10월 13일 | 사할린에서 모스크바 TV방송 시청 가능. |
| 1968년 | 4월 23일 | 정일형 의원 외 26인, 사할린(화태) 억류교포 송화 촉진에 관한 건의안(원안 가결). |

| | | |
|---|---|---|
| | 8월 | 귀국희망자 명부가 한국 정부, 일본, 소련 정부에 제출되어 외교 교섭자료로 되었음. |
| 1969년 | 2월 | 재한국일본대사관 마에다 참사관은 박노학 회장에게 협력을 약속. |
| 1970년 | 5월 23일 | 박노학 회장 UN U. 단토 사무총장 및 국제적십자사 코나 총재에게 탄원서 제출. |
| | 12월 10일 | 한국에서 '화태억류동포 귀환촉진회' 결성(후에 중소이산가족회로 개칭). |
| 1971년 | 3월 | 박노학, 사할린 한인들을 일본으로 초청하는 초청장 작성 시작. |
| | 7월 10일 | 손치규 씨 단독 귀환. 사할린 한인 중 최초로 한국으로 영주귀국자 탄생. |
| 1972년 | 7월 18일 | 중의원 우케다 질문서에 대한 다나카 수상의 답변. |
| | 8월 | 박노학, 소련 그로미코 외무상에게 진정 발송. |
| 1973년 | 2월 2일 | 홍만길 씨 가족 4명 일본으로 귀환(일본인 처). |
| | 5월 16일 | 일소 적십자회담에서 소련적십자사 토로얀 총재가 사할린 거주 한인 귀환문제에 대해 일본 정부가 일본 거주 또는 일본을 경유한 한국 귀환을 허가한다면 그 출국에 협력한다고 발언. |
| | 9월 22일 | 박영록 의원 외 22인, 사할린 교포 송환 촉구에 관한 건의안(수정가결). |
| | 10월 11일 | 다나카 일본 내각 수상 브레즈네프와의 회담에서 사할린 한인 귀국문제 제기, 그러나 북한의 반대로 소련이 응하지 않았음. |
| 1974년 | 2월 | 일본 정부, 2천 명 분의 일본도항증명서 용지를 '화태귀환 재일한국인회'에 전달. |
| | 10월 2일 | 소련 내각 수상 코시긴은 "일본이 재사할린 한인들의 귀국을 바란다면 소련내각은 반대하지 않는다"고 발언. |
| | 12월 25일 | 편문수의 가족 7명이 일본으로 귀환(일본인 처). |
| 1975년 | 1월 17일 | 소련, 사할린 한인 문제는 일 · 소 간 문제가 아니라 소련과 한국 간의 문제라 답변. |
| | 4월 | '화태귀환 재일한국인회' 사할린재판을 위한 소송 위임장과 경력서 60명 분 준비. |
| | 7월 12일 | 일본 변호사연합회 인권위원회, 화태귀환 재일한국인회의 신청으로 인권문제 조사 개시. |
| | 10월 13일 | 김진희 씨 가족 6명이 일본으로 귀환(일본인 처). |
| | 12월 1일 | '사할린 잔류자 귀환청구소송(소위 사할린재판)'을 도쿄지방재판소에 제기 → 1989년 6월 15일 변호인단이 소송 취하로 1심 판결도 없이 종료. |

| 1976년 | 1월 22일 | 최정식 단독 귀환. 사할린 한인 중 최초로 일본으로 영주귀국자 탄생(1989년까지 총 3명).<br>이나바 일본 법무상, 참의원이 결산위원회에서 사할린 한인 문제에 관하여 "강제연행 당한 사람들에 대해서는 도의상의 책임으로 남아 있다"고 발언. |
|---|---|---|
| | 2월 20일 | 제1회 사할린재판. 보좌인으로 한국으로부터 한영상(중소이산가족회장)이 이산가족의 그리움을 진술. |
| | 3월 | 일본 정부, 사할린 한인에 대한 도항증명서 발급 및 신청서 접수에 대해 방침 결정. |
| | 3월 5일 | 성낙현 씨 가족 6명 일본으로 귀환(일본인 처). |
| | 3월 18일 | 사할린 아니바 지역의 최정식 단독으로 일본 경유 귀환. |
| | 6월 28일 | 김화춘 단독 일본으로 이주. |
| | 6~7월 | 나호트카 4인 사전. 소련 정부의 출국허가를 받은 황인갑, 백낙도, 안태식, 강명수 씨가 나호트카(일본 총영사관이 있는 도시)에 갔지만 출국허가기한 내로 일본 정부로부터 도항증명서를 받지 못하고 사할린으로 돌아와서 사망. |
| | 7월 | 사할린 내무국 출입국관리사무소, 한국 영주귀국 희망자 청원서 접수 시작. |
| | 9월 | 사할린 내무국 출입국관리사무소, 영주귀국 신청이 폭발적으로 이어지자 접수 중지. |
| | 9월 6일 | 소련전투기 M-25 일본 하코다테시에 착륙, 벨렌코브 비행사 미국으로 망명 → 소·일 관계 악화. |
| 1977년 | 1월 27일 | 소련 정부, 영주귀국을 요구한 코르사코프의 도만삼 씨 가족 8명을 북한으로 추방. |
| | 1월 30일 | 시베리아 노릴리스크에서 장전두 일본 경유 단독 귀환. |
| | 4월 11일 | 박노학, 제네바 국제적십자사에 귀환촉진 진정서 발송. |
| | 11월 16일 | 소련 정부, 영주귀국을 요구한 유즈노사할린스크의 황태용, 유길수, 포로나이스크의 김일수, 홈스크의 이창남의 가족을 북한으로 추방. |
| 1978년 | 3월 2일 | 소노다 일본 외무상, "사할린 한인의 귀환문제에 있어서 일본이 법적 책임 이상의 도의적·정치적 책임이 있다"고 발언. |
| | 5월 30일 | 소노다 일본 외무상 UN 국제인권규약에 서명. |
| | 8월 12일 | 중·일 평화우호조약 조인, 중국 배상청구권 포기. |
| | 9월 24일 | 재일조선인 공충이 사할린 방문 육친과 재회. |
| 1980년 | 2월 6일 | 박노학, 한국으로부터 온 달력 60부를 사할린과 중국에 보냄.<br>조국 강산이 너무 아름답다고 찬양하는 편지가 옴. |

| 1981년 | 7월 18일 | 일본변호사연합회 인권위원회, 사할린 한인 인권에 대한 제1차 조사보고서 발표. |
|---|---|---|
| | 8월 3일 | 사할린 태풍 피해 40명 사망, 약 8천 명 주택 손실, 도로 및 다리 유실 등 전례 없는 피해 발생. |
| | 11월 20일 | 사할린 체홉 시 박형주 부부 한국 친척과의 상봉 목적으로 일본 방문(가족의 일본 방문은 처음). |
| 1982~1988년 | | 사할린 한인 216명 일본에서 가족과 상봉. |
| 1982년 | 11월 10일 | 브레즈네프 사망. |
| 1983년 | 2월 1일 | 일본 변호사연합회, 사할린 한인의 고향 귀환 실현에 협력해줄 것을 관계기관에 요청. |
| | 4월 17일 | '아시아에 대한 전후 책임을 생각하는 모임' 결성. |
| | 7월 25일 | 일본 중의원 쿠사카와, 사할린 방문. 사할린 거주 한인과 친척이 도쿄에서 재회할 수 있도록 관리를 도모하겠다고 발언. |
| | 9월 1일 | 대한항공기, 사할린 상공에서 '영공침범' 이유로 소련전투기에 의해 격추됨. 일·소 관계 약화. |
| 1984년 | 8월 12일 | 도쿄에서 국제심포지엄 "지금, 사할린 잔류 한국인의 귀환문제를 생각한다" 개최. 사할린 한인 4명, 일본에서 가족 재회. |
| 1985년 | | 고르바초프, 소련공산당 중앙위원회 총서기로 취임, 소련에서 페레스트로이카 시작. 박노학 회장의 초청으로 사할린 한인들의 일시 모국 방문 시작. 사할린 한인 6명, 일본에서 가족 재회. |
| | 12월 16일 | 제45회 '사할린재판' 원고의 한 사람인 이치명 사망. |
| 1986년 | 1월 16일 | 소련 세바르나제 외무상, 일·소 외상 회담(도쿄)에서 사할린 한인의 문제에 관하여 긍정적으로 해결하겠다고 발언. |
| | 2월 22일 | 아베 외무상, 중의원 예산위원회에서 사할린 한인의 출국 문제에 관하여 북한의 반대가 있는 이상 긍정적으로 해결할 수 없다면서 후퇴 자세를 보임. |
| | 11월 6일 | 소련 정부, 출입국 개정규칙의 추가조항 발표. 사할린 한인 21명, 일본에서 가족 재회. |
| 1987년 | 5월 27일 | 한국의 이두훈 종소이산가족회장 등 6명이 일본 의원들에게 이산가족 상봉 협력 요청. |
| | 7월 17일 | 일본 중의원, 참의원 170명이 참여한 '사할린 잔류 한국·조선인 문제 의원 간담회' 설립. |

| | | |
|---|---|---|
| | 8월 23일 | 의원간담회 이가라시 무국장 소련 방문, 로가초프 외무차관 등에 협력 요청. |
| | 11월 1일 | 의원간담회 하라 분베이 회장 소련 방문, 외무성 로가초프에 협력 요청. |
| | 11월 7일 | 사회주의혁명 70주년 기념행사. |
| | 11월 16일 | 일본 외무성에서 일 · 소 사무 수준에서 사할린 문제 협의. 일본 정부는 사할린 한인 문제를 공식으로 취급. 관계자 수속의 간소화, 일 · 소 적십자사에서 사할린 한인 문제 검토할 것 등을 제안. |
| 1988년 | 3월 16일 | 박노학 회장 사망. |
| | 6월 2일 | 의원간담회 하라 분베이 회장 포함 의원 4명이 모스크바와 사할린을 방문. 가족 상봉을 위해 일본에 오는 사할린 한인이 한국도 방문할 수 있도록 호소. |
| | 7월 7일 | 한국 노태우 대통령, '민족자존과 통일번영에 관한 특별선언(소위 7 · 7선언)' 발표. |
| | 8월 10일 | 미국, 태평양전쟁 시 억류한 일본계 사람들에게 1인당 2만 달러 보상금 지불 결정. |
| | 8월 21일 | 사할린 한인 해방경축행사 25년 만에 다시 개최. 1만 명이 해방을 축하함. |
| | 8월 29일 | 한원수가 일본을 경유 45년 만에 한국으로 영주귀국. |
| | 9월 1일 | 유즈노사할린스크 교원대학, 한글과 개설.<br>사할린 한인의 직접 한국으로 모국방문사업 시작. |
| | 9월 17일 | '88서울올림픽' 개최. |
| | 9월 21일 | 가족 상봉을 위해 일본에 온 김덕순, 송규영 등이 한국 방문. |
| | 9월 22일 | 캐나다, 전시 강제수용 된 일본계 사람들에게 공식 사죄, 1인당 2만 1천 캐나다달러 보상금 지불 결정. |
| | 12월 28일 | 대륙 영주 권재곤(68세 무국적) 44년 만에 한국 영주귀국.<br>사할린 한인 134명, 일본에서 가족 재회.<br>사할린 한인을 전후 사할린에 잔류시켰다는 역사적 사건에 대하여 일본이 의도적으로 책임이 있다는 것을 인정(우노 소스케 외무상). |
| 1989년 | 1월 12일 | 소련, 1989년 1월 12일 현재 인구조사통계에서 사할린 한인 3만 5,191명으로 집계. |
| | 1월 21일 | 일본, 1989년도 '재사할린 한국인 지원 등 특별기금 각출금' 1억 엔 편성(100팀 도항비, 체재비로 5,800엔), |
| | 2월 10일 | 사할린 한인 34명 일본 방문, 그중 10가족 22명은 한국 방문(2. 28). |
| | 2월 | 사할린 · 소련 본토거주 한국인(무국적, 소련 국적)의 일본을 경유한 한국 방문이 가능해짐. |

| | | |
|---|---|---|
| | 3월 7일 | 국회, 사할린 동포 모국 방문 및 귀환촉구 결의안(원안 가결). |
| | 3월 22일 | 일 · 소 사무수준 협의로 소련 측은 한국 측의 관광비자로 사할린 방문을 인정한다고 발언. |
| | 3월 | '사할린 조선인 이산가족회' 설립(후에 '사할린주 한인이산가족협의'로 개칭. |
| | 4월 10일 | 이덕림, 45년 만에 한국으로 영주귀국(사할린재판 원고 중 한 사람). |
| | 4월 14일 | 신문사 '레닌의 길로' 초청, 이두훈 회장 포함 중소이산가족회 3명 사할린 첫 방문. |
| | 4월 22일 | 한국 외무부, 사할린 문제 해결을 위해 소련 정부 또는 적십자 수준으로 직접 교섭할 것을 결정. |
| | 6월 12일 | 한국 국회의원 사할린 첫 방문(첫 소련 방문). |
| | 6월 15일 | '사할린재판' 소송 취하. |
| | 6월 | 재일조선인 이갑수 사할린 친척 초청으로 최초로 사할린 방문. |
| | 7월 14일 | 한 · 일 양국 적십자사, '사할린 거주 한국인 지원 공동사업체' 설립. |
| | 8월 7일 | 한국 정부, 사할린에 조사단 파견. 사할린주 정부와 한인 귀환에 관한 1차 실무접촉. |
| | 9월 1일 | '레닌의 길로'와 '우리말 라디오방송국' 대표, 일본 국회소위원회에서 사할린 한인사회의 실정을 설명. |
| | 9월 25일 | 한국, 세계한민족체육대회 개최. 사할린 거주 한인 1세 40명 초청(최초로 서울~하바롭스크 대한항공 전세 직항). |
| | 10월 13일 | 중소이산가족회 30명 단체로 처음 사할린 방문, 친척과 상봉. |
| | 11월 23일 | 한국 정부, 사할린에 조사단 파견. 사할린주 정부와 한인 귀환에 관한 2차 실무접촉 → 한국은 대한적십자사, 소련은 사할린주 정부와 '사할린 조선인 이산가족회'가 주관하기로 협의. |
| | 12월 8일 | 소련, 서울 무역사무소 내 영사부 설치. |
| | 12월 15일 | 제1회 모국방문단 23명, 대한항공기로 하바롭스크에서 출발. 사할린 한인 420명, 일본에서 가족 재회, 한국으로 영주귀국 24명. |
| 1990년 | 1월 2일 | KBS방송국, 사할린과 서울의 친척대회(TV브리지). |
| | 2월 | 중소이산가족회, 영주귀국자 실태조사 보고. 한 · 일 양 정부에 생활 지원. 일본 정부에 전후보상 요구. |
| | 2월 8일 | 제2회 모국방문단 120명 대한항공기로 유즈노사할린스크에서 출발. |
| | 3월 | 고르바초프, 소련 대통령 취임. |

| | | |
|---|---|---|
| | 3월 19일 | 국회의원 김영삼, 소련 및 일본 방문. 사할린 교포의 영주귀국 문제 논의. |
| | 3월 24일 | '사할린조선연합회' 결성. 후에 '사할린고려인협회'로 바꾸었다가 사할린한인협회로 개칭(회장 김민웅) |
| | 3월 26 | 한국 태평양전쟁희생자유족회, 일본의 공식 사죄와 적절한 보상 요구. 재판할 것을 결정(도쿄). |
| | 4월 18일 | 일본 정부, 사할린 문제 공식적으로 사죄, 중의원 외무위원회에서 나카야마 외상, 우정성 미불된 우편저금을 되돌려주는 데 전향적으로 대응. |
| | 5월 | '사할린 한인우호협회' 설립. |
| | 5월 23일 | 소련, 개정 '국적법' 공포(1991. 1. 1. 시행) → 북한 국적 사할린 한인의 북한 국적 이탈, 소련 국적 회복 움직임 본격 시작. |
| | 6월 2일 | 노태우 대통령, 고르바초프 대통령 제주도에서 정상회담. |
| | 7월 28일 | 한국인 가수 사할린 위문공연(MBC방송사와 '레닌의 길로' 신문사 공동주최). |
| | 8월 29일 | 사할린 한인 진기상 등 21명(사할린 한인 7명, 영주귀국자 7명, 유가족 7명), 일본을 피고로 동경지법에 '사할린 한인 보상청구소송' 제기 → 일본의 귀환 의무 불이행에 대한 위자료 청구소송으로 1인당 1천 위엔씩을 요구. 이는 사할린 한인 1세 4만 3천 명에 대한 대표소송 → 1995년 7월 새로운 보상방법을 모색하는 것으로 하여 소송 취하. |
| | 9월 30일 | 한 · 소 수교. 모스크바에 대한민국 대사관 설립. |
| | 10월 | 사할린주 한인노인회가 강제연행 된 1세의 듣기 · 쓰기 조사를 실시(1991년 4월까지 약 670명). |
| | 12월 12일 | 제1회 사할린 한인 보상청구재판. 한국, '영주귀국업무처리 지침' 제정 (허가 조건). 한국 내 친족의 생존, 수용의사를 밝힌 친족의 경제력 유무, 사할린 거주 징용 1세 및 1927년생 독신자로 제한, 소련 본토 거주자 경우 사할린에 강제징용 증명 필요. 제2회 모국방문단 120명 한국 방문. 개별 영주귀국 2명. |
| 1991년 | 1월 1일 | '레닌의 길로', '새고려신문'으로 이름 변경. |
| | 2월 2일 | 유즈노사할린스크 '고려인노인회' 결성. |
| | 2월 22일 | 일본 정부, 사할린 한인의 대일청구권을 인정. |
| | 3월 | 사할린 고려인협회 노인부 설정. 이후 '사할린 한인노인회'로 개칭(회장 박해동). |
| | 4월 19일 | 노태우, 고르바초프, 한 · 소 정상회담. |

| | 4월 22일 | 사할린주 한인노인회 대표 3명 방일, 외무성, 일본적십자, 사할린 의원간담회에 영주귀국의 환대와 보상을 요청. |
|---|---|---|
| | 5월 14일 | 일본, 사할린 의원간담회의 요청을 받아들여 지원기금 조성을 위한 조사비를 1992년의 예산에 편성하기로 함. |
| | 5월 | '사할린고려인협회', 대일 배상 요구와 영주귀국 촉진을 위한 서명활동 개시. |
| | 8월 15일 | 한·일·소 정부에 제출. |
| | 9월 17일 | 남북한 동시 UN에 가입. |
| | 12월 10일 | 사할린 교육대학에 동양학부(한국어, 일본어) 개설. |
| | 12월 25일 | 소련 붕괴, 고르바초프 대통령 사임. |
| 1992년 | 1월 2일 | 사할린에서도 물가자유 시작(이 해 식료품은 12.5배, 의료 52.5배, 서비스료는 32배 인상). |
| | 1월 | '사할린고려인협회' 대표단 한국 방문, 사할린고령자 영주귀국 촉진을 요구. |
| | 1월 17일 | 사할린주와 제주도 간 자매결연협정 체결 |
| | 2월 9일 | 한국 정부, 사할린 한인에 대한 보상 문제를 정부 수준에서 정식 제기하겠다고 천명. |
| | 8월 19일 | 사할린에서 한국, 북한 예술인들의 합동공연 '1회 통일예술제' 개최. |
| | 9월 25일 | 한국 정부, 영주귀국 희망자의 실태조사를 위해 대한적십자와 합동조사단을 사할린에 파견. |
| | 9월 29일 | 사할린 한인 독신노인 72명 한국 '사랑의 집'으로 영주귀국. |
| | 11월 14일 | 유즈노사할린스크에서 사할린 희생사망동포 위령비 제막식. |
| | 12월 7일 | 사할린 한인협회·노인협회 대표 일본 방문. 일본 정부에 요구서와 1만 3,484명의 영주귀국 희망자 명부 제출. |
| 1993년 | 1월 4일 | 사할린 '인표 어린이도서관' 개관. |
| | 6월 30일 | 한·일 외무회담(서울), 사할린 문제 해결을 위한 실무협의회 구성 합의. |
| | 9월 1일 | 사할린 네벨스크시 대한항공기 격추 희생자 위령비 제막식. |
| | 10월 16일 | 사할린 한인 영주귀국 문제 실무협 개최(서울), 귀국대상자 실태조사 필요 예산 파악, 귀국대상자에 대한 범위와 기준 마련. |
| | 11월 4일 | 김영산, 호소카와, 한·일 정상회담, 사할린 한인의 귀국 지원 확대 약속. |
| | 11월 6일 | 한·일 회담에서 호소카와 일본 내각 총리는 '조선식민지 지배'에 대해 사죄하고 사할린에서의 한·일 합동조사에 대해 합의. |
| | 11월 9일 | 한국 문화부, 사할린 한인사회단체 대표단 초청. |

| | | |
|---|---|---|
| | 11월 16일 | 정재문 외무통일 위원장 러시아 방문. 사할린 한인의 이중국적 허용에 대해 러시아 정부의 긍정적 검토. |
| | 12월 10일 | 유즈노사할린스크시에 한국어교육원 개설.<br>개별, 사랑의 집 영주귀국(44명) |
| 1994년 | 1월 11일 | 한일정부합동조사단 사할린 한인 실태조사 실시. |
| | 7월 23일 | 무라야마 일본 내각 수상, 한·일 회담에서 식민지배에 대해 사죄하고 사할린 문제의 '시급한 지원책' 검토를 약속. 1세대 등 영주귀국 희망자 1만 명은 한국으로 영주귀국 시키고 나머지는 현지에 정착하도록 일본 정부가 협력, 연내에 계획을 세우기로 의견을 모음. |
| | 8월 8일 | 제5차 한·일 실무회담, 사할린 한인 중 한국 이주 희망자 전원을 영주귀국 시키기로 함. 주택 및 요양시설 건설에 한국 정부가 부지 제공 및 건설비 제공, 정착지원금은 일본 정부가 제공하기로 합의. |
| | 11월 4일 | 일·러 회담, 사할린 한인 송환, 한인 재산과 러시아의 연금 지불 등 협의. 한 일 정부 공동조사(당시 한인의 수가 3만 6천 명, 귀국 희망자 수는 대략 6천여 명인 것으로 파악). |
| 1994년~1997년 | | 독신 노인 220명 대창양로원으로 영주귀국. |
| 1995년 | 2월 | SAT(사할린항공) 유즈노사할린스크-서울 정기편 운항. |
| | 7월 4일 | 사할린 한인사회단체 대표단 일본 방문, 이가라시 관방장, 외무성, 적십자사를 방문하여 사할린 한인의 요구 실행 촉진과 사할린에 한인문화센터 건설 요구. |
| | 7월 17~18일 | 한·러·일 3자 회담(모스크바), 영주귀국 대상자 범위 선정, 귀국 시기 및 방법, 잔류 한인 동포 대우에 관해 협의. |
| | 9월 1일 | '에트노스' 아동예술학교에 한민족부 개설. |
| 1996년 | | 임대아파트 부지 선정. 3억 7천만 엔 예산 확보.(정부, 영주귀국 사업을 민간 차원에서 추진하고 대한적십자사에 자체 계획을 수립하고 시행하도록 요청). |
| 1997년 | | 외무부와 안산시가 50년 영구임대아파트 500가구 건립에 합의.<br>대창양로원, 서울, 인천 지역 1백 가구 임대아파트 영주귀국(44명). |
| 1998년 | | 개별, 서울·인천 지역 100가구 임대아파트 영주귀국(152명). |
| 1999년 | 2월 24일 | 사할린 한인 독신자 80명 인천 '사할린복지관'으로 영주귀국. |
| | 7월 | 사할린 노인 82세대(164명) 서울, 인천 임대아파트 영주귀국. |
| | 7월 20일 | 한국 상공회의소, 사할린 사무소 개설.<br>개별 82세대(164명) 영주귀국. |

| 2000년 | 2~6일 | 사할린 한인 407세대(814명) 한국 안산시 '고향마을'로 귀국. → 일본 정부가 489세대 아파트 건축 제공. |
|---|---|---|
| | 2월 | 푸틴 러시아연방 대통령 취임. |
| | 11월 21일 | 인터넷 '고려신문' 발행. |
| 2001년 | 3월 1일 | 유즈노사할린스크, 일본 총영사관 앞에서 이중징용 피해자 자손 배상 요구 집회. |
| | 3월 13일 | 사할린 한인 대표단(단장 박해동) 일본 방문. 외무성과 적십자사를 방문. → 전후 배상과 아파트 건설을 계속해줄 것을 요구. |
| | 5월 28일 | 로스앤젤레스에서 사할린 동포를 위한 민족 연대모임. |
| | 7월 18일 | '이중징용광부유가족회' 사단법인으로 출발. |
| | 11월 1일 | 한국재외동포재단 대표단 사할린 방문. |
| | 11월 30일 | 사할린 한인들, 유즈노사할린스크 일본 총영사관 앞에서 전후배상의 실행요구 집회 개최.<br>서울, 등촌동, 인천 삼산동 임대아파트 입주(82가구) 등 영주귀국(182명) |
| 2002년 | 1월 9일 | 전 러시아 인구조사 실시, 당시 사할린 한인 2만 9,600명. |
| 2003년 | 6월 | 사할린 KBS 라디오 한민족노래자랑대회. |
| | 8월 28일 | 안산시 관계자 사할린 방문. → 안산시, 유즈노사할린스크시와 홈스크시 간 협정 체결. |
| | 10월 | 사할린 거점도시사업 및 유즈노사할린스크시 한국영화제 개최. |
| | 12월 21일 | 사할린 주지사 선거. 이 밀라호브 지사 당선. |
| 2002~2004년 | | 안산 고향마을, 100가구 임대아파트, 인천복지회관, 안산요양원, 대창양로원 등으로 영주귀국(64명). |
| 2004년 | 2월 7일 | 유즈노사할린스크시에 '한인노인클럽' 개관, '한인노인정'으로 개칭.<br>한·일·러 국제학술심포지엄.<br>말라호프 사할린 주지사 방한.<br>박동순 서동서대 총장 사할린 방문. |
| | 8월 15일 | 사할린에서 우리말TV방송(KTB) 시작. |
| | 8월 16일 | 하바롭스크국립대학에서 한인 러시아 이주 140주년 기념 학술대회 개최. |
| | 9월 | 국립국악원 전통예술단 공연. |
| | 11월 10일 | KIN(지구촌동포연대), 제1회 재외동포 NGO활동가대회 개최. 이수진 사할린 한인 이산가족회장이 사할린 한인 문제 제기. |

| | | |
|---|---|---|
| | 11월 19일 | 사할린 한인 1세대들 유즈노사할린스크시 일본 총영사관 앞에서 항의집회. '기본문제 해결, 실천촉진 요구'. |
| | 11월 25일 | 사할린주의회, 푸틴 러시아 대통령의 일본 방문 시 사할린 한인들의 문제를 회담에 첨부할 것을 요구하기로 결정. |
| | 12월 11일 | 사할린 한인 '정의복권재단' 설립. |
| 2005년 | 1월 2일 | 박순철, 사할린에서 사상 처음으로 네벨스크 시장에 당선. |
| | 1월 18일 | 이. 말라호프 사할린 지사 한국 방문. 안산 고향마을에서 영주귀국 사할린 한인과 만남. |
| | 2월 24일 | 김경순, 사할린 재해배상청구 등에 관한 청원을 국회에 제출. |
| | 6월 20일 | 한국정부합동조사단 사할린 방문(사할린 강제동원 피해 및 실태조사). |
| | 8월 11일 | 유즈노사할린스크 일본 총영사관 앞에서 한인들 일본 정부 항의 피켓시위. |
| | 10월 13일 | 장경수 의원 등 62인, 사할린 동포 지원을 위한 특별접안 발의. |
| | 10월 18일 | 유기홍 의원 등 51인, 1965년 한일협정에서 제외된 일본군 위안부, 사할린 억류자, 원폭피해자에 대한 피해배상 촉구 결의안(임기만료 폐기). |
| | 10월 24일 | KIN, 제2회 제외동포 NGO활동가대회 개최. 이수진 이산가족회장 사할린 한인 문제 발표. |
| | 11월 10일 | 김기웅 의원 등 14인, '사할린 동포의 날' 지정을 위한 결의안 제출(임기만료 폐기). |
| | 12월 30일 | 한명숙 의원 등 91일, 사할린 동포 영주귀국과 정착 지원에 관한 특별법안 발의. 안산 고향마을, 안산 요양원 등 영주귀국(37명). |
| 2006년 | 7월 | 권철현 국회 교육위원장 방문(영주귀국사업). |
| | 9월 | 매년 9월 30일을 '사할린 한인의 날'로 제정. |
| | 9월 5~11일 | 사할린 한인단체, 블라디보스토크 총영사관, 사할린 피해징용 한인을 위한 문화행사 및 위령제 개최. |
| | 9월 | 사할린 한인선열 위령제. 김원웅, 김무성 국회의원, 고은 시인 사할린 방문. |
| | 10월 26일 | KIN, 제3회 재외동포 NGO대회 개최, 참가자 안산 고향마을 방문. |
| | 11월 4일 | 유즈노사할린스크에 한인문화센터 개관, 일본의 자금으로 건립. 이후 재외동포재단 지원으로 부지 매입. 안산 고향마을, 안산요양원, 인천복지관 등 영주귀국(49명). |

| | | |
|---|---|---|
| 2007년 | 2월 10일 | 사할린 한인 영주귀국사업 설명회(외교통상부, 적십자사 대표 제2회 집단영주귀국에 관해). |
| | 6월 22일 | 통일외교통상위 법안심사소위, 사할린동포지원 특별법안에 대한 공청회 개최. |
| | 7월 3일 | 대한민국 영사관 유즈노사할린스크시에 사무소 개설. |
| | 7월 4~11일 | KIN, 사할린 한인 역사회복을 위한 국제워크숍 'in Sakhalin' 개최. |
| | 8월 2일 | 네벨스크시에서 강진 발생. 3,242명의 주택 209동 파괴. |
| | 9월 25일 | '사할린 잔류 한국–조선인 우편저금 등 보상청구재판'을 동경지원에 제기. |
| | 9월 28일 | 사할린 한인 안산과 인천으로 집단 영주귀국 실시(504명). |
| | 11월 3일 | 코르사코프 '망향의 언덕'에 사할린 동포 위령탑 건립. |
| | 11월 10일 | 사할린주 정의복권재단 및 사할린주 한인이산가족협회, 일본에서 '사할린 잔류 한인에 대한 일본의 전후보상책임을 촉구하는 기자회견' 실시. |
| | 11월 19일 | 사할린 영사관 사무실에서 비자신청 접수 시작. |
| | 11월 29일 | 사할린 1세 한인 노인들 13명이 인천 논현동, 안산 고향마을, 인천사할린동포복지관으로 영주귀국. |
| 2008년 | 3~12일 | KIN, 사할린 현지 실태조사<br>사할린 한인 영주귀국사업 설명회 |
| | 4월 | 사할린 한복 패션쇼 및 전시회 |
| | 7월 | 일제 강제동원 희생자 수도순례 및 유골 실태조사 실시<br>한일 기독의원연맹 사할린 방문(김영진 대표회장, 황우여 공동회장) |
| | 7월 29일~8월 3일 | KIN, 제5회 재외동포 NGO대회 'in Sakhalin' 개최.<br>5개 팀이 탄광 및 현장 방문, 인터뷰 실시. |
| | 10월 10일 | KIN, 사할린 한인 역사회복을 위한 국제워크숍 'in Sakhalin' 개최. |
| | 10월 | KIN, 사할린희망캠페인 홈페이지 제작(www. sakhalin.net). |
| | 11월 | KIN, 사할린 한인 구술화보집 1《사진과 이야기로 기억하다》발간. |
| | 12월 18일 | 해외교포문제연구소, 재외동포정책포럼 '사할린 한인의 역사와 현황 그리고 과제' 개최.<br>부산, 김포, 원주, 화성, 안산, 청원, 아산, 인천, 대창양로원 등 영주귀국(647명). |
| 2009년 | 3월 10일 | 김영진 의원 등 29인, 사할린 동포 영주귀국 및 정착지원에 관한 특별법안 발의. |

| | | |
|---|---|---|
| | 5~11일 | KIN, 영주귀국 사할린 동포 처우개선을 위한 1차 실태조사(안산 고향마을, 인천 논현동). |
| | 5월 27~31일 | 일제강점하 강제동원피해진상규명위원회 '사할린 지역 조선인 유골 및 묘지 실태조사'(KIN 용역조사). |
| | 6월 12일 | 이화수 위원 등 10인, 사할린 동포 지원을 위한 특별법안 발의. |
| | 6월 19일 | '위로금 등 지급기각 결정처분 취소소송' 제기(소송대리인 변호사: 정정훈, 원고: 염경천, 피고: 태평양전쟁 전후 국외강제동원 희생자 지원위원회위원장). |
| | 8월 28일 | 사할린 희망캠페인단 발족식. |
| | 9월 2~6일 | 우리민족서로돕기운동, 사할린 한인 디아스포라의 역사와 민족정체성 회복을 위한 공동 네트워크 구축. |
| | 11월 20일 | KIN, 사할린 한인 동포 초청강연회 및 워크숍. |
| | 12월 30일 | 위로금 등 지급기각 결정처분 소송 판결(1심): 청구에 대한 기각 결정. 서천, 제천, 천안, 파주, 오산, 음성, 양산, 김해, 안산 등 영주귀국(837명). |
| 2010년 | 1월 20일 | 위로금 등 지급기각 결정처분 취소(2심), 소송대리인: 정정훈 변호사. |
| | 1월 21~24일 | 사할린 희망캠페인단 대표단 사할린 현지 실태조사. |
| | 2월 18일 | 국회의원 김영진, 사할린 한인 문제 해결을 위한 국회간담회 개최. |
| | 2월 22일 | KIN, 국회 외통위 소속의원 대상 사할린 특별법 제정 촉구 공문 발송. |
| | 4월 3일 | 전국 영주귀국 사할린 동포 모임 결성. |
| | 5월 20~24일 | 사할린 한인 국적확인소송 준비 변호인단 사할린 방문. |
| | 5월 30일~6월 6일 | KIN 동포 3세대 네트워크 구축을 위한 한·러·일 워크숍 개최. |
| | 6월 28일~7월 12일 | KIN, 부산대학교 해외봉사단 공동, 유즈노사할린스크 제1묘지 조사. |
| | 7월 | 국제심포지엄(사할린 동포 실태조사 계기). |
| | 7월 1~5일 | **KIN, 사할린 한인 동포 실태조사 및 사할린 한인 문제 해결을 위한 국제포럼.** |
| | 7월 3일 | 박진, 김영진, 박선영, 국제심포지엄 '사할린 강제징용 한인의 어제, 오늘 그리고 내일' 개최. |
| | 7월 27일 | 국회의원 연구단체 '사할린 포럼' 창립총회(공동대표 이주영, 우윤근, 박선영). |
| | 7월 30일 | 국회의원 박선영, 황우여, 박진, 박순자, 김영진 등 방문 32인 제2차 세계대전 직후 사할린에서 일본인에 의해 자행된 민간인(한인) 학살 진상조사 및 전후 피해보상 촉구 결의안(대안반영 폐기) |
| | 8월 1일 | '사할린 포럼' 창립기념 정책세미나 개최. |
| | 8월 31일 | 코르사코프시와 삼척시(시장 김대수) 자매결연협정 체결. |

| | | |
|---|---|---|
| | 8월 28일~9월 1일 | 강제병합 100년 사할린 조직위원회, 강제병합 100년 대중집회(한인 1~4세 2천 명 참여). |
| | 9월 1일 | 박선영 의원 등 21일 러시아 사할린 강제징용 한인 기록 공대 촉구결의안(대안반영 폐기). |
| | 9월 6일 | 박선영 위원 등 21인, 사할린 한인 지원에 관한 특별법안 발의. |
| | 9월 27일 | 사할린 한인 의료지원금 관련 소송 고등법원 조정권고 수용. |
| | 10월 | 이바노프 부지사 방한(제주도 등과 MOU 체결 협의) |
| | 11월 | KIN 사할린 한인 구술자료집《사할린, 사할린 한인》제작. |
| | 11월 27일 | 사할린 포럼, 사할린 한인 지원 특별법안 공청회 개최. |
| | 12월 6일 | 이윤성 의원 등 12인 영주귀국 사할린 동포의 고국정착 지원에 관한 특별법안 발의. |
| | 12월 28일 | 사할린 포럼 · 대한변호사협회, '강제병탄 100년 회고와 전망 국회토론회' 개최. |
| | | 인천 논현동, 청원, 파주, 남양주, 서천, 제천, 안산, 인천복지회관 등 영주귀국(127명). |
| 2011년 | 1월 23일~2월 2일 | KIN, 사할린 현지 실태조사. |
| | 2월 14일 | KIN "고향 가는 길이 인생길이었습니다 I"(사할린 한인 자필편지 모음집) 외 통위 의원 전달. |
| | 3월 25일 | KIN "고향 가는 길이 인생길이었습니다 II"(사할린 한인 자필편지 모음집) 외 통위 의원 전달. |
| | 4월 29일 | '전국 영주귀국 사할린 동포 모임' 명칭을 '전국 사할린 영주귀국자단체 협의회'로 개칭. |
| | 4월 | 위로금 등 지급기각 결정처분 취소 소송 취하. 소송대리인: 정정훈 변호사. |
| | 5월 | 독도특위의원단 사할린 방문(강창일, 장세환, 문학진 의원) |
| | 5월 20일 | 국회 '사할린 포럼' 사할린 한인묘지 조사 시작. |
| | | '첫 성묘는 언제쯤' 토론회 개최. |
| | 6월 16일 | 국회 외교통상통일위, 사할린 한인 지원을 위한 특별접안 공청회 개최. |
| | 6월 23일 | 국회, 일본의 '사할린 한인 학살 진상조사, 전후 피해배상' 촉구, '러시아의 사할린 강제징용 한인 기록' 및 '일본의 우편저금 계좌정보' 공개 촉구 결의안(가결). |
| | 7월 | 유즈노사할린스크시와 홈스크시 안산시(시장 김철민)와 자매결연 체결 |
| | 7월 3~31일 | KIN, 유즈노사할린스크 제1공동묘지 한인묘 실태 1차 조사. |

| | | |
|---|---|---|
| | 7월 14~29일 | 국적확인소송 원고 면담 및 조사(정정훈 · 이상희 변호사). |
| | 8월 13일~9월 7일 | KIN, 유즈노사할린스크 제1공동묘지 한인묘 실태 2차 조사. |
| | 11월 7일 | 국회 사할린 포럼, "죽어서도 고향이 그립다. 실태조사 이제 겨우 10%" 토론회 개최.<br>파주, 김포 등 영주귀국(102명). |
| 2012년 | 1월 4~11일 | KIN, 사할린 현지 실태조사. |
| | 2월 6~10일 | 사할린 5개 한인단체 회장단 방한(사할린주 한인회, 노인회, 이산가족회, 여성회). |
| | 4월 25일 | KIN, 사할린 희망캠페인단 활동 선포식. |
| | 5월 | 한 · 러 실무협의 시 사할린 강제동원 한인 시범봉환사업 등 협의. |
| | 5월 28일 | KIN, 전국청소년정치외교연합(YUPAD) 공동주관, 사할린 희망캠페인 진행(서울). |
| | 6월 21일 | 사할린주와 부산시(시장 허남식) 자매결연협정 체결 |
| | 8월 4~11일 | KIN, 제8회 재외동포 NGO 대회 'in Sakhalin' 개최. |
| | 8월 5일 | 사할린주 한인회, KIN 공동, 사할린 한인 역사기념관 건립을 위한 국제워크숍 개최. |
| | 8월 6일 | 국적확인소송(1심, 피고: 대한민국, 소송대리인: 윤지영).<br>위로금지급 각하결정 등 취소 청구소송(이하 '위로금 소송') (1심, 피고: 대일항쟁기 강제동원 피해조사 및 국외 강제동원 희생자 등 지원위원회, 소송대리인: 손영실). |
| | 10월 | 사할린한국문화축제(한류열풍) 페스티벌 개최. |
| | 11월 13일 | 전해철 의원 등 17인, 사할린 동포 지원에 관한 특별법안 발의. |
| | 12월 5일 | 서울행정법원, '위로금 소송' 판결문.<br>인천, 김포 등 영주귀국(108명). |
| 2013년 | 1월 | 고 박노학 회장 기념사업추진위원회 결성. |
| | 1월 20~30일 | KIN, 사할린 현지 실태조사. |
| | 2월 26일 | 사할린 한인단체장(한인협회, 노인회, 우리말방송국), 대통령 취임식 참가 및 국회의원 면담. |
| | 3월 24~27일 | 사할린주한인회 운영위원 개최, 사할린 한인대표단 동경 방문(한인회, 이산가족회, 노인회, 이중징용광부 유가족회). |
| | 5월 | 한 · 러 실무협의 시 한인 유골 시범봉환 합의. |

| | | |
|---|---|---|
| | 6월 | '위로금 소송' 제기(2심 항소, 소송대리인: 손영실). |
| | 8월 | 제1차 사할린 강제동원 한인 희생자 유골(1위) 봉환. |
| | 8월 13일 | 정이화 의원 등 10인, '고려인동포 합법적 체류자격 취득 및 정착 지원을 위한 특별법' 일부 개정안. |
| | 12월 12일 | KIN, 사할린 한인 1세를 위한 음력달력 '세상에 하나뿐인 달력 2014' 제작. |
| | 12월 | 전국 사할린귀국동포단체협의회 · KIN, 특별법 공익로비 활동(국회의원 면담, 자료집 전달). |
| | 12월 16일 | 전국 사할린귀국동포단체협의회 · KIN, 강창희 국회의장 면담.<br>문산, 안산 등 영주귀국(77명). |
| 2014년 | 1월 14~21일 | KIN, 사할린 한인 1세를 위한 달력 배송 및 현지 실태조사. |
| | 1월 | 사할린 희망캠페인 청년분과, 사할린 한인에 대한 지원과 관련국과의 외교적 교섭을 바라는 청원. |
| | 4월 17일 | KIN, 제2차 KIN 네트워크 포럼 "해방되지 못한 사할린 한인 문제" |
| | 6월 19일 | 서울행정법원, 2012구합26159 국적확인의소, 원고 김명자 승소판결. |
| | 8월 | 제2차 사할린 강제동원 한인 희생자 유골(18위) 봉환. |
| | 8월 15일 ~11월 12일 | KIN, 사할린 한인 1세를 위한 음력달력 '세상에 하나뿐인 달력 2015' 제작. |
| | 10월 12일 | 사할린 희망캠페인 청년분과, 서울 시내에서 거리 캠페인 전개.<br>KIN · 부산 경남우리민족서로돕기운동 · 사할린 한국한인회 · 사할린주 한인협회 · 사할린주 한인노인회 · 사할린주 이산가족회, 사할린 한인 역사문화센터(가칭) 건립 양해각서 체결. |
| | 10월 29일 | 사할린 한인 역사문화센터 건립 추진위원회 구성(사할린 현지). 운영위원장 임용군(사할린주 한인회), 상임대표 오진하(사할린주 한인회 고문), 제1부위원장 정 왈레리(주두마의원), 부위원장 정해성(사업가), 자문 윤상철(전 사할린주 한인노인회장), 사무국장 손 스베뜰라나. |
| | 11월 5일 | 민주사회를 위한 변호사모임 · 전해철 의원실 · KIN 공동주최, "사할린 국적확인소송의 의미와 향후 과제" 토론회 개최. |
| | 11월 17일 | 사할린주 한인회장 임용군, 사할린 우리말방송국 김춘자 국장, KIN, 정의화 국회의장 면담. |
| 2015년 | 7월 5일 | 금난새 지휘, 사할린 연주회. |
| | 7월 30일 | '피스로드 2015 사할린' 행사 개최. |
| | 8월 15일 | 부산 우리민족서로돕기운동 한인 합동 추모비 제막식. |
| | 9월 | 제3차 사할린 강제동원 한인 희생자 유골(13위) 봉환. |

| | | |
|---|---|---|
| | 9월 2일 | 한국이민사박물관 · 인하대학교 주최, '사할린 한인 민족정체성 워크숍'. |
| | 9월 1일~12월 30일 | 한국이민사박물관 · 인하대학교 주최, '사할린 한인 망향가' 특별전. |
| | 12월 14일 | 지구촌동포연대, '세상에서 하나뿐인 달력 2016' 배부. |
| 2016년 | 7월 | 인하대학교 · 한림대학교 공동주최, '시베리아 연구학회 국제학술대회'. |
| | 8월 | 인하대학교 아시아다문화융합연구소 주최, '사할린 한인 워크숍'. 사할린 한인 3세 모국 방문. |
| | 9월 | 제4차 사할린 강제동원 한인 희생자 유골(11위) 봉환. |
| | 12월 2일 | 한국아리랑전승자협의회 '2016 사할린 아리랑제'. |
| 2017년 | 2월 6일 | 전해철, 영주귀국 등 '사할린동포 지원 특별법' 발의. |
| | 4월 14일 | 새고려신문 이예식 기자의 사진전 '귀환'. |
| | 5월 31일 | 제5차 세계한인정치인포럼 만국기 퍼포먼스. |
| | 6월 5일 | 사할린 한인 청소년 초청 역사문화기행. |
| | 9월 9일~10월 28일 | 인하대학교, 러시아 사할린 예비한국어교사 파견 실습. |
| | 9월 3일 | 가수 이혜미, 15년째 사할린 찾아 한인 위로 공연. |
| | 9월 6일 | 러시아, 사할린-홋카이도 연결 거대 교량 건설 日에 제안. |
| | 9월 13일 | 문경새재아리랑 보존회, '사할린 아리랑제'. |
| | 9월 14일 | 제5차 사할린 강제동원 한인 희생자 유골(12위) 봉환. |
| | 9월 28일 | 추석을 모국에서, 사할린 2~3세 방문단 입국. |
| | 12월 20일 | 지구촌동포연대, 사할린 동포에 '우리 달력' 1,200부 선물. |
| 2018년 | 5월 20일 | 인하대학교 아시아다문화융합연구소, 건국대학교 이주사회통합연구소, 사할린주 한인회 공동주관 사할린 한인의 법적 지위에 관한 컨퍼런스 개최 |
| | 6월 16일 | 인하대학교 아시아다문화융합연구소 주최 사할린 한인 생애사 저작물 출간 기념회 세미나 개최 |

# 참고문헌

강명구(2006). "극동지역 고려인기업의 설립과 경제활동 실태 분석: 설문지 및 인터뷰 조사를 중심으로".《한국시베리아연구》10: 85-112.

김경숙·임은희(2012). "사할린귀환 시설노인의 자아통합감을 위한 집단원예치료 효과".《정신보건과 사회사업》40(1): 394-422.

김게르만(2005).《한인 이주의 역사》, 박영사.

김대현(2006). "내러티브 탐구의 이론적 기반 탐색".《교육과정연구》24(2): 111-134.

김상호(2008). "사할린 한인방송과 민족정체성의 문제". 한국방송학회 세미나 및 보고서: 32-82.

김성수(1989). "소련에서의 조명희".《창작과 비평》17(2): 100-120.

김성종(2006). "사할린 한인동포 귀환과 정착의 정책과제".《한국동북아논총》40, 195-218.

김수한(2010). "영주귀국 사할린동포의 거주실태와 개선방향: 부산 정관 신도시 이주자 중심으로".《국제정치연구》13(2): 279-308.

김영순·박봉수(2016). "영주귀국 사할린 한인의 한국어 교사 경험에 관한 연구".《언어와 문화》12(4): 55-81.

김영희 외(1996). "구 소련거주(독립국가연합) 한인들의 김치 이용의 실태에 관한 조사: 1. 김치와 식생활".《한국식품영양과학회지》25(4): 593-600.

김인성(2011). "사할린 한인의 한국으로의 재이주와 정착분석: 제도 및 운용실태를 중심으로".《재외한인연구》24: 279-301.

김주자(2006). "사할린 귀한동포의 생활 적응 실태연구: 노인시설 거주자를 중심으로". 단국대학교 석사학위논문.

김태준(2006). "고향, 근대의 심상공간".《한국문학연구》31: 7-37.

김 피오트르 게르노비치·방상현(1993).《재소한인이민사: 스탈린의 강제이주》, 탐구당.

나형욱(2009). "사할린 영주귀국 동포 정착실태에 관한 연구". 재외동포와 다문화: 109-137.

노영돈(2003). "재외동포법 개정방향에 관한 연구". 해외교포문제연구소 편, 통권, 113.

민병기(1998). "망명작가 조명희론".《비평문학》8.

박경용(2013). "사할린 한인 김옥자의 삶과 디아스포라 생활사".《디아스포라연구》7(1): 163-196.

박봉수·임지혜(2015). "사할린 동포의 영주귀국 경험과 그 의미 탐색".《언어와 문화》11(2): 161-192.

박봉수·김영순(2016). "사할린 한인의 민족정체성 유지를 위한 민족 미디어의 의미.《학습자중심교육학회》16(5): 737-760.

박승의(2013). "사할린 한인디아스포라의 민족문화정체성 형성과 변천과정 연구: 설문조사를 중심으로".《재외한인연구》29: 113-152.

_____(2015). "사할린 한인의 운명: 역사, 현황과 특성". 금강P&B 한림대학교 러시아연구소 학술대회.

박여리(2014). "기공(氣功)수련을 하는 노인의 치유 경험에 대한 질적 연구: 안산시 사할린 동포 여성 노인의 사례".《한국노년학》34(4): 763-780.

박재인(2014). "낯선 고국에 대한 막연한 동경과 이산 트라우마의 단면: 고향을 떠나 영주귀국 한 사할린 한인 C의 생애담을 중심으로".《통일인문학》60: 31-69.

반병률(2008). "러시아 한인(고려인)사회와 정체성의 변화: 러시아 원동시기(1863~1937)를 중심으로".《한국사연구》14: 99-124.

보건복지부(2015). 영주귀국 사할린동포 현황.

배상우(2006). "사할린영주귀국 시설노인의 생활실태 및 만족도에 대한 연구". 대구대학교 석사학위논문.

서경식(2006).《디아스포라 기행》. 돌베개.

선봉규(2013). "영주귀국 사할린 한인의 디아스포라적 경험과 모국사회 적응 연구: 오산과 천안 정착민 사례".《재외한인연구》31: 95-131.

송진숙(2012). "1965년 한일청구권협정의 적용과 해석에 관한 연구: 일본군 '위안부', 재한원폭피해자, 사할린 한인 문제를 중심으로". 고려대학교 석사학위논문.

신경림(1996). "질적 연구평가 기준". *Journal of Korean Academy of Nursing*, 26(2): 497-506.

신상문(2005). "재러한인의 현황과 주요과제: 연해주 고려인 농업정착지원 현황과 과제를 중심으로".《제외한인연구》17: 137-179.

심헌용(1999). "극동연해주에서의 러시아한인 민족자치주: 역사적 사실 및 전망".《한국시베리아학보》1: 65-105.

심헌용·김재기(2004). "러시아 재이주(再移住) 한인의 난민적 상황과 인권보호".《민주주의와 인권》4(1): 117-152.

아르놀트 반 헤네프가(1909).

안미정(2014). "부산 사할린 영주귀국자의 이주와 가족".《지역과 역사》34: 317-359.

염지숙(2009). "유아교육연구에서의 내러티브 탐구, 관계와 삼차원적 내러티브 탐구 공간에 주목하기".《유아교육학연구》13(6): 235-253.

오승주(2012). "집단미술치료가 사할린 영주귀국한인의 삶의 만족도 및 불안에 미치는 영향 : 청원군 집단거주자 중심으로". 원광대학교 석사학위논문.

유진각(2005). "한글+한자문화 칼럼: 연해주 고려인 자치구역 수립사업의 구상".《한글한자문화》72: 58-61.

윤병석(2005). "소비에트 건설기의 고려인 수난과 강제이주".《중앙사론》21: 572-594.

_____(2005).《해외동포의 원류: 한인 고려인 조선족의 민족운동》. 집문당.

윤상원(2010). "시베리아 내전의 발발과 연해주 한인사회의 동향".《한국사학보》41: 271-304.

윤인진(1996). "재미 한인의 민족정체성과 애착의 세대간 차이".《재외한인연구》6: 66-95.

_____(1997). "중앙아시아 한인의 언어와 민족정체성".《재외한인연구》7: 63-120.

_____(2002). "세계 한민족의 이주 및 정착의 역사와 한민족정체성의 비교연구".《재외한인연구》12(1): 5-64.

_____(2004). "이산가족 정체성의 세대별 비교와 결정요인 연구". 《아시아연구》 52(1): 178-204.

이광규(1999). "해외교포와 한민족공동체. 민족통합과 민족통일". 한림대학교 민족통합연구소, 149-171.

_____(2000). 《한국의 탐구: 재외동포》, 서울대출판부.

이광규 · 전경수(1993). 《재소한인: 인류학적 접근》. 집문당.

이명선(2009). "노래 중심의 음악치료가 사할린 귀환동포의 우울감에 미치는 영향". 명지대학교 석사학위논문.

이명재(2004). "포석 조명희 연구: 조명희와 소련 지역 한글문단". 《국제한인문학연구》 1: 265-298.

이미애(2012). "영주귀국 사할린 한인노인과 국내 노인의 구강건강 상태와 삶의 질 비교". 단국대학교 석사학위논문.

이윤기 · 김익겸(2008). 《연해주와 한민족의 미래》. 오름.

이은숙 · 김일림(2008). "사할린 한인의 이주와 사회 · 문화적 정체성: 구술자료를 중심으로". 《문화역사지리》 20: 19-33.

이장혁(2011). "사할린 귀환동포들의 음악활동을 통해 본 디아스포라 정체성". 한양대학교 석사학위논문.

이정희(1997). "러시아 사할린주 한인의 실태 연구". 《영남정치학회보》 7: 257-314.

이재혁(2010). "러시아 사할린 한인인구의 형성과 발달". 경희대학교 대학원 지리학과 박사학위 청구논문.

_____(2011). "일제강점기 사할린의 한국인 이주". 《한국 시베리아연구》 15(1): 85-135.

이정희(1997). "러시아 사할린주 한인의 실태 연구". 《영남정치학회보》 7: 257-314.

이종훈(1998). "러시아 연해주 일대의 한민족 간 교류협력 실태에 관한 연구". 《재외한인연구》 8(1):145-186.

임엘비라(2010). "사할린 한인들의 정체성: 우리말 교육의 현황과 과제". 《다문화교육연구》 3(1): 105-124.

임채완(2002). "러시아 연해주 고려인의 민족정체성 조사연구". 《통일문제연구》 14(2): 175-210.

임채완 · 이소영(2012). "글로벌 디아스포라학의 세계화". 《한국동북아논총》 63: 311-337.

임채완 · 이소영(2015). "영주귀국 사할린 한인의 생활환경과 정책적 욕구". 《세계지역연구논총》 33(1): 145-175.

장사선 · 김현주(2004). "CIS 고려인 디아스포라 소설 연구: CIS 지역 한국 관련 문예 자료의 발굴 조사 연구 2". 《현대소설연구》 21: 7-22.

장석흥(2007). "사할린 한인 "이중징용"의 배경과 강제성". 《한국학논총》 29: 473-502.

전경수 외(2001). 《러시아 사할린 · 연해주 한인동포의 생활문화》. 국립민속박물관.

전광식(1999). 《고향》. 문학과지성사.

전형권 · 이소영(2012). "사할린 한인의 디아스포라 경험과 이주 루트 연구". 《오토피아》 21(1): 135-184.

정근식 · 염미경(2000). "디아스포라, 귀환, 출현적 정체성: 사할린 한인의 역사적 경험". 《재외한인연구》 9: 237-280.

정진아(2011). "연해주 · 사할린 한인의 삶과 정체성: 연구동향과 과제를 중심으로". 《한민족문화연구》 38: 391-421.

_____(2014). "국내 거주 고려인, 사할린 한인의 생활문화와 한국인과의 문화갈등". 《통일인문학》 58: 35-65.

정천수(2007). "사할린영주귀국동포 생활상 및 사회복지 지원실태에 관한 연구: 안산 고향마을을 중심으로". 중부대학교 석사학위논문.

정호영(2001). "민족정체성 형성에 관한 정치사회학적 연구". 고려대학교 박사학위논문.

조성길(2002). 《겨울꽃: 사할린 한인들의 어제와 오늘》. 파랑새미디어.

조은경(2014). "한 · 중 항일기념관의 전시 내러티브와 동아시아 역사인식". 《한국독립운동사연구》 47: 197-233.

조재순(2009). "사할린 영구 귀국 동포의 주거생활사: 안산시 고향마을 거주 강제이주 동포를 중심으로". 《한국주거학회 논문집》 20(4): 103-112.

조현용 · 이상혁(2012). "러시아 사할린 지역의 언어 환경과 한국어교육 문제 연구". 《한국어 교육》 23(1): 257-282.

진용선(2009). 《러시아 고려인 아리랑 연구》. 정선아리랑문화재단.

최경옥(2012). "사할린 동포의 한국과 일본에 있어서의 법적 지위: 일제시대 강제징용과 관련하여". 《헌법학연구》 18(4): 141-196.

최길성(2000). "사할린 동포의 민족 간 결혼과 정체성". 《비교민속학》 19: 103-123.

_____(2001). "사할린 한인 이주와 변용". 《동북아 문화연구》 1(1): 243-271.

최상구(2015). 《사할린 얼어붙은 섬에 뿌리내린 한인의 역사와 삶의 기록》, 일다.

최영진(2012). "환동해권의 소수민족 정책과 정체성". 《한국민족문화》 45: 265-298.

최재목(2007). "[특집 논문] 환경철학과 생태문학: 고향(故鄕)의 회생(回生)과 그 생태론적 의의(意義)". 《환경철학》 6: 1-35.

텐 옥사나(2010). "러시아 사할린 한인의 민족정체성: 우즈베키스탄 고려인과의 비교를 중심으로". 연세대학교 석사학위 논문.

한혜인(2012). "사할린 한인 귀환을 둘러싼 배제와 포섭의 정치: 해방 후~1970년대 중반까지의 사할린 한인 귀환 움직임을 중심으로". 《사학연구》 102: 157-198.

허승철(1996). "구소련 지역 한인의 언어 동화와 이중언어 사용에 대한 사회언어학적 연구: 1959, 1970, 1979, 1989년 인구센서스 언어자료 분석". 《재외한인연구》 6: 40-65.

호경임(2002). "사할린 귀환동포의 생활만족 결정요인에 관한 연구". 강남대학교 석사학위논문.

황선익(2012). "사할린 지역 한인 귀환교섭과 억류". 《한국독립운동사연구》 43: 431-461.

황정태(2002). "사할린 귀환동포의 생활적응 과정에 관한 연구". 강남대학교 석사학위논문.

황현옥(2005). "집단미술치료가 사할린 귀환 동포의 자아 통합감에 미치는 효과". 원광대학교 석사학위논문.

Campbell, D. E. (2010). *Choosing Democracy: A Practical Guide to Multicultural Education*. New York: Pearson Education, Inc.

Clandinin, D. J. (2013). *Engaging in narrative inquiry*. Walnut Creek, CA: Left Coast Press, Inc.

Clandinin, D. J., Huber, J., Huber, M., Murphy, M. S., Murray-Orr, A., Pearce, M., & Steeves, P. (2006). *Composing diverse identities: Narrative inquiries into the interwoven lives of children and teachers*. New York: Routledge.

Clandinin, D. J., & Connelly, F. M. (2000). 《내러티브 탐구: 교육에서의 질적 연구의 경험과 사례》(소경희 외 옮김). 교육과학사.

Connelly, F. M., & Clandinin, D. J. (2006). "Narrative inquiry." In J. L. Green, G. Camilli, & P. Elmore (Eds.), *Handbook of complementary methods in education research* (pp. 375-385). Mahwah, NJ: Lawrence Erlbaum.

Cohen, H. (1980). 《협상의 법칙》(강문희 옮김, 2001). 청년정신.

Cummins, J. (2000). *Language, Power, and Pedagogy*. Clevedon: Multilingual Matters LTD.

Edward Burnett Tylor (1871). *Primitive Culture: Researches Into the Development of Mythology, Philosophy, Religion, Art, and Custom*. London: John Murray.

Erikson, E. H. (1968). *Identity Youth and Crisis*. New York: W. W. Norton & Company.

Ezzy, D. (2002), *Qualitive Analysis: Practice and Innovation*. London: Routledge.

Gellner, Ernest (1992). *Postmodernism, Reason and Religion*. London: Routledge.

Giddens, A. (1991). *Modernity and self-identity*. Cambridge: Polity Press.

Goffman, E. (1983). "The Interaction Order." *American Sociological Review*, 48: 1-17.

Heath, S. B., & McLaughlin, M. W. (1993). *Identity and inner-city youth: Beyond ethnicity and gender*. Teachers College Press, Columbia University, 1234 Amsterdam Avenue, New York.

Hjerm, M,(1998). "National Identities, National Pride and Xenophobia: A Comparison of Four Western Countries." *Acta Sociologica*, 41(4): 335-347.

Hogg, M, A. & Abrams, D. (1988), *Social Indentifications: A Social Psychology ofIntergroup Relations and Group Processes*. London: Routledge.

Jenkins, R. (2000). "Categorization: Identity, social process and epistemology." *Current sociology*, 48(3): 7-25.

Jenkins, Richard (1996). *Social Identity*. Routledge.

Kuzin Anatolii (2014). 《사할린 한인사: 19세기 후반기에서 21세기 초까지》(문준일 · 강정하 옮김). HUEBOOK.

Lincoln, Y. S., and Guba, E. G. (1985). "Establishing trustworthiness." *Naturalistic Inquiry*, SagePublications.Inc.

Montserrat Guibernau (2013).《소속된다는 것》(유강은 옮김, 2015). 서울: 문예출판사.

Norton, B. G., & Hannon, B. (1997). "Environmental Values." *Environmental ethics*, 19(3): 227-245.

Relph, E. (1976). *Place and placelessness* (Vol. 67). London: Pion.

Savin-Baden, M., & Niekerk, L. (2007). "Narrative inquiry: Theory and practice." *Journal of Geography in Higher Education*, 31(3): 459-472.

Smith, A, D. (1991). *National Identity*. London: Penguin.

Spradley, J. P. (1980).《참여관찰법》(신재영 옮김). 시그마프레스.

Tajfel, H. (1974). "Social identity and intergroup behaviour." *Soc. sci. inform*, 13(2): 65-93.

_____ (1982). *Social identity and intergroup relations*. Cambridge: Cambridge University Press.

Tamir, Yael (1995). "The Enigma of Nationalism." *World Politics*: 47.

Uba, L. (1994). *Asian Americans: Personality patterns, identity, and mental health*. New York, US: Guilford Press.

Van Gennep, A. (1986).《통과의례》(서영대 옮김). 인천: 인하대학교 출판부.

## 참고 사이트

국립국어원 표준국어대사전, "고향", http://stdweb2.korean.go.kr/main.jsp, 검색일: 2017. 9. 1.

동북아신문, http://dbanews.com/

대한적십자, http://www.redcross.or.kr/

행정안전부 과거사관련업무지원단, http://www.pasthistory.go.kr/

보건복지가족부, http://www.mohw.go.kr/

사할린 새고려신문, http://cafe.naver.com/sekoreasinmun

세계한민족여성재단, http://www.kowinner.org

사할린한인 역사회복 희망프로젝트, http://sahallincorean.tistory.com/entry/

안산 사할린 동포복지회관, http://icsakhalin.co.kr

안산시청, http://iansan.net

인천사할린동포복지회관, http://www.icsakhalin.co.kr

외교통상부, http://www.mofat.go.kr

재외동포 신문, http://dongponews.net/

재외동포재단, http://www.okf.or.kr/

Kin지구촌동포연대, http://www.kin.or.kr/

해외한민족연구소, http://ioka.or.kr/

# 찾아보기